中國學術思想 研究輯刊

三一編
林慶彰 主編

第 21 冊

王船山禮學衍義研究（下）

楊錦富 著

花木蘭文化事業有限公司

國家圖書館出版品預行編目資料

王船山禮學衍義研究（下）／楊錦富 著－初版－新北市：
花木蘭文化事業有限公司，2020〔民109〕
目 6+182 面；19×26 公分
（中國學術思想研究輯刊 三一編：第 21 冊）
ISBN 978-986-518-011-9（精裝）
1.（清）王夫之 2. 禮記 3. 學術思想 4. 研究考訂
030.8   109000279

ISBN-978-986-518-011-9

9 789865 180119

中國學術思想研究輯刊
三一編　第二一冊　　　　　ISBN：978-986-518-011-9

王船山禮學衍義研究（下）

作　　　者　楊錦富
主　　　編　林慶彰
總 編 輯　杜潔祥
副總編輯　楊嘉樂
編　　　輯　許郁翎、張雅淋　美術編輯　陳逸婷
出　　　版　花木蘭文化事業有限公司
發 行 人　高小娟
聯絡地址　235 新北市中和區中安街七二號十三樓
　　　　　　電話：02-2923-1455／傳眞：02-2923-1452
網　　　址　http://www.huamulan.tw 信箱 hml810518@gmail.com
印　　　刷　普羅文化出版廣告事業
封面設計　劉開工作室
初　　　版　2020 年 3 月
全書字數　346466 字
定　　　價　三一編 25 冊（精裝）新台幣 50,000 元　　版權所有・請勿翻印

王船山禮學衍義研究（下）

楊錦富　著

目次

第六章 《禮記章句》禮儀通則論

謂之「禮儀通則」者，在言禮之義。禮義之述，不僅言禮之意，亦言禮之行。禮之意，在言理；禮之行，在踐履。是禮爲理，亦可爲節文；禮之極致，乃在人倫洽適，規矩切當。正如鄭玄《三禮目錄》所云：「禮者，體也，履也。統之於心曰體，踐而行之曰履。」質言之，心之統爲體，踐之而行曰履，則禮由內而外，所重即踐履。而言及「體」、「履」，雖前已陳述，若宋李觀乃補云：「夫禮，人道之準，世教之主也。聖人之所以治天下國家修身正心，無他，一於禮而已矣。〔註1〕」則禮爲人道之準繩，亦爲聖賢誠正平治之方。

再以《管子》云：「禮者，因人之情，緣義之理，而爲之節文者也，故禮者，謂有理也。〔註2〕」故禮爲有理，在有其節文，節文者，蓋即人行爲之規範，人之於此，即能始終規矩而不踰越法度。朱子亦云：「禮謂之天理之節文者，蓋天下皆有當然之理，但此理無形無影，故作此禮文畫出一個天理之節文看，教有規矩，可以憑據，故謂之天理之節文。〔註3〕」朱子意同於管子，在禮爲一天理，此天理之落者，天則之所止，行之乎人倫庶物，則天下共安，於分無不盡，是故恕其屬也。〔註4〕」謂之「天則之所止」者，必禮之所行，使人倫庶物均安適，人倫庶物安適，洽於分際，其所屬事物亦皆安順，即「合宜」之謂。

由是言「禮」者，迭有二義，一爲理之踐履，一爲理之節文；踐履者，

〔註1〕宋李覯《直講李先生文集》〈禮論第一〉。
〔註2〕《管子》〈心術〉上。
〔註3〕《朱子語類》卷42。
〔註4〕《戴震文集》〈原善〉下。

純然敦篤；節文者，文飾整飭，二者皆在合律無偏倚歪邪。人而如此，則修身必明。推而行之，則家得齊，國得治，天下得太平。如《禮記正義‧序》所云：「夫禮者，經天地，理人倫。」則禮之行，其理想之極致，乃天地人倫之諧合，由此諧合，而天地位，萬物育，爭伐止息，干戈不起，太平恒久之治即能齊至，是禮之為用乃大。

至於禮之所以為大用，在與社會化生活關係最大。蓋無社會化的生活，即無所謂的踐履，當亦無所謂的「禮」，畢竟社會化生活乃為禮之道德屬性的本源。易言之，有社會化生活，即有此道德化的禮，反之，亦然。而此社會化，當先以家為基礎，基礎堅固，乃能推而至於鄰里鄉梓。進一步說，家中之任一份子皆扮演社會化之角色地位，此角色延伸至更寬更廣，使單一變多元，使家庭轉為鄰里鄉梓，鄰里鄉梓更廓而為國為天下，即為社會化過程的充份實現。再以禮所表現者，亦宗教的屬性，所展露者，此即人類原初的理性生活及情感生活，其轉為道德屬性，即在使人之理性內化為具約束力的心靈要求或良知，此心靈要求或良知即併於既定社會組織及結構中發揮其效用，是「禮之用」，即人類在道德及宗教層面上，由內在而推向外在之力量的鼓動。

進一層說，禮的道德屬性即為「禮義」，此禮義乃人之所以為人而與獸群區別之根本。如〈禮運〉所云：「禮義也者，人之大端也。」〈冠義〉亦云：「凡人之所以為人者，禮義也。」則禮義道德是人類脫離自然步向文明的標誌，亦是一基本的通則。此通則即所謂「人倫」之大端，如〈郊特性〉所言：「男女有別，然後父子親；父子親然後義生，義生然後禮作；禮作然後萬物安。無物無別，禽獸之道也。」道德屬性之外，禮亦遵循宗教屬性，易言之，古禮與宗教生活彼此相輔相成無法脫離，蓋以宗教生活有其制限性，人在此制限中，由於現實的無可如何，只好訴諸神意或訴諸上天，因之，對神或天的崇拜無疑亦禮之形式的轉換。然宗教同時也可以是道德原則，以天意既有所制限，則其落實在人，即有道德該與不該的價值判斷，此即有所謂的約束之力。此約束力內化為個人心靈的要求，便是「天命」之意，是此天命思想即介於道德與宗教之間，一為道德的自律，一為宗教的依從，最終目的當在使人類達至止於至善的道德化。在此，值得一提，即儒學思想雖有宗教之意願，並非宗教即宗教，而是內在於道德的宗教，其宗教意識應是內在化的道德理念，當非西方式的宗教即宗教的一神之觀。故自先秦以來，宗教蘊思始終存

在，而漢之後，佛教教義的深入中國，仍無法全然左右國人的意識生活，則其爲淡化的宗教思維可知，乃知儒家思想所探求的道德化之生活才是人類社會最終的目的。

道德原則在禮，禮之所行，在求普遍之善的通則。此通則用之於不同社會，即形成不同社會的禮儀，依循不同禮儀，即有不同社會規範與準則。且依禮的道德要求，不同社會的成員彼此即應相互尊重、相互包容，且由於相互的尊重與包容使道德修養表現爲多面性與多層次性。如《左傳・昭二十六年》所載：「君令、臣共；父慈，子孝；兄愛，弟敬；夫和，妻柔；姑慈，婦聽，禮也。」又如〈禮運〉載：「父慈，子孝，兄良，弟弟，夫義，婦聽，長惠，幼順，君仁，臣忠，十者謂之人義。」足見道德屬性有其多方面的體現，此種體現展延開來，又爲人類倫理的映現，以之歸約，則爲家族倫理、社會倫理及政治倫理。

家族倫理、社會倫理及政治倫理，肇基之點，即爲人類最基本的倫常關係，此倫常關係無疑即以血緣與姻親關係爲紐帶，並以家庭或家族爲單元。由是，其以宗法體系爲規制之社會，基本條件必爲家族倫理。簡要之例，如「老吾老，以及人之老；幼吾幼，以及人之幼」，即爲家族倫理所顯現的社會化表現。而「資于事父以事君，而敬同」，又爲家族倫理政治化之一顯現，合而言之，社會化及政治化之顯現，即爲泛家族化倫理道德的展露。

然「禮」如僅言其道德或宗教屬性，畢竟仍爲不足，一定要透過具體禮儀活動，禮的功能才能得眞正的體現，無禮儀活動，禮不過具一虛文而已，亦無所謂「節文」可言。譬〈經解〉所云：「以奉宗廟，則敬；以入朝廷，則貴賤有位；以處室家，則父子親，兄弟和；以處鄉里，則長幼有序。」進而言之，禮之通則所涵蓋的「冠、昏、喪、祭、射、燕、鄉飲、朝聘」等儀節，皆可說是爲道德倫理而設，其所具社會化、宗教化乃至政治化的意蘊亦在此。以是，如〈經解〉所云「朝覲之禮，所以明君臣之義也；聘問之禮，所以使諸侯相尊敬也；喪祭之禮，所以明臣子之恩也；鄉飲酒之禮，所以明長幼之序也；昏姻之禮，所以明男女之別也。夫禮，禁亂之所由生，猶防止水之所自來也。故以舊坊爲無所用而壞之者，必有水敗；以舊禮爲無所用而去之者，必有亂患。」又云：「故昏姻之禮廢，則夫婦之道苦，而淫辟之罪多矣；鄉飲酒之禮廢，則長幼之序失，而爭鬥之獄繁矣；喪祭之禮廢，則臣子之恩薄，而倍死忘生者眾矣；聘覲之禮廢，則君臣之位失，諸侯之行惡，而倍畔侵陵

之敗起矣。故禮之教化也微，其止邪也于未形，使人日徙善遠罪而不自知也，是以先王隆之也。」是而由上二段落詳觀，知道德理性之社會化，倫理之道，皆以禮行之，其彬彬之善，世代相傳，洵爲不衰；以其不衰，是以「冠、昏、喪、射、燕、鄉飲酒、朝聘」等禮儀涵蓋之道德教化之功能即能充份體現，人際和諧之社會生存原則亦能聯繫不變〔註5〕。準此體現與不變的條件，括而言之，即禮儀之「通則」，此通則當即船山念茲在茲時刻以求者，亦《禮記章句序》所云「人之所以爲人，中國之所以爲中國，君子之所以爲君子，蓋將舍是而無以爲立人之本」之意。

故而以下諸節，即依「冠、昏、喪、祭、射、燕、鄉飲酒、朝聘」之禮，順船山之語，依禮儀形式，判別禮與道德的聯系。論其衍義，則「冠、昏」禮列爲一節，「燕、射、鄉飲、朝聘」之禮亦列一節，至若「喪禮」之制，所重爲「喪儀」之則及「喪服」之制，以其所含稍廣，則置末節以論，乃合「通則」之例。

第一節　〈冠、昏〉禮之推闡

「冠禮」、「昏禮」合爲一節，其實意各有所別，分述如下：

一、〈冠禮〉闡義

語及「冠禮」，在言其義，《禮記》皆以「冠義」目之，他若「燕、射、鄉飲酒、朝聘」之禮，亦以「義」稱之。故云「冠禮」，乃就「冠義」而說。船山對〈冠義〉言之殊少，僅謂：「《儀禮》之今存者，有〈士冠禮〉，而此以言其義也。古大夫冠禮，天子、諸侯之冠見於《大戴記・公符篇》，亦可以此義通之。〔註6〕」以爲《儀禮》〈士冠禮〉已載，此於義理抒解即可。然如就道德層面觀之，則冠禮仍有可說處。

蓋以冠禮爲一成人禮，其對社會化教育當有一階段性標誌。如〈冠義〉首段結論云：「冠者，禮之始也。」又於三段結論云：「已冠而字之，成人之道也。」則「成人禮」其源當出於原始部落時期，其長者對部落成員實行教育達一定階段所進行的施禮活動，意謂男女青年到成熟期，數年之間，須通過部落所規定之各種程序及儀式，接受一系列訓練和考驗，目的在使即將成

〔註5〕參見姜廣輝主編《中國經學思想史》第一卷，頁301～303。
〔註6〕《禮記章句》卷四十三，頁1。《船山全書》第四冊，頁1505。

部落成員的男女青年具備必須的知識，且而有相當的技能以面對困難與危險之能力。〔註7〕因此，可以說設計成年禮之儀式，其意在使單一的個人成爲「完全的人」，並能執行部落活動的職能。以是知「冠禮」也者，其實即通過加冠儀式，確認青年人所具備之成人地位與身份所舉行的禮儀活動。由《儀禮‧士冠禮》記錄的加冠儀式內容觀之，其內容已改變早期原始社會成人禮教之集體儀式與內體考驗等形式，而以加冠戴冕等象徵儀節作爲禮儀的展示。最簡單者，即爲成人者取字，拜見家長、兄弟、親屬及地方官紳賓客等等，顯現群聚社會的時代特徵。

依據「禮」的規定，男女青歲至二十即須舉行「冠禮」之儀。其程序在受禮者須分別加戴不同形式的三禮冠，即「緇布冠」、「皮弁」、「爵弁」，三者各自表達不同的象徵意義。《儀禮‧士冠禮》載：「始冠，緇布之冠也，太古冠布，齊則緇之。」所謂「齊則緇之」，係指行齋戒禮而戴的，所存即古禮，所用者即「玄冠」，有「委貌」、「章甫」、「毋追」等名稱。〈士冠禮〉載「委貌，周道也；章甫，殷道也；毋追，夏后氏之道也。」鄭注：「委，猶安也。言所以安正容貌；章，明也，言以表明丈夫也。甫，或爲父。〔註8〕」學者楊寬亦云：「行冠禮時，男子取『字』的方式是『伯某父』或『仲某父』等，用來表示其具有男性成員的權利，加冠後所戴玄冠又稱爲『章甫』。很明顯，同樣是用來表示其具有男性成員的權利的。而且『章甫』成爲西周、春秋時宋人禮帽的通用名稱。至於『委貌』和『玄端』禮服合稱『端委』或『委端』的禮服又是春秋時代貴族常用於參加各種政治活動的。例如晉文公接受周襄公的冊命，即是『端委以人』（《國語‧周語上》）。『陽谷之會，桓公委端，搢笏而朝諸侯。』（春秋穀梁傳‧僖公三年）劉定公對趙文子說：『吾與子弁冕端委以治民，臨諸侯。』（左傳‧昭公元年）子貢說：『大伯端委以治周禮』（左傳‧哀公七年）董班于說：『及臣之長也，端委韠帶以隨宰人，民無貳心。』（國語‧晉語九）由此可見，『冠禮』的所以加冠，無非表示授予貴族『治人』的特權，表示從此可『以治民』和『以治周禮』了。〔註9〕」

而行「冠禮」時，加戴「皮弁」，其爲源自周時之帽。鄭注〈士冠禮〉謂：「皮弁者，以白鹿皮爲冠，象上古也。」賈公彥疏亦云：「象上古業者，謂三

〔註7〕參見林耀華主編《原始社會史》，頁387。（北京，中華書局，1984年）
〔註8〕《十三經注疏‧儀禮》頁33。
〔註9〕楊寬《古史新探》〈冠禮〉新探。（北京，中華書局 1956 年）。又姜廣輝《中國經學思想史》頁 305 引。

皇時，冒覆頭，句（鈎）頷繞項。」《周禮・春官・司服》云：「凡兵事，韋弁服；視朝，則皮弁服；凡甸，冠弁服。」是知西周建國之後，其禮節所用服飾，仍保存舊有形式，即春秋各國貴族田獵時所戴皮冠，亦與時俱行。若「冠禮」時加戴皮弁，其意則在成人禮外，又兼從事戎事之責任與義務。

至於「冠禮」第三次加戴的「爵弁」，卻為一種祭服。如〈雜記〉所云：「大夫冕而祭於公，弁而祭於己；士弁而祭於公，冠而祭於己。」《白虎通・紼冕篇》亦云：「爵弁者，……周人宗廟士之冠也。」則行冠禮加戴爵弁，其意除成人之禮外，又具備參與宗廟祭典的資格與權利。顯然，由《左傳・成公十三年》所云：「國之大事，惟祀與戎」觀之，則「冠禮」所行，不僅為成人之禮，亦兼具戎事與祭事的權利和義務。由是更知，成人禮者，一則獲取成人身份，一則相應得取權利地位與責任義務，則自能對其行使其成人禮儀及道德標準的要求。必若〈冠義〉所云：「成人之者，將責成人之禮焉也。則成人之禮焉者，將責為人弟，為人臣，為人少之禮行焉。將責四者之行於人，其禮可不重與！故孝弟忠信之行立，而后可以為人，可以為人，而后可以治人也。故聖王重之。」則冠禮之義，盡在於斯。

至於《禮記章句》所載〈冠義〉，以篇目短，船山所重當在「凡人之所以為者，禮義也。」及「故曰：冠者禮之始也；是故古之聖王重冠。」二句前已述說，船山之注所謂「正言『人之所以為人』，明其為夷狄禽獸之大防也。『禮』者，義之文；『義』者，禮之幹。」又云「聖王，謂制冠禮者。〔註10〕」然則「禮義」為道德之屬性乃知，此前已剖析，不再贅言。今再就文句分析，則此二句當與後文「故曰：冠者禮之始也，嘉事之重者也，是故古者重冠」相呼應。若此，則前云「是故古之聖重冠」之前，仍應有「嘉事之重者也」之說，才能成並列句法。因之，疑此或為錯簡，使文句未見順暢耳。然此為小疵，於本文亦未所損，由此篇與《儀禮・士冠禮》相比而觀，則成人禮之大義，當更顯著。

二、〈昏禮〉闡義

昏禮之義，當順冠禮而來，以成熟之人，自有建立家庭繁衍後代的必要。《禮記・內則》云男子「二十而冠」，「三十而有室」；女子「十有五而笄，二十而嫁。有故。」《左傳・襄公九年》載「國君十五而生子，冠而生子，禮也。」

〔註10〕《禮記章句》卷四十三，頁1～2。《船山全書》第四冊，頁1505～1506。

《太平御覽》七一八引《白虎通》云：「男子幼娶必冠，女子幼嫁必笄。」即如《周禮・大宗伯》亦多以「昏冠」並稱，如「昏冠之禮，親成男女」之謂。而冠昏之禮其實亦宗法家族維繫重要之一環，《禮記・文王世子》載「五廟之孫，祖廟未毀，雖及庶人，冠、取妻必告。」即爲明證。

　　冠婚之義雖緊要，在船山《禮記章句》之〈昏義〉所言則簡，其云：「昏，陰禮也，其事用夕，故曰『昏』。明其義而推廣之。其言天子、諸侯之昏禮，與〈哀公問〉互相發明，考之亦可以備古禮之亡。〔註11〕」謂考之可以備亡失的古禮，所指當爲周之宗法社會〔註12〕，以其時所推行乃一夫一妻多妾制，此制如〈昏義〉所云，是能「合二姓之好」，然後「上以事宗廟，而下以繼后世也。」而「事宗廟」之舉，在周時已行之有年，是船山以「備」古禮言之，所期乃待乎認清周時的婚姻制度。然以所言爲簡，仍有可待推闡之處。

　　今再以「合二姓之好」言，則成年男女結合，乃爲經由婚禮儀式而公開化、合理化及合道德化。而公開、合法且合道德的婚姻必爲家庭建立及存續的前提。事實上，人類社會之所以維繫不墜，其源仍在血緣與婚姻的接連，使不同族屬通過聯姻以保持相互穩定關係而世代通好；同樣的，各族屬血緣延續亦通過異姓聯姻而綿延不斷。且若此社會進入宗法時代，血緣與婚姻之紐帶即更受重視，因而產生更嚴格的戒律與禁忌，即所謂「同姓不婚」、「男女有別」二者，後者甚至影響社會生活的若干層面。此即《禮記・郊特性》所載：「夫昏禮，萬世之始也。取於異姓，所以附遠厚別也。」〈坊記〉亦載「取妻不取同姓，以厚別也。」〈大傳〉亦載「繫之以姓而弗別，綴之以食而弗殊，雖百世而昏姻不通者，周道然也」則婚姻制度自昔即受重視，其來有自。至於何以「同姓不婚」，之所以限制，乃在強調父系的血緣關係，對母系血緣如表兄弟姊妹等婚姻交通者，則未嘗限制。綜合言之，無論環境如何變易，婚姻的聯繫始終爲人類社會化生活的必要條件，畢竟其保持傳統宗教信仰及實現種族繁衍的意義與價值。

　　其次，再就「男女有別」之影響社會生活層面說。謂「男女有別」，有如

〔註11〕　《禮記章句》卷四十四，頁1～。《船山全書》第四冊，頁1509。
〔註12〕　〈昏義〉「以古者婦人先嫁三月，祖禰未毀，教于公宮，祖禰既毀，教于宗室。」
　　　　　孔疏云：「按〈內則〉女子十年不出，使姆教成之，明已前恒教。……云宗室，
　　　　　宗子之家也者。鄭注不云大宗、小宗，則大宗、小宗之家悉得教之。與大宗
　　　　　近者，於大宗教之；與大宗遠者，於。小宗教之」此鄭注已爲周之宗法作一
　　　　　分判。《十三經注疏・禮記》頁1002。

船山所說：「『男女之別』，謂各有匹偶，異於禽獸之無則也。〔註13〕」男女各有匹偶，即有其結合；有其結合，即有其約束，不致若禽獸之離亂，故而與其說是對男女青年行為的約束，不若說是強調社會中男女兩性因不同角色所承擔之不同責任與義務。其在婚姻的體現，即因男女結合而預示其人將分別擔負家族中之責任與義務。如《禮記‧郊特性》所載，男子「將以為社稷主，為先祖後。」〈內則〉亦載女子將「事舅姑，如事父母。」明白表示男女青年婚後即將各自承擔起社會及家族的責任與義務，以是在教育本質上，男女之教，即有差異，此當作為「男女有別」的註腳。

再以古代男女婚嫁年齡，說亦紛紜。一說男三十而娶，女二十而嫁。《周禮‧地官‧媒氏》即載：「令男三十而娶，女二十而嫁。」《禮記‧內則》亦載：「三十而有室，始理男事。……（女子）十有五而笄，二十而嫁，有故，二十三年而嫁。」《大戴禮記‧本命篇》亦載：「中古男三十而娶，女二十而嫁，合於五也，中節也。太古男五十而室，女三十而嫁，備於三五，合於八十也。」此外，《白虎通義‧嫁娶篇》又以生理及陰陽奇偶證成其說，謂：「男三十而娶，女二十而嫁何？陽數奇，陰數偶也。男長女幼者何？陽道舒，陰道促。男三十，筋骨堅強，任為人父；女二十，肌膚充盛，任為人母，合為五十，應大衍之數，生萬物也。」《白虎通義》是參合《易》及〈陰陽〉之述，雖為讖緯之述，仍有可參之處。〔註14〕

至於另一說，則主士大夫以上可年歲不拘，或早或晚，惟庶人則男三十而娶，女二十而嫁。主此說者，若許慎、譙周、范甯、杜佑等。諸說如下：

（1）許慎說

《禮記‧昏義》孔穎達疏引許慎《五經異義》云：「《春秋左氏》說：國君十五而生子，禮也。二十而嫁，三十而娶，庶人禮也。《禮》『夫為婦（當為夫之姊）之長殤』。長殤，十九至十六，以夫年十四、十五，見〈士昏禮〉也。許君謹案：舜三十不娶謂之鰥；文王十五而生武王，尚有兄伯邑考；知人君早昏娶，不可以年三十，非重昏嗣也。〔註15〕」

（2）譙周、范甯說

《穀梁傳‧文公十二年》范甯注云：「譙周曰：國不可以久無儲貳，故天

〔註13〕《禮記章句》卷四十四，頁3。《船山全書》第四冊，頁1511。
〔註14〕參見錢玄《三禮通論》頁579。
〔註15〕《十三經注疏‧禮記》頁999。

子、諸侯十五而冠，十五而娶。娶必先冠，以夫婦之道，王教之本，不可以童子之道治之。禮十五爲成童，以次成人，欲人君之早有繼體，故因以爲節。……甯謂禮爲夫之姊妹服長殤，年十九至十六，如此男不必三十而娶，女不必二十而嫁明矣。此又士、大夫之禮。〔註16〕」

（3）唐・杜佑說

《通典・嘉禮》載：「今案：三十、二十而嫁娶者，《周官》云：『掌萬民之判』，即眾庶之禮也。故下云『於是時也，奔者不禁』。《服經》爲夫姊之長殤，士、大夫之禮也。《左傳》『十五而生子』，國君之禮也。且官有貴賤之異，而婚無尊卑之殊乎？則卿士大夫之子，十五以後皆可嫁娶矣。〔註17〕」

以上三說以士、大夫以上，有官職者，達成熟年齡及可論嫁娶，然則此說未免過寬。因之，另有以男二十而娶，女十五而嫁者，主此說者爲王肅。所據則：《周禮・地官・媒氏》賈公彥引王肅《聖證論》云：「《周禮》云『令男三十而娶，女二十而嫁』，謂男女之限，嫁娶不得過也此也。三十之男，二十之女，不待禮而行之，所奔者不禁，娶何三十之限？前賢有言，丈夫二十不敢不有室，女子十五不敢不有其家。《家語》：『魯哀公問於孔子：男子十六精通，女子十四而化，是則可以生民矣。聞禮男三十而有室，女二十而有夫，豈不晚哉？』孔子：『夫禮其極，亦不是過。男子冠，有爲人父之端；女子十五許嫁，有過人之道。於此以往，則自昏矣。』然則三十之男、二十之女，中春之月者，所謂言其極法耳。」

綜合上列之說，如依社會之況言，則王肅之說較可信。雖王說引《家語》孔子之說，或爲僞託，然就全文推論，亦合情理。只以人君爲維護己身，思以宗法統治，必希望早日有法定繼承之人，而爲「人君之繼體」，當然希望早婚早生以達繼承的目的。且而自國之富強考量，早婚多生，亦能增加生產的動力。

男女婚姻年齡而外，結婚儀式亦甚要緊。既爲「合二姓之好」，基於男女二方「親之」、「敬之」的道德意義，昏禮的禮儀程式，皆經由「納采」始，而由「問名」、「納吉」、「納徵」、「請期」、「親迎、「成婚」等階段完成。此階段《儀禮・士昏禮》雖載之已詳，然其過程，卻有一番轉折，故仍須再解說，使婚禮儀式更見明晰。

〔註16〕《十三經注疏・穀梁傳》頁108～109。
〔註17〕杜佑《通典》〈男女婚嫁年幾議〉卷五十九，頁1676。

（1）納采

「納采」是男家向女家送禮，表示求親。采，即采擇之義。《儀禮·士昏禮》：「昏禮：下達，納采用鴈。」鄭注：「將欲與彼合昏姻，必先使媒氏下通其言，女氏許之，乃使人納其采擇之禮。禮用鴈爲摯（贄）者，取其陰陽往來。《詩》云：『取妻如何，匪媒不得。』（按：此爲〈齊風·節南山〉之句）昏必由媒交接紹介，所以養廉恥。〔註18〕」昏禮由「納采」開始，納采之前，須由媒人說合，此《禮記·坊記》云：「男女無媒不交。」是經由媒人說合，然後男家派遣使者，以鴈（鵝）爲贄禮，正式向女家求親。

納采等六禮均行於女家宗廟。男方使者穿玄端禮服，至女家大門之外，儐者（接待賓客和贊禮的人）出門請事，賓（使者）說明納采之意。儐入，告知主人。主人穿著玄端禮服，出大門迎接，向賓行再拜禮，賓不答拜。主人揖請賓入門。至於廟門，揖入。三揖，至階，三讓，賓從西階升，主人從東階升。賓致辭：「吾子有惠，貺（音ㄎㄨㄤˋ，所賜的禮品）室某也，某有先人之禮，使某也納采。」賓曰：「敢納采。」主人再拜。賓面向南，授主人鴈。賓下堂，出廟門。主人將鴈授於管家，管家還鴈於使者。

（2）問名

賓行納采之禮畢，出門未返，即在門外。儐出門請事，賓執鴈，曰：「請問名。」主人許，賓入，升階。賓曰：「某既受命，將加諸卜，敢請女爲誰氏。」主人對曰：「吾子有命，且以備數而擇之，某不敢辭。」遂告女之名。授鴈、受鴈、還鴈等如前儀。

女方主人爲答謝賓之勞，行醴（禮）賓之禮。以醴招待賓。主人致辭曰：「子稅，故至於某之室，某有先人之禮，請醴從者。」賓曰：「某既將事矣，敢辭。」主人曰：「先人之禮，敢固以請。」賓曰：「某辭不得命，敢不從也。」乃設筵几，贊者酌醴，薦脯醢，主人授醴，賓拜受醴。賓祭醴，祭脯醢，啐醴，拜，主人答拜。賓取脯。賓降，主人送於門外。

（3）納吉

卜得吉兆，使者來告。賓致辭曰：「吾子有貺命，某加諸卜，占曰吉，使某也敢告。」主人對曰：「某之子不教，惟恐弗堪。子有吉，我與在，某不敢辭。」儀式如前。

（4）納徵

〔註18〕《十三經注疏·儀禮》頁39。

致送聘禮。「徵」者，有成之謂。納幣則婚事成。幣有黑色及淺絳色之綢共十端，即五匹，兼鹿皮二張。儀式如前。賓致辭曰：「吾子有嘉命貺室某也。某有先人之禮，儷皮束帛，使某也請納徵。致命曰：某敢納徵。」對曰：「吾子順先典，貺某重禮，某不敢辭，敢不承命。」即《周禮・地官・媒氏》亦載：「凡嫁子娶妻，入幣純帛，無過五兩。」五兩及五匹，十端。純帛，指帛長度，合標準幅度。

（5）請期

「請期」者，即告知結婚日期，此爲男方客氣用語。賓致辭曰：「吾子有賜命，某既申受命矣。惟三族之不虞，使某也請吉日。」主人對曰：「某既前受命矣，惟命是聽。」賓又曰：「某命某聽命於吾子。」主人對曰：「某固惟命是聽。」賓曰：「某使某受命，吾子不許，某敢不告期。某日。」主人曰：「某敢不敬須。」〔註19〕儀式如前。

（6）親迎

婿至婦家迎娶。婚黃昏之始。此亦船山〈昏義〉旨要所云：「昏，陰禮也，其事用夕，故曰『昏』」之意。若男家則在寢陳設鼎尊飲食之饌具。婿著爵弁、緇衣、纁裳、緇帶。將出發，父命子：「往迎爾相，承我宗事，勖帥以敬，先妣之嗣，若則有常。」子：「諾。惟恐弗堪，不敢忘命。」婿乘黑色漆車，副車二乘；婦車一乘，有車帷。隨行者著玄端禮服，前則有專人執火炬引導。

女主人在廟，設神筵於堂上戶西，婦戴首飾，緇衣纁邊，立於房中。姆在其右，女從者均著玄端禮服，迎於大門之外，西面再拜，婿東面答拜。女父揖入。至廟門，揖入，升堂，婿奠鴈，再拜稽首。婦從房中出，父戒之曰：「戒之敬之，夙夜無違命。」母戒之曰：「勉之敬之，夙夜無違宮事。」庶母戒之曰：「敬恭聽宗爾父母之言，夙夜無愆，視諸衿鞶（鞶，音ㄆㄢˊ，大帶。）。」婿乃出，婦從。女之父不降送。

婿駕婦車，授婦綏。（綏，上車拉手之繩）姆辭不受，曰：「未教，不足爲禮也。」婦登車用几。披上景衣（披風）。車轉三周，由御者代婿駕車。婿下婦車，乘己車前導。至家，俟於門外。

（7）共牢合卺

婦至家，下車。婿向婦揖，入寢門，均自西階升。媵（隨嫁之女）設筵席於堂中西南。御爲婦盥洗手，媵爲婿盥洗手。贊者設俎、敦、籩、豆。婿

〔註19〕杜佑《通典》〈公侯大夫士婚禮〉卷五十九，頁 1646。

揖婦，即席對坐，婿在西，向東；婦在東，向西，共牢而食，皆先祭後食。贊者洗爵，先酌醋婿，後酌醋婦。前二次用爵，第三次用卺。卺，剖瓠為二，以代爵。卒食，撤饌。御設婦臥席在西，媵設婿臥席在東。婿親為婦解纓。燭出，臥息。

（8）婦見舅姑

次日天明，婦沐浴，梳妝，至舅姑寢門外。贊者入告，堂上靠東序設舅席，房戶之西設姑席。舅、姑即席。婦手執笲（音ㄈㄢˊ，竹器。），內盛棗、栗，自西階升堂，先向舅拜，將笲置於席上，舅手撫棗、栗，起身答拜。婦答拜。婦下堂，執笲上堂，拜姑，將笲置於席上，姑端起笲，起身答帶。暗者代舅姑醴婦。婦受醴，取脯出。

舅姑入室，婦饋舅姑，獻特豚，食畢，婦撤席。婦食舅姑之餘。撤回房中，媵食婦之餘。舅姑饗婦，以一獻之禮。禮畢，舅姑自階下，婦自東階下，暗示婦將代己主家事。婦將所食餘肉交予送親之人，請攜回母家復命。至此，婦正式成為夫家的成員。

（9）廟見

若舅姑已歿，則行廟見之禮。婚後三月，婦至廟。設几席。婦執菜笲，由祝導入。「祝」祝禱曰：「某氏來歸，敢奠嘉菜於皇舅某子。」婦拜，坐奠菜於几，又拜。婦降，又執菜笲入，「祝」祝禱曰：「某氏來歸，敢告皇姑某氏。」婦奠菜於席，如前禮。由老醴婦於房中，南面，如舅姑醴婦之禮。婿饗婦送者丈夫婦人，如舅姑饗禮。〔註20〕

然則舅姑歿，何以婦必廟見後，始成為夫家之婦？《禮記・曾子》則載：「女未廟見而死，則如之何？孔子：『不遷於祖，不祔於皇姑，婦不杖不菲不次，歸葬於女氏之黨，示未成婦也。』」說可為佐證。然則《儀禮・士昏禮》所述婚禮儀節雖簡，至後代仍少變動，禮之傳承，可謂良久。

其次，婚禮中仍有二議題值得探討，錢玄以為即「娶妻告廟」與「婚禮不賀」二者。〔註21〕

（1）娶妻告廟

《儀禮・士昏禮》記女方受六禮皆在宗廟，此即告廟之禮，而未及男方告廟之禮。若《白虎通義・嫁娶篇》云「娶妻不告廟」。而《禮記》、《左傳》

〔註20〕杜佑《通典》〈舅姑俱歿婦廟見〉卷五十九，頁1668。
〔註21〕錢玄《三禮通論》頁577。

又有告廟之說，其別爲何？

《禮記‧曲禮上》云：「男女非有行媒，不相知名；非受幣，不交不親。故日月以告君，齊（齋）戒以告鬼神，爲酒食以召鄉黨僚友，以厚其別也。」謂娶妻既要報告官府，亦要舉行告廟之禮。《左傳‧隱公八年》載：「四月甲辰，鄭公子忽如陳逆婦嬀。辛亥，以嬀氏歸。甲寅，入於鄭。陳鍼子送女。先配而後祖，鍼子曰：『是不爲夫婦，誣其祖矣；非禮也，何以能育？』」《左傳‧昭公元年》亦載：「楚公子圍聘于鄭，且娶於公孫段氏。伍舉爲介。將入館，鄭人惡之，使行人子羽與之言，乃館於外，既聘，將以眾逆，子產患之，使子羽辭曰：『以敝邑褊小，不足以容從者，請墠（音ㄕㄢ丶，古代祭祀時的掃除。）聽命。』命尹命大宰伯州犁對曰：『君辱貺寡大夫圍，謂圍將使豐氏撫有而室。圍布几筵，告於莊、共之廟而來。』」均證明娶妻有告廟之禮。然告廟儀節行，即有戎事，是爲不祥。

（2）婚禮不賀

云「婚禮不用樂，不賀」者，如《禮記‧郊特牲》載：「昏禮不用樂，幽陰之義也。樂，陽氣也。昏禮不賀，人之序也。」鄭注：「序，代也。」〔註22〕又《禮記‧曾子問》：「孔子曰：『嫁女之家，三夜不熄燭，思相離也。取婦之家，三日不舉樂，思嗣親也。』」鄭注：「重世變也。〔註23〕」意謂娶妻生子是爲傳宗接代，且以暗示人事代謝，故不用樂，亦不祝賀。

惟如〈曲禮〉所載：「賀取妻者曰：『某子使某，聞子客，使某羞。』」鄭注：「羞，進也。其禮蓋乘壺酒，束脩若犬也。〔註24〕」此爲「賀娶妻」之說，雖未說本人致賀，仍云派使者送酒賀喜。再以前引〈曲禮上〉所云「爲酒食以召鄉黨僚友」皆明婚娶可以祝賀。至所謂「不用樂」、「不祝賀」之說，恐與當時習俗有違。

以上所舉，一就「嫁娶年齡」言，一就「婚禮儀式」言，皆由婚姻之行，以合兩姓之好，而上以事宗廟，下以繼後世，意在就〈昏義〉旨要作一統整，至於後世有謂「陪嫁」之制，或「同姓不婚」、「諸侯不內娶、大夫不外娶「諸侯不再娶」」、「喪期不得嫁娶」、「禁遷葬、嫁殤」之說等等，所引文獻稍多，亦非船山所欲探究者，故暫不予列說。總之，如〈昏義〉所載：「男女有別而

〔註22〕《十三經注疏‧禮記》頁506。
〔註23〕《十三經注疏‧禮記》頁365。
〔註24〕《十三經注疏‧禮記》頁38。

后夫婦有義，夫婦有義而后父子親，父子親而后君臣有正。故曰：昏禮者，禮之本也。」而船山注云：「義，恩禮之正者也。專於所從則恩禮以正篤，而父子之倫明，異乎禽狄之知母而不知孰爲其父，〔註25〕」

第二節 〈燕、射、鄉飲酒、聘〉禮之推闡

燕、射、鄉飲、朝聘之禮，分而言之，鄉飲酒禮及射禮屬社交禮儀活動，燕禮、聘禮及朝覲之禮，屬政治禮儀活動。至於「朝覲」之禮，《禮記》未載「朝聘」之義，故篇義刪省而未敘論。若其理義，則「鄉飲酒」禮、「射」禮，可合而言；「燕」禮、「聘」禮，可合而言。依序分述如下：

一、〈鄉飲酒禮〉闡義

鄉飲酒禮爲古代社會生活之禮儀，亦爲活動。體現的道德精神亦具社會倫理意味。其禮之行，即以鄉里爲主，於地方行政組織範圍內，舉行之宴飲活動；且亦以「鄉大夫」爲主的地方行政組織所進行之活動。此以宴飲爲內容的聚會，其源當自氏族社會狩獵或農耕族群分享收獲所舉行的議事等聚會，至宗周時代即演變而爲道德教化意義的禮事活動。船山言此禮事活動，即直就「政教」解之：

> 萬二千五百爲「鄉」，其屬有州、黨、族、閭、比。州有序，鄉有庠。天子置六鄉，各有鄉大夫掌其政教。諸侯三鄉。「飲酒」者，其禮如燕而一獻，以周之正月行之，一則鄉大夫謀賢於鄉先生，而賓興之升於司徒，以所升者爲賓，其次爲介，而鄉之先生長者爲僎，子弟皆與執事焉，所以尊賢也；一則謀齒德之優者爲賓而行敬養之禮，所以養老也。二者事異而禮同。州長亦以其禮行於其州，但言鄉者，以尊統之也。〔註26〕

船山所云「鄉」爲萬二千五百家者，其制當從西周始。其時天子王畿與諸侯封國皆設鄉遂制度，亦即宗法家族系統外，仍有一由下至上的地方行政管理系統，此即《周禮·地官·大司徒》所云：「五家爲比，使之相保；五比

〔註25〕「異乎禽獸之知母而不知孰爲父」：各印本作「異乎鄙人之知母而不知父」。馬宗霍《校記》：「按此亦刻本有所諱而改，當從鈔本。」《禮記章句》卷四十四，頁3。《船山全書》第四冊，頁1511引。

〔註26〕《禮記章句》卷四十五，頁1。《船山全書》第四冊，頁1517。

為閭，使之相受；四閭為族，使之相葬，五族為黨，使之相救；五黨為州，使之相賙；五州為鄉，使之相賓」。其地方行政長官則有鄉大夫、州長、黨正、族師、閭胥、比長，逐級而下，形成一套地方官吏系統。而從鄉之建置言，則天子有六鄉，諸侯三鄉，卿二鄉，大夫一鄉，各有鄉大夫。其以宴飲為形式的禮儀活動，即所謂「鄉飲酒禮」，亦有範圍及層次之別。鄉則三年一飲，州則一年再飲，黨則一年一飲。其不同形式之鄉飲酒禮，即表現不同程度的精神內涵。首為布政考核，選賢使能。次為尚德尚齒，尊長敬老；終為興學施教，化民成俗。再細言之：

（1）布政考核，選賢使能

　　《周禮・地官・大司徒》有「鄉老」、「鄉大夫」、「州長」、「黨正」之說。「鄉老」指三公而言，鄭注：「三公者，內與王論道，中參六官之事，外與六鄉之教。」故鄉老以三公兼之。二鄉則公一人也。蓋鄉老無專職，惟禮賓賢能，獻書於王，退行鄉射而已。「鄉大夫」，掌握一鄉的政教禁令，猶一鄉的行政長官。州長，為一州的行政長官，掌州的教治政令。接五州為一鄉，計一萬二千五百家為鄉，二千五百家為州。「黨正」，一黨的行政長官，掌黨的政令教治。五黨為一州，五百家為黨。〔註27〕而「布政考核，選賢舉能」為諸長官首要職責。以《儀禮・鄉飲酒禮》及《禮記・鄉飲酒義》，在鄉大夫、州長、黨正主持的飲酒禮禮儀活動，分別依主人身份視邀請的賢者、能者為賓客，通過拜迎、揖讓表示賓主彼此的尊敬與謙恭；通過飲酒的敬讓、獻酬、拜受、答謝等表示賓主的彼此的敬意。其中寓意在於有地位有德行者間的交往，必須遵循恭敬謙讓、相互尊重的道德原則，進之具有更廣泛的社會倫理意義。以〈鄉飲酒義〉言，首段即云：

> 主人拜迎賓於庠門之外，入三揖而后至階，三讓而后升，所以致尊讓也。盥洗揚觶，所以致絜也。拜至、拜喜。拜受、拜送、拜既，所以致敬也。尊讓、絜、敬也者，君子所以相接也。君子尊讓則不爭，絜、敬則不慢，不慢不爭則遠於鬥辨矣，不鬥辨則無暴亂之禍矣。斯君子所以免於人禍也，故聖人制之以道。

船山注云：

> 「主人」，鄉大夫。「庠」，鄉學。有室曰「序」。「三揖」者，將進揖，當陳揖，當卑揖。「三讓」，讓升也。「盥」，浣手。「洗」，滌爵。

〔註27〕林尹《周禮今註今譯》頁 91。

「揚」，舉。「觶」，酬器，容四升。「揚觶」者，將行酬而主人之吏一人舉觶於賓。言自始獻以至於揚觶，皆盥洗也。「絜」，古與「潔」通。「拜至」，賓升階而主人當楣北面再拜，謝其至也。「拜洗」者，獻酢而洗，互相拜也。「拜受」，將受爵而拜。「拜送」，既授爵而拜。「拜既」，卒爵而拜。四者賓主皆同。「辨」，訟也。「免於人禍」，言免人於禍。教行習移而成乎大順，禍亂不興矣。「道」，謂陳設位置之宜也。〔註28〕

船山言「聖人制之以道」之道爲「陳設未置之宜」，由上下文相觀，此解似不可通，只以「聖人以禮制裁」即可，否則難免前後意義不明。而其文解，則爲：鄉飲之意爲：主人拜迎賓客於鄉學門外，賓客入門後，作揖三次才到階，彼此推讓三次後升階，皆爲尊重彼此及謙讓之謂。之後，洗手洗杯，舉杯飲酒，意在表示清潔。賓客至而主人拜迎，主人洗爵而賓客拜謝，主人獻酒而賓客拜受，賓客接受主人獻酒而主人拜送，賓客乾杯而主人揖拜，皆表達敬意。且而彼此尊重、謙讓、清潔、恭敬，即爲君子交接之道。君子尊重、謙讓，是以未嘗爭鬥；潔淨恭敬，是以未嘗怠慢；不爭鬥不怠慢，即不致打鬥訴訟，自亦無強暴作亂的禍害。此爲君子避免相互侵害之法，故而聖人依禮以制裁。

由是知賓主交接儀式，其活動正可以考察作爲賓客者是否名符其實。

（2）尚德尚齒，尊長敬老

尊長敬老，尚德尚齒，乃即「鄉飲酒禮」所含道德精神之另一特質。其體現在宴飲席間主人、賓客的排位次序。〈鄉飲酒義〉載：

主人者尊賓，故坐賓於西北，而坐介於西南以輔賓。賓者，接人以義者也，故坐於西北。主人者，接人以仁、以德厚者也，故坐於東南，而坐僎於東北以輔主人也。仁義接，賓主有事，俎豆有數，曰聖。聖立而將之以敬曰禮，禮以體長幼曰德。德也者，得於身也。

船山注云：

「西南」申位，於時爲秋。「西北」亥位，於時爲冬。「東北」寅位，於時爲春。「東南」巳位，於時爲夏。夏正四孟，周正則四時之成也。賓席戶牖間，僎在其東，介席西階上，主人席阼階上，有其象也。「仁義接」，承上坐席而言。「有事」，獻酬酢之事。「豆」，數見下。「俎」，

〔註28〕《禮記章句》卷四十五，頁2。《船山全書》第四冊，頁1518。

各一也。「聖」，通明也。謂效法通於象數也。「聖立」者，以通明立
法也。「體長幼」者，長幼之序，人心之所固有，而體之以達於用也。
「得於身」，謂所行實踐之。〔註29〕

其「東西南北」之位，船山以地支釋之。若其文解，則為：主人尊重賓
客，故將陪客座位排在西南方，藉以輔賓之位。賓則以義待人，故坐於西北，
以應義氣。主人則以仁德敦厚待人，故坐於東南方，以應仁氣。儐則安排於
東北方，以輔助主人。仁義相交接，賓客與主人各安其所，待客的俎豆合乎
數目，即所謂「明白通達」，而又持之以敬謂之「禮」，以禮作規範，使長幼
身體力行謂之「德」。德云者，即身體力行之所得。

就中所論，即仁義之相互交接，使賓主各得其位，道德精神乃得以體驗
和崇尚。因之，賓主除體現彼此尚德精神，坐次排列亦體現尊長敬老的尚齒
精神。此必《周禮・地官・大司徒》所云：「黨正：以禮屬民，而隱酒於序以
正齒位，壹命齒於鄉里，再命齒於父族，三命而不齒。」《禮記・祭義》亦載
「族有七十者弗敢先」。意謂官拜一命的人在鄉里論定年輩，官拜二命的人在
族人中論定年輩，官拜三命的人不再和族人論定年輩，對族中七十歲以上長
輩，不敢爭入席。此一命二命三命之說，當如孫希旦解「三命不齒族」所言：
「天子下士一命，中士再命，上士三命。齒於鄉里，謂與其同鄉里之人，以
年齒為次序也。族，同高祖之親也。齒於族，謂與其同族之人，以年齒為序
也。不齒，謂雖有同族之人，不與之計年齒也。〔註30〕」其意為職位有其高
低，職位愈低，尚齒範圍即愈大。

再就「尚齒」言，尚齒，即尊長敬老原則，即傳統所謂「年之貴乎天下
之久矣，次乎事親也。」〈鄉飲酒義〉即明言：「六十者坐，五十者立侍聽政
役，所以明尊長也。六十者三豆，七十者四豆，八十者五豆，九十者六豆，
所以明養老也。」此段船山僅以「言養老飲酒之禮」概之。事實上，以周之
宗法及社會倫理規範，尊老精神無處不在。如「六十者坐，五十者侍聽政役。」
所指為「明尊長」；六十至九十，有三豆至六豆者，又為「明養老」，則「民
知尊長養老而后乃能入孝弟；民入孝弟，出尊長養老，而后成教；成教而后
國可安也。君子之所謂孝者，非家至而日見之也。合諸鄉射，教之鄉飲酒之
禮，而孝弟之行立以矣。」則「尚齒」之意特明，所具禮教意義更為深遠。

〔註29〕《禮記章句》卷四十五，頁4。《船山全書》第四冊，頁1520。
〔註30〕孫希旦《禮記集解》卷十二，頁1129。

（3）興學施教，化民成俗

　　「禮」不僅重其義，亦重其儀。有其儀，禮義乃能落實。「興學施教，化民成俗」又爲落實禮義之一。蓋以鄉飲酒禮活動，其賢能者成爲出席的嘉賓，皆「庠序之教」所造就培育出的優秀人才。此等人才，必如《周禮・地官・大司徒》所云：「以鄉三物教萬民而賓興之」。又如《禮記・學記》所：「古之教者，家有塾，黨有庠，術有序，國有學。」其進入庠序鄉校求學問教者，雖爲貴族子弟及同姓親友居多，學成之後對社會則具相當影響力。故其人「比年入學，中年考校，一年視離經辨志，三年視敬業樂群，五年視博習親師，七年視論學取友，謂之小成；九年知類通達，強立而不反，謂之大成。夫然後足以化民成俗，近者悅服，而遠者懷之，此大學之道也。」此篇段落，本文於〈學記〉衍義中已闡述之，所以再提出，乃以其中所述皆鄉黨學校教授傳習的內容，未來可以之確立禮儀制度及倫理道德規範，且如〈禮記，禮器篇〉所言：「先王之制禮也，必有主也，故可述而學也。」亦知欲禮儀制度及精神價值得有具體實踐，基本之學習乃爲必須。而鄉飲酒禮可說是此學習結果的考驗與實踐的過程。易言之，即鄉黨人士普遍遵循先王之道，且而充份理解禮樂之意，推行久之，必然形成一良好的社會風氣和習俗。此習俗即〈鄉飲酒禮〉所引孔子之言：「吾觀於鄉而知王道之易易也。」亦所謂「貴賤明，隆殺辨，和樂而不流，安燕而不亂」五者。船山則以「眾所能喻而無不可行也。〔註31〕」意簡而賅，可謂深中肯綮。

　　由是亦知，鄉飲酒禮必如船山所云：「一則鄉大夫謀賢能於鄉先生」，「一則謀齒德之優者爲賓而行敬養之禮」，而爲古之宗法族擴及於社會族群的體現。

二、〈射禮〉闡義

　　「射禮」爲社會常行的禮事行爲，其源乃在人們藉田獵而進行的軍事訓練之活動，宗周至春秋時代，此活動極爲盛行。活動方式，常見者有二：一是以習射觀德、求賢選能，所重在行禮的禮儀形式；一是以訓練和比賽爲目的，所重在競技的習武形式，此即「禮射」與「主皮之射」的分別。「主皮之射」即設置獸皮靶子挓張弓習射，由參與者競技比武，所保留者爲最初習射性質；「禮射」則從中演變而具廣泛道德意義。至若船山又從二射禮中，提出

〔註31〕《禮記章句》卷四十五，頁6。《船山全書》第四冊，頁1522。

其他射禮之見：

> 射禮有五：一鄉射，鄭氏所謂「州長春秋以禮會民而射於州序」是
> 也；二大射，諸侯與其臣習禮於國學，〈王制〉所謂「習射上功是也」；
> 三燕射，君燕其臣，獻畢而射，〈燕禮〉所謂「若射則大射正為司射，
> 如鄉射之禮」是也。四賓射，鄰國之君大夫來朝覲，於燕而射，若
> 《春秋》「范、鞅」來聘而與射是也；五澤宮之射，天子將祭則先時
> 蒐獮（音ㄒㄧㄢˇ，秋獵。）明日以其所獲致之澤宮，會助祭之諸
> 侯及卿大夫士射椹（桑實）質，射中者得禽而射於射宮，又中則與
> 於祭也。今《儀禮》存者有〈鄉射〉、〈大射〉二篇，此篇發明其義，
> 「燕射」既同鄉射，「賓射」當同大射，唯「宮澤之射」其義略異。
> 〔註32〕

　　船山所提射禮，計為五禮，皆自《儀禮》〈鄉射〉、〈大射〉二篇發明其義。
亦即「射」意，始則習射，終而賦予道德之義，又為禮之道德的體現。此同
於孫希旦所引北宋呂大臨所言：「射者，男子所有事也。天下無事，則用之於
禮義，故習大射、鄉射之禮，所以習容、習藝、觀聽而選士；天下有事，則
用之於戰勝，故主皮、呈力，所以禦敵克勝也。〔註33〕」是「主皮之射」變
而為射禮，亦禮儀之衍進。

　　一般而言，〈射禮〉只談鄉射、大射及燕、賓等四射之禮，「宮澤」之射
則未與焉。以宮澤之射為天子之禮，與大射等諸侯禮有異，故所論每闕，船
山亦以「宮澤之禮，其義略異。」當有見於此禮與其他射禮之異，是以不討
論。船山而外，若孫希旦亦論諸射禮，所言精闢，可作參考：

> 凡射禮有四：一曰大射，君臣相與習射而射也。自天子以下至於士
> 皆有之，今惟諸侯〈大射禮〉存。二曰賓射，天子諸侯饗來朝賓，
> 而因與之射。亦謂之饗射。〈司服〉「饗射則鷩（音ㄅㄧˋ，同鴙，
> 錦雞。）冕」是也。饗禮在廟，故服鷩冕，諸侯饗聘賓亦與之射。《左
> 傳》「晉士鞅來聘，公享之。」「射者三耦」是也，今其禮並亡。三
> 曰燕射，天子諸侯燕其臣子或四方之賓，而因與之射；大夫燕其賓
> 客，亦得行之。〈燕禮〉：「若射」，則如鄉射之禮。此諸侯燕射之可
> 見者也。四曰鄉射，州長與其眾庶習射於州序，《儀禮‧鄉射禮》是

〔註32〕《禮記章句》卷四十六，頁1。《船山全書》第四冊，頁1529。
〔註33〕孫希旦《禮記集解》卷十四，頁1313。

也。而鄉大夫以五物詢眾庶，亦用是禮焉。四者之禮，賓射爲重，而大射爲大。〈燕禮〉記云：「君與射，則爲下射。」〈鄉射禮〉「賓，主人、大夫若皆與射，則遂告於賓」，則燕射、鄉射君若賓以下或有不與焉者，惟大射則不與射也。〔註34〕

綜合言之，「賓射」、「燕射」二禮，意爲招待貴賓及宴會，所重在歡樂；「大射」、「鄉射」，意爲練習及比賽，所重在行禮，二者皆以選拔人才爲目的。實際則具道德踐履的作用。如〈射義〉所言：

古者天子比射選諸侯、卿、大夫、士。射者，男子之事也，音而飾之以禮樂也。故事之盡禮樂而可數爲以立德行者莫若射，故聖王務焉。

船山注云：

此謂射宮之射也。「選」者，選其德行以與於祭。「飾，文也。「盡」，備也。「可數爲」者，禮樂頻用則瀆，因射修之，示有事焉，故射於澤宮而又射於射宮也。〔註35〕

若其文解，則爲：古時天子以射禮考核諸侯、卿、大夫及士才藝之高下，進之挑選助祭的人。說起射箭，是男人的本領，生下來即應懂得如何表現，更須依禮樂以修飾，使人容體比於禮，節奏比於樂。是以如要尋得能括盡禮樂又能時時勤練以建立道德行爲的事，沒有比射箭更適合了，是以聖明的君王要致力於射禮之事。

聖王既致力於射禮之事，則射必有其內涵，否則如何體現精神價值！此〈祭義〉又云：

射者進退周（旋）還，必中禮。內志正，外體直，然後持弓矢審固，持弓矢審固然後可以言中。此可以觀德行矣。

船山注云：

「進退」，言升降。「周（旋）還」，言矢履物時之容。「正」，心不妄動也。「直」，凝立端定也。「審」，是之察；「固」，握之堅也。「言」，許也。「中禮」者德之盛，「正直」者行之表，此備其義矣。〔註36〕

若其文解，則爲：射箭的人，不論前進、後退、左右旋轉，一定要符合

〔註34〕同上，頁1312。

〔註35〕《禮記章句》卷四十六，頁4。《船山全書》第四冊，頁1532。

〔註36〕《禮記章句》卷四十六，頁2。《船山全書》第四冊，頁1530。

規矩。內心，意志堅定；外表，身體挺直；然後拿穩弓箭小心瞄準，能拿穩
弓箭小心瞄準，然後才可射中目標。由「射」箭的姿勢及持箭的穩定中，可
以見出其人的道德行為。

　　此即通過習射動作的身體姿態，體現射者由內而外的約束力和自律性。
如鄭注所云：「內正、外直、習於禮樂有德行者也。」呂大臨更云：「聖王制
射禮，以善養人於無事之時，君子敬以直內，義以方外，則不疑其所行。故
發而怖節者，常生於不敬，所存乎內者敬，則所以形於外者莊矣。內外交修，
則發乎事者中矣。〔註37〕」由是知射箭之技，雖為技，其實為藝，雖比技藝，
亦比德行，又為己身之自比。是〈射義〉歸結云：

> 射者，仁之道也。（射）求正諸己，己正而后發，發而不中則不怨勝
> 己者，反求諸己而已矣。

船山注云：

> 此孟子之言而記者檃括引之，以明射之義。「仁之道」，求仁之道也。
> 為仁由己，而由人乎哉？〔註38〕

　　即以今之奧林匹克運動會，所取精神，不亦是乎！再以射者參與競技雖
保持「心平體正，持弓矢審固」之自律精神。之外，亦要使家族或群體均能
体現此競技的目標。是〈射義〉亦云：

> 射之為言者繹也，或日設也，繹者，各繹己之志也。……。故曰：
> 為人父者以為父鵠，為人子者以為子鵠，為人君者以為君鵠，為人
> 臣者以為臣鵠，故射者各射己之鵠。故天子之大射謂之射侯。射侯
> 者，射為諸侯也，射中則得為諸侯，射不中則不得為諸侯。

船山注云：

> 「繹」者，尋思無已而必得之意。「舍」，釋也，釋於此而中之於彼
> 也。「鵠」，侯中棲皮也。射之為道，內正外職，審慮固執以尋求其
> 中之理，以是調習其心，而遇事皆無妄發，則父子君臣之理得之於
> 心以制行為，而無不中其當然之則者。故射之有鵠，雖非為一人而
> 設，而自己射之，即為己志中欲中之鵠，人所不得而與，猶人倫為
> 盡人之達道，而己所處者即為己當中之理，切於身心而無所旁貸，
> 其平正無邪而精義篤信，亦求之己而已矣。「射為諸侯」，謂即此而

〔註37〕孫希旦《禮記集解》卷四十六，頁1313引。
〔註38〕《禮記章句》卷四十六，頁9〜10。《船山全書》第四冊，頁1537〜1538。

知侯度之當尋求也。中則慶，不中則讓而不能安其位，先王之納天
下於正直精專者即大射而見，而鄉射亦可推知矣。〔註39〕

船山謂「父子君臣之理得之於心以制行爲，而無不中其當然之則。」此
亦「射以觀德」之推展。蓋得之於心，則制之於行爲；行爲正，則射無不中，
亦當然之則。是而中之則能勝其所爲，不中則不能勝其所爲，此即「繹己之
志」之謂。

再者，「射以觀德」仍有以形式出之者，故天子、諸侯、卿大夫、士亦採
詩歌伴唱以爲節奏，所寓之意，乃在天子至於士皆能各守其節，以立德行而
國治功成，達政治昇平之境。此當如〈射義〉所云：

> 天子以〈騶虞〉爲節，諸侯以〈貍首〉爲節，卿、大夫以〈采蘋〉
> 爲節，士以〈采蘩〉爲節。〈騶虞〉者，樂官備也；〈貍首〉者，樂
> 會時也；〈采蘋〉者，樂循法也；〈采蘩〉者，樂不失職也。是故天
> 子以備官爲節，諸侯以時會天子爲節，卿、大夫以循法爲節，士以
> 不失職爲節。故明乎其節之志以不失其事，則功成而德行立，德行
> 立則無暴亂之禍矣。功成則國安，故曰：「射者，所以觀盛德也。」

船山注云：

> 〈騶虞〉、〈采蘋〉、〈采蘩〉，皆《召南》篇名。〈貍首〉，逸詩。「節」
> 者，歌其詩，堂下奏鼓鼜，以其曲終爲節也。略見〈投壺〉。〈騶虞〉
> 九節，〈貍首〉七節，〈采蘋〉、〈采蘩〉五節。九節者射前五節，七
> 節者射前三節，五節者射前一節，其發四矢，每矢一節則同也。射
> 箭之前所以使從容而熟審之，射中之節則使無越射也。優尊者，故
> 射前之節多，使久審而易中。「樂」，謂以此爲欣說，故因以爲樂歌
> 也。〈騶虞〉之爲「備官」者，賈誼所謂「虞人翼獸以待獲」，言百
> 官各恪其職，下逮虞人而能敬共事上也。然其所自致，則唯天子能
> 用賢而任職，故以之爲樂而昭君德也。〈采蘋〉詩序云：「大夫妻能
> 循法度」，〈采蘩〉詩序云：「夫人不失職」，故取其義；卿、大夫議
> 法於上，士守職於下，則其節也。「會時」者，以時勤王而修職貢。
> 〈貍首〉詩亡，其義未詳。「志」，意，謂詩之大指。「不失事」，言
> 且聽且射而又能中也。安其節，德行立矣。躬事不失則「功成」矣，
> 所以成乎治安之盛德也。凡射用樂皆於第三番射奏之，士與君、大

〔註39〕《禮記章句》卷四十六，頁7～8。《船山全書》第四冊，頁1535～1536。

夫爲稠則從君、大夫之節。〔註40〕

〈騶虞〉詩云：「彼茁者葭，壹發五豝。于嗟乎騶虞！彼茁者蓬，壹發五豵。于嗟乎騶虞！」鄭注以「壹發五豝」，喻得賢者多也。而以「于嗟乎騶虞」，讚歎其人。屈萬里則謂：「此美田獵之詩。」又謂「騶虞」「此蓋讚歎其能驅豕以供君之射。〔註41〕」；二說均通。其〈采蘋〉詩云：「于以采蘋，南澗之濱；于以采藻，于彼行潦。于以盛之，維筐及筥；于以湘之，維錡及釜。于以奠之，宗室牖下。誰其尸之？有齊季女。」鄭注「于以采蘋，南澗之濱」，喻循法度以成君事也。屈萬里則謂：「此詠祭祀之詩。〔註42〕」蓋有補充之意。其〈采蘩〉詩云：「于以采蘩，于沼于沚。于以用之，公侯之事。于以采蘩，于澗之中。于以用之，公侯之宮。被之僮僮，夙夜在公；彼之祁祁，薄言還歸。」鄭注謂「彼之僮僮，夙夜在公」，爲樂不失職。屈萬里則謂：「此詠諸侯夫人祭祀之詩。〔註43〕」蓋自詩意言之。則〈騶虞〉詩田獵外，爲備官之用；〈采蘋〉詩雖詠祭祀，亦爲循法度之用；〈采蘩〉詩雖詠諸侯夫人祭祀，亦重其不失職。至於〈貍首〉詩已逸，故僅論此三詩。而此三詩者，皆有其度，亦皆合於射禮之義。

若其文解，則爲：天子以〈騶虞〉這詩作爲節奏；諸侯以〈貍首〉這詩作爲節奏；卿大夫以〈采蘋〉這詩爲節奏；士以〈采蘩〉這詩爲節奏。唱〈騶虞〉這詩，是因歌頌百官齊備；唱〈貍首〉這詩，是因歌頌以時勤王而修職貢；唱〈采蘋〉這詩，是因歌頌能依循法度；唱〈采蘩〉這詩，是因歌頌盡忠職守。是以天子以百官齊備，無所缺憾爲節奏；諸侯以依時集會，效忠天子節奏；卿大夫以依循法度爲節奏；士以盡忠職守爲節奏。各階層的人明瞭其節奏的指導，而實行事業，即能建立有效的道德行爲，道德行爲見於實效，即不致有強暴騷亂的禍害。功業成就，國家即得安寧。因此，可以說：射禮，是用來觀察道德高尚的與否。總之，通過禮儀活動，對參與者進行德行考察，使參與者獲得道德自律的實踐和體驗，是「射禮」之義，所涵甚廣。

三、〈燕禮〉闡義

宗周及春秋時代，天子、諸侯之間，諸侯、諸侯之間，諸侯、臣屬之間，

〔註40〕《禮記章句》卷四十六，頁3。《船山全書》第四冊，頁1531。
〔註41〕屈萬里《詩經詮釋》頁39。
〔註42〕同上，頁26。
〔註43〕同上，頁23。

因關係不同而同禮儀形式，具體表現者，即燕、聘等禮儀，此等禮儀皆可爲政治倫理的範疇。故三者可合爲一，分別述之：

以「燕禮」言：其實即飲食之禮，亦宗周、春秋時代天子諸侯卿大夫士間相互交往不可或缺的活動。船山〈燕義〉旨要云：

> 《儀禮》存者有〈燕禮〉一篇，而此釋其義也。鄭氏曰：「諸侯無事，卿大夫有勤勞之功，與群臣燕飲以樂之」，是爲君燕本國之臣言也。乃〈燕禮〉有「公與客燕」之文而記曰：「若與四方之賓燕，則公迎之於大門內，揖讓升賓爲敬，席於阼階之西，北面，其介爲賓」，則其燕他國之使臣禮亦略同，〈聘禮〉所云「燕無常數」是也。又諸侯朝於天子皆有燕焉，《周禮・典客》云：「公三燕，侯伯再燕，子男一燕。」其禮亡考，而獻酢酬旅，脫屨升席，行無算爵以盡其君臣賓主之歡，則一也。〔註44〕

以《儀禮・燕禮》言，最簡要之說，即爲諸侯燕饗臣子之禮，兼而推之四方賓客。船山引《周禮・典客》云「公三燕，侯伯再燕，子男一燕。」知其時由天子至子男，上下燕饗甚盛，亦蔚爲風氣。若其燕饗活動，依例爲下列之況：即天子燕來朝之諸侯，天子變諸侯之使者，君自燕其臣子，君燕其宗族，或若行養老禮而燕之者。無論如何，燕禮皆在朝、聘、射、養老禮儀活動中進行，意在以飲食相招待，而聯絡關係，增添情感，乃「禮輕而情洽」之謂。

至於〈燕義〉首段載「古者周天子之官有庶子官。庶子官職諸侯、卿、大夫、士之庶子之卒，掌其戒令與其教治，別其等，正其位。……春合諸學，秋合諸射，以考其藝而進退之。」與全篇文義無關，蓋錯簡之作。船山於「諸侯燕禮之義」下即注云：「此爲篇首發端之通例，上篇之爲錯簡可知已。〔註45〕」若孔疏則謂此乃周末人稱周初之事曰「古者」云云，似未妥。其以「古者周天子」五字平省之。顯非周人言語；清陸奎勳〔註46〕《戴禮緒言》謂此

〔註44〕《禮記章句》卷四十七，頁1。《船山全書》第四冊，頁1541。

〔註45〕《禮記章句》卷四十七，頁3。《船山全書》第四冊，頁1543。

〔註46〕陸奎勳：字聚侯，號世階子，別名陸堂。浙江平湖人。生於康熙二年（癸卯，1663），卒於乾隆三年（戊午，1738）。先生爲清獻（陸隴其）族弟，師事焉。官檢討，後歸里講學，潛心著述，學者稱陸堂先生。嘗主廣西秀峰書院，創立學規，倣朱子白鹿洞遺意，成就甚眾。生平誦法朱子，不遺餘力。且以爲誦法朱子不徒誦其遺書，必當效法其持身之嚴，教家之肅。著有《陸堂易學》十卷；《陸堂詩學》十二學；《今文尚書說》三卷；《戴禮緒言》四卷；《春秋

句爲高堂生所推衍者，疑亦未然〔註47〕。則此段或爲掇拾他書而來，因之船山以「錯簡」目之。

其次，諸侯爲其臣屬所行的燕禮，不論其爲「無事而燕」，亦或臣屬「入貢獻功于王朝，出聘于鄰國而還」，或「有大勳勞功伐而特燕賜之」〔註48〕，在禮儀程式上皆體現君臣上下交往所應遵循的原則，亦由此透露政治倫理的意義。是以就全篇總結言，即〈燕義〉所云：

> 君舉旅於賓及君所賜，皆降再拜稽首，升成拜，明臣禮也。君答拜之，禮無不答，明君上之禮也。

船山注云：

> 「舉旅」者，君受獻後初舉滕爵者之觶以酬賓，賓受之而以旅於西階上。「賜爵」者，既獻大夫以後，公舉觶，或賓或長，唯所酬以行旅也。「皆」，謂賓若長。「降再拜稽首，升成拜」者，方降拜時，君命小臣升之，雖拜而輟，升後再拜稽首，以終拜之節也。「君上之禮」，君以禮使臣之義也。〔註49〕

此段與下文相連，故先述其文解：國君向賓客舉杯勸飲，亦向其他臣下賜爵勸飲，賓客及臣下都走到堂下，一一向國君伏地再拜稱謝，然後接受飲酒之禮。國君推辭，使小臣請賓客等回到堂上座位，賓客等即在堂上伏地再拜，以完成禮節，這表明是臣子的禮數。國君因臣下再拜，亦起身答拜，說明沒有來而不往之禮，這表明是君子的禮數。

又者：

> 臣下竭力盡能以立功於國，君必報之以爵祿，故臣下皆竭力盡能以立功，是以國安而君寧。禮無不答，言上之不虛取於下也。上必明正道以道民，民道之而有功，然後取其什一，故上用足而下不匱也。是以上下和親不相怨也。和寧，禮之用也。此君臣上下之大義也。
> 故曰：「燕禮者，所以明君臣之義也。」

船山注云：

義存錄》十二卷；《陸堂文集》十二卷，詩集二十卷；《八代詩揆》五卷，補遺一卷；《魯詩補亡》。《清儒學案》10：26載。嚴文郁《清儒傳略》頁218，第803則。

〔註47〕參見王夢鷗《禮記校證》頁426。
〔註48〕胡培翬《儀禮正義‧燕禮一》引方苞語。頁665。江蘇古籍出版社，1993。
〔註49〕《禮記章句》卷四十七，頁5。《船山全書》第四冊，頁1545。

「道民」，啓迪之也。「道之」率由之也。「有功」，謂生養足、風俗美也。「什一」，賦稅也。此因答拜之禮而推言之，見上文交相報禮以成乎順治，先王之於臣民無非此議也。〔註50〕

船山謂：「上下交相報禮以成乎順治，先王之於臣民無非此議也。」是能概括〈燕義〉全文旨要。若其文解，則爲：臣子們竭盡心力及才能，爲國辛勞立功；做國君者，一定封給臣子們爵位，贈臣子們官爵作爲答謝；所以臣子們亦都竭盡心力才能，以爲國立功爲職志；如此，國家即得安寧，君上即得清靜無事。既然禮法無來而不往之行，在位者必不僅取臣下的貢獻，必並要明瞭正確的方針，才能依政治所好領導人民；人民依在位者方針做去，才能有所收穫，有了收穫，政府才估量人民所得，抽取十分之一的稅金。一方面國庫得充實，一方面人民沒欠缺；這樣，政府、人民相互得利，和樂相親，即不致彼此怨恨。和樂安寧，是禮善的結果，亦君上、臣下，政府、人民大義所在。由是知：飲燕的禮法，當能發揚君臣間的大義。

四、〈聘禮〉闡義

「燕禮」爲君臣及臣下屬間飲燕之禮。「聘禮」則天子安撫諸侯，諸侯禮敬於天子，及天子、諸侯與鄰國交相修好之禮。如胡培翬所述：「《儀禮》但有諸侯聘諸侯之禮，而無諸侯聘天子及天子聘諸侯之禮，蓋皆闕而不存耳。〔註51〕」因之，《禮記·聘義》所言聘禮，當指諸侯間聘禮而言。

依篇章說，〈聘義〉所述當就《儀禮·聘禮》發揮其義。全文不長，約分三節；首節釋聘禮之義，自「聘禮」至「而諸侯務焉爾」，約全文之半，大都爲相連語氣。次節自「聘射之禮」至「民順治而國安也」，言聘、射二者禮文之盛大與效應。末節自「子貢問於孔子」至結束，闡述「玉」之美德及其可貴。所以載「玉」，蓋因聘禮以「圭璋」特達，故記者附及之。〔註52〕然則「聘禮」爲諸侯交往之意，亦在「國安民順」，其義蓋深遠。若船山則謂：

《儀禮》存者有〈聘禮〉一篇，而此明其義也。《儀禮》十七篇，自高堂生五傳而至小戴氏，其間師儒傳說，各有引伸以明其義，唯〈喪禮〉四篇、〈祭禮〉三篇其說之爲尤詳。此記自〈檀弓〉以至〈喪服四制〉，明喪禮之義者十三篇，自〈郊特牲〉以至〈祭統〉，明祭禮

〔註50〕《禮記章句》卷四十七，頁5。《船山全書》第四冊，頁1545。
〔註51〕胡培翬《儀禮正義·聘禮一》。頁944。
〔註52〕參見王夢鷗《禮記今註今譯》頁823。

之義者四篇；其冠、昏、飲、射、燕、聘之義各一篇。凡此二十三
篇發明推廣《儀禮》之意，或戴氏得之於先師，或戴氏集先師之講
說而筆記之，雖非先聖之作，而實禮經之羽翼也。其《儀禮》之存
者尚有〈士相見〉、〈公食〉、〈覲禮〉三篇無義，則或記者之所未逮，
抑或有而後復亡之，要以禮由義立而義於禮成，則不特此三篇之可
以類推，而凡天子、諸侯五禮之亡佚者，無不可以理通焉。故曰：「禮
非由天降，非由地出，而生於人心，盡其心以幾於復禮，則天則無
不可見矣。」後有聖人起而建極錫民，以遠人於禽獸，雖百世可知
也。〔註53〕

　　船山〈聘義〉旨要稍特別，未自〈聘禮〉言，反自《儀禮》篇目說，或
者意有別指。因之，就篇章說，與其論〈聘義〉旨要，不若直就章節抒論，
或較能得〈聘義〉要略，述說如下：

（1）聘禮，上公七介，侯伯五介，子男三介，所以明貴賤也。介紹而傳命，
　　君子其所尊弗敢質，敬之至也。三讓而后傳命，三讓而后入廟門，三揖
　　而后至階，三讓而后升，所以致尊讓也。

船山注云：

　　「上公」，王者之後。「貴賤」，猶言尊卑。「紹」，繼也。「質」，簡略
　　也。此言行聘之君敬所聘者，多立介以將命，賓傳上介，以次相傳
　　至末介，達之末擯（儐），以告於主君也。然諸侯之使相聘，上擯（儐）
　　與賓相為致詞，其餘介擯（儐）皆即位而不紹傳，謂之旅擯（儐）。
　　而此云者，緣其設介之意本用相尊敬如此，雖讓而不行其禮，意則
　　然也。擯（儐）之數不密如介，自以主君之爵為多少之數。〔註54〕

　　云「諸侯之使相聘，上儐與賓相為致辭，其餘介儐皆即位而不紹傳。」
者，即〈聘禮〉旨要所在。船山云此，篇章大義蓋已寓乎其中。若其文義，
則為：行聘禮時，上公用七位介（介，替賓主傳話的人。），侯伯用五位介，
子男只用三位介，意在分別尊卑。使介一位接一位傳達聘君的話，賓主則不
直接講述，乃因君子不敢對所尊重的人有所簡慢，即是最尊重的表示。賓推
讓三次然後傳命，推讓三次然後入廟門，揖拜三次然後走至階前，又推讓三
次而後上階，此是最尊敬推讓的表示。禮多不見怪，於此見之。

<hr/>

〔註53〕《禮記章句》卷四十八，頁1。《船山全書》第四冊，頁1547。
〔註54〕《禮記章句》卷四十八，頁2。《船山全書》第四冊，頁1548。

（2）君使士迎于竟，大夫郊勞，君親拜迎于大門之內而廟受，北面拜貺，拜
　　君命之辱，所以致敬也。敬讓也者，君子之所以相接也。故諸侯相接以
　　敬讓，則不相侵陵。

船山注云：

　　「竟」，遠關也。「勞」者，慰問其勤勞，用束帛將命。「拜迎」，拜
　　賓之至也。「廟受」者，不敢受於廟，所謂「惠徼先君之福」也。「拜
　　貺」者，賓致主將命而楣北面再拜。「拜君命之辱」者，主君問賓之
　　君，賓答而主君再拜也。此謂主君敬其君以及其使，敬無不盡也。
　　又「敬讓也者」，承上二節而言主賓各盡其敬讓，所以交獎於君子之
　　道，而侵陵之患息矣。〔註55〕

　　「所以致敬也」，《唐石經》亦載此句，但此語與下句「敬讓也者，君子
之所以相接也。」顯然不相呼應，疑「致敬」下必脫一「讓」字。《大戴禮·
朝事篇》有「所以致敬讓也」之句，可以為證。若其文解，則為：主君使士
在邊境迎接賓客，又使大夫在郊外慰勞賓客。賓客到達後，主君親自在大門
迎接，然後在廟中接受使者所傳的來意，面朝北而拜受使者攜來的禮物，又
拜謝使者主君遣派前來的盛意，皆表示敬讓的道理。敬及讓，是君子相交接
的方法。若果諸侯間相互以敬讓交往，彼此即不致相互侵略欺陵。此即「敬
讓」之禮義。

（3）卿為上擯，大夫為承擯，士為紹擯。君親禮賓，賓私面、私覿、致饔餼、
　　還圭璋、賄贈、饗食燕，所以明賓客君臣之義也。故天子諸侯，比年小
　　聘，三年大聘，相屬以禮。使者聘而誤，主君弗親饗食也。所以愧厲之
　　也。諸侯相屬以禮，則外不相侵，內不相陵。此天子之所以養諸侯，兵
　　不用而諸侯自為正之具也。

船山注云：

　　「擯」，公五人，侯、伯四人，子、男三人，一卿、一大夫，餘皆士
　　也。「承」，次也。「紹」，繼也，末也。「親禮」者，將聘事畢，君親
　　酌醴以禮之。私見大夫曰「面」，見君曰「覿」，皆有幣及庭實。「致」
　　者，遣使致之。牲殺曰「饗」，生曰「餼」。「還圭璋」者，返其聘君
　　之圭聘夫人之璋也。還玉則將行矣。「賄贈」，所以贐行也，用束紵。
　　「饗」，於廟備牢鼎，獻酢而不酬，設席而不坐。「食」以食，「燕」

〔註55〕《禮記章句》卷四十八，頁2～3。《船山全書》第四冊，頁1548～1549。

以酒，皆於寢。……。一食再饗，燕無常數。上數者君親之，以著
賓主之道，使人致之以正君臣之等，各因其義之所安而行之，義各
明也。又：「小聘」使大夫，其禮簡。「大聘」使卿，其禮備。「比年」、
「三年」之制，聘天子也。諸侯之邦交則殷相聘耳。「主親弗親饗」，
又以諸侯言之，互相發明也。「弗親饗食」，使人致具於其館。「屬」，
勉也，禮行而興讓，則爭怨無自起，兵不用各安侯度矣。〔註56〕

　　船山言此段，為就章句解，其意蓋以章節部份，《儀禮》〈公食〉、〈燕禮〉
二篇已載。然就章句言，仍有可說處。如「故天子制諸侯」句，即扞格不順，
今以《大戴記・朝事篇》「天子之制，諸侯交歲相問」較而觀之，則「天子制
諸侯」之「天子下當脫一「之」字，應云「故天子之制」，而「諸侯」連為下
句，始為怡然理順。至若文解，則為：接待賓客時，用卿為上擯、用大夫為
承擯、士為紹擯。行聘完畢，主君親身執醴酒以禮賓客。賓客則以個人身份
會見王國的卿大夫；且以個人身份晉見王國之君。主君又使卿致送饔餼往賓
館。不僅退還賓客所執作為信物的玉器，同時還以一束紡綢贈予賓客。主君
又以饗禮、食禮及燕禮接待賓客。以上之事，皆表明賓客與主君、主君與臣
之間的道義。是以天子對於諸侯，訂有制度：諸侯每年要使大夫互行小聘，
三年使卿互行大聘，意在使大夫、卿間以禮相勉勵。要如使者來聘時，禮節
有錯誤，主君即不親自對使者行饗食之禮，如此做去，為的使來聘的賓客感
到慚愧而知所勉勵改正。諸侯間如能以禮相互勉勵，即不致侵略且侵陵他人。
這聘禮，即是天子撫養諸侯，不動武勇，而諸侯能自相匡正的潛在工具。如
此解說，意義頗明。

（4）以圭璋聘，重禮也；已聘而還圭璋，此輕財而重禮之義也。諸侯相屬以
　　　輕財重禮，則民作讓矣。主國待客，出入三積。饔客於設，五牢之具陳
　　　於內；米三十車，禾三十車，芻薪倍禾，皆陳於外；乘禽日五雙，群介
　　　皆有餼牢；壹食再饗，燕與時賜無數，所以厚重禮也。古之用財者不能
　　　均如此，然而用財如此其厚者，言盡之於禮也。盡之於禮，則內君臣不
　　　相陵，而外不相侵。故天子制之，而諸侯務焉爾。

船山注云：

男聘以璧，而獨言「圭璋」者，統辭也。凡爭之起率由財興，財輕
則自勉於禮矣。又：「出入」，來去也。「積」者，饋之於道。「舍」，

〔註56〕《禮記章句》卷四十八，頁3～4。《船山全書》第四冊，頁1549～1550。

－233－

館也。「五牢」，飪一，腥生各二，皆大牢。「內」，賓館大門內之西。
「米」，以給徒卒，「禾」、「芻」以給馬，卿行旅從，故必三十車也。
「外」，大門外。「乘」，匹也。謂群匹隊行之。「禽」，鴈鶩也。食饗
唯以禮賓，皆不與。燕則介為賓，賓為敬。「時賜」，〈聘禮〉所謂「傲
（音ㄔㄨㄟ，整理）獻新異之品」也。「不能均如此」，謂君子儉以
制用，他事不皆然也。「盡之於禮」，畢用而無所吝也。人之有財，
不足則忮，有餘則驕，驕忮相搆，爭陵起矣。「盡之於禮」，所以消
驕忮之萌而已亂也。〔註57〕

　　船山云「盡之以禮」，一為「畢用而無所吝」；一為「消驕忮之萌」。其意
則「諸侯相厲以輕財重禮，則民作讓矣。」則諸侯邦國交往，遵循救助危難、
扶危濟困，以此道義互相幫助，影想所及，民亦興讓，則必所謂「外不相侵，
內不相陵。」即為「正之具」。且聘禮儀式中，無論君命之傳達形式，或入廟
登堂的禮節，抑或主君迎接慰勞，皆體現賓主間尊敬謙讓的風範。此風範，
即船山所云「無所吝」及「消驕忮」，是以謂之「盡禮」。若其文解，則為：
用圭璋之珍貴物品臥聘，為重禮的表示；已聘之後，主君將圭璋歸還賓客，
意在表示輕視財物而重禮之謂。諸侯間能以輕財證禮的道理互相勉勵，其人
民將會興起廉讓的風俗。作主人的國家，對待賓客，不論入境出境，都要以
芻米之物品致送三次，致送饔餼至賓客所居館舍，將五牢陳設在賓館大門之
內，另將三十車米，供給其徒卒；三十車禾，芻薪糧草，則又倍於禾，供餵
馬之用。以上物品，皆陳列在賓館門外。又每日送鵝鶩禽類五對，一般而言，
作介的皆有餼牢之食。在朝廷上，則舉行食禮一次，饗禮二次；至於寢宮舉
行的燕禮，以及賞賜時新之物，皆不在此限；亦皆為了重聘禮的原故。即以
古時運用財物，並非事事皆豐厚，但在聘禮，則用財絕不吝嗇，其因即在盡
於禮義。然後在國內不致有君臣相欺陵，在國拽有諸侯相侵伐等情事發生。
以是知天子創作聘禮之制，諸侯都樂意推行。故其終必如船山〈聘義〉旨要
所言：「禮由義立，而義以禮成。」則諸侯國間之交誼乃能久遠。

第三節　〈喪禮〉之推闡

　　「喪禮」在諸多禮制中，是一重要之禮。其涵蓋的道德倫理意味，甚於

〔註57〕《禮記章句》卷四十八，頁4～5。《船山全書》第四冊，頁1550～1551。

內在潛藏的宗教意味。依禮的蘊義言，與其說是以死者爲施禮對象，毋寧說是將生者置於禮的客體位置所做的制度性的限定。另一方面，亦展現生者與死者彼此間的親疏遠近與尊卑上下，進一步體現家族倫理與社會倫理廣泛的意蘊。

以親屬的原起說，其關係的建立，基本仍在血緣，之後才由婚姻所確定。由血緣及婚姻確定，所產生的親屬關係，才有遠近親疏的差異。由此差異，人與人相互間承擔的責任與義務即有所不同。亦由此不同，而構成家族倫理實質內容的不同，此在古代宗法及社會群落即形成不同的禮儀規範。而《禮記・喪服》及〈雜記〉、〈喪大記〉諸篇對喪葬活動中親屬關係所形成的親疏遠近，皆有一定的禮儀標誌，對所著喪服也也明確區分和限定。易言之，即對一往生者而言，其關係的親屬爲表示對往生者的哀悼與因失去其人而產生的悲痛，往往依其各自血緣、輩分和姻親等關係遠近而確定配合的衣著裝束、哀痛表現以及行使喪儀行間的長短，從而決定其親疏關係的深淺。

船山對「喪禮」之義，解釋稍少，僅以「恩、理、節、權」言之〔註58〕，謂此四者即爲「喪服」的釋義。如由此解，恐未能盡喪禮之義，蓋以親屬關係以「恩理節權」概之，在理上是可接受，在義上則仍有所限，畢竟「喪」之事是人生重要環節，如往生即歸塵土，亦即一無所有，對其人對後生者皆爲一考驗，是此課題不能不重視。再以一般所論，皆就「喪服」言之，對古文獻記載則稍闕如，是以雖有喪服之述，而古人如何行喪事之節則所知稍少，未免爲一缺憾；乃至「喪禮儀式」自始及終如何皆待乎說明；再以「禮」之終極，乃在辨乎人道的極致，而喪禮之制尤爲顯明。因之，本節乃就「古文獻所載喪禮」、「喪禮儀式」、「喪服之制」及「人道辨義」作一陳述，或稍能裨補船山「恩、理、節、權」之說。

一、古文獻所載喪禮說

《禮記・喪服四制》僅取一章，其在理義上說，於禮之服制及喪葬儀節則未述。而此服制及儀節在《儀禮・士喪禮》中載之則詳。若天子、諸侯及卿大夫之喪禮，則散見《周禮》有關職官外，《禮記》之〈檀弓〉、〈曾子問〉、〈喪服小記〉、〈喪大記〉、〈奔喪〉、〈問喪〉、〈服問〉、〈間傳〉及本篇〈喪服四制〉等文，由文字記載觀之，則周代喪禮可謂繁文縟節。而如自文獻記載

〔註58〕《禮記章句》卷四十九，頁1。《船山全書》第四冊，頁1557。

及考古文物以觀，則先秦所括天子諸侯以下至庶民，基本上皆接受喪禮的條件，雖時代不同、階級有異，實行的情況則無別。

至於西周喪禮，以時代久遠，難以考證，有跡可循者，較早則《尚書‧顧命篇》載：「乙丑，王崩。太保命仲桓、南宮毛。俾爰齊侯呂伋，以二千干戈、虎賁百人，逆子釗於南門之外，延入翼室，恤宅宗。丁卯，命作冊度，越七日，癸酉，伯相命士須材。」鄭注：「癸酉，蓋大斂之明日也。大夫以上，殯斂皆以死之來日數，天子七日而殯，於死日為八日，故以癸酉為殯之日。〔註59〕」又載：「太史秉書，由賓階隮，御王冊命。」孔穎達引鄭注云：「御，猶嚮也。王此時正立賓階上，少東。太史東面。于殯西南而讀策書，以命王嗣之事。〔註60〕」依鄭玄解說，則西周初期，實行天子七日而殮，殯于西階之上，此同於《禮記‧王制》所云：「天子七日而殯」。而〈王制〉云：「天子七日而殯，七月而葬。諸侯五日而殯，五月而葬。大夫、士、庶人三日而殯，三月而葬。」船山注云：「尊者尊親之情隆而得伸，其物必備，赴會者遠，故其期舒。卑者情不得伸而物簡，赴會者近，故其期促。殯之能持七日、五日者，古之立國，多在北方，地氣高寒，且冰也。士、庶人得與大夫同者，期已迫，不容再降，達人子之情也。大夫除死日月，士則連死日月而數之。庶人無恒期，有財則可以三月而葬，若殯，則必三日也。〔註61〕」則船山之注於天子之殯補述極詳。

古文獻載西周喪禮，即西周之墓亦保存大量喪禮之器。一般所見中小型豎穴墓，墓主大抵為大夫、士，棺、槨之外，尚能見生前的禮器，如鼎、敦、尊等；樂器則見鐘、鎛等；兵器則見戈、戟等。此《禮記》無載，《儀禮》則已記之，其〈既夕禮〉記隨葬品有云：「用器：弓矢，耒耜，兩敦，兩杅，盤匜，匜實于盤中，南流。無祭品，有燕器可也。役器：甲冑干笮（音ㄗㄜˊ，竹器。）。燕器：杖，笠，翣（音ㄕㄚˋ，棺上羽飾）。」鄭注「無祭器」云：「士禮略也，大夫以上，兼用鬼器、人器也。〔註62〕」則〈既夕禮〉所述，已涵西周墓穴之物可證。

若夫春秋戰國時期，其喪葬文字及出土器物所涵亦多，依錢玄所言，約可分三情況以述，即：（1）國君、卿大夫不行三年之喪。（2）國君、卿大夫

〔註59〕《十三經注疏‧尚書》頁277。
〔註60〕《十三經注疏‧尚書》頁281。
〔註61〕《禮記章句》卷五，頁25～26。《船山全書》第四冊，頁323～324。
〔註62〕《十三經注疏‧儀禮》頁454。

盛行厚葬。（3）士與庶民行三年之喪。〔註63〕

（一）國君、卿大夫不能行三年之喪

船山〈喪服四制〉首段謂「老聃、莊周之流以禮爲忠信之薄。」是以「訾之者」。意老莊者流，以儒家喪禮有過之，故有所訾議。即《墨子・節葬篇》亦竭力反對儒家提倡喪禮，而抨擊儒家「久喪」、「厚葬」之說。「久喪」指三年之喪，依「喪服」之制：諸侯、卿大夫爲天子，卿大夫爲國君，子父，父亡爲母，父爲嫡長子，妻爲夫等，均須服喪三年。如《儀禮・喪服》載：「斬衰裳，苴絰杖絞帶，冠繩纓，菅屨。」〈喪服傳〉載：「居倚廬，寢苫枕塊。哭晝夜無時，歠粥，朝一溢米。寢不脫絰帶。既虞，翦屏柱楣，寢有席。食梳食，水飲，朝一哭，夕一哭而已。既練，舍外寢，始食菜果，飯素食，哭無時。」即喪期披麻戴孝，葬前只食粥，葬後則只吃素。居茅廬，朝夕皆哭，之外，又有其他成律，如服喪期內不得婚娶、不得飲宴，不得作樂，甚至不得有男女親密關係，直至二十七個月舉行禫祭（除父母喪之祭），事始告結束，其艱苦有如此。然此規定，欲國君、卿大夫等貴族如此生活，事實必不可能，惟此一規定又爲喪禮之合法性，未依規定行，恐不被允許，前後之間，形成若干程度之矛盾，是而行之既久，其爲陽奉陰違，又屬必然。

再者，有諸侯者，雖明知爲遵循三年之喪，然未必皆如此。《儀禮》有此一載，即《禮記・檀弓》亦有是說，〈檀弓下〉云：

> 悼公之喪，季昭子問於孟敬子曰：「爲君何食？」敬子：「食粥，天
> 下之達禮也，吾三臣者之不能居公室也，四方莫不聞益，勉而爲瘠，
> 則吾能毋乃使人疑夫不以情居瘠者乎哉，我則食食。」

船山注云：

> 昭子，康子曾孫，名強。敬子、武伯之子，名捷。昭子不能以禮事
> 君，而猶若知名教之可畏，故不安而問。「居」，處也，謂以事君之
> 禮處君也。「毋」與無通。「食」，飯也。敬子怙不忠，無所忌憚，而
> 自謂稱情不飾，人理亡矣。〔註64〕

船山謂春秋大夫敬子怙「不忠」，且「無所忌憚」，而以「稱情不飾」歎之。何者？蓋以孟敬子明知遭國君三年之喪，依禮應飲食粥飯，其人卻謂：「平日既不以國君之禮待之，國君既死，何必爲其服喪？，可以照吃平時所吃的

〔註63〕錢玄《三禮通論》頁 607～616。
〔註64〕《禮記章句》卷四，頁 23～24。《船山全書》第四冊，頁 241～242。

飯。」故船山云「人理之亡」，乃信而有徵。

　　是而如循禮以對，則人理皆存，不循禮以行，則宗法皆亂。如喪禮規定，遇父母喪，三年內不得嫁娶，亦不得圖婚，然諸侯、大夫卻未依此禮而作。如《春秋‧文公二年》載文公於父僖公三年喪中，派人至齊國行納幣之禮，所謂：「襄仲如齊納幣，禮也。」杜預謂：「此除凶之即位也，於是遣卿申好。〔註65〕」然此是喪禮中之圖婚，杜預謂文公「除凶即位」，「遣卿申好」，其實是不合禮。又如《春秋‧宣公元年》載「正月，公即位。公子遂如齊逆女。三月，遂以夫人婦姜至自齊」。杜預注云：「不譏喪娶者，不待貶責而自明也。〔註66〕」是宣公在其父文公喪中派人至齊國迎夫人婦姜，此是「喪娶」之例，不合禮法，而宣公既行之，故杜預以「不待貶責而自明」譏之，謂其明知故犯，是為不當。因之，三年之喪，既可娶妻，則所謂「哭泣之禮、齊斬之禮、饘粥之禮」皆形同具文，亦可不必遵守。

　　春秋情形如此，戰國時代亦然，所謂三年之喪幾乎名存實亡。《孟子‧滕文公上》即載：「滕定公薨，世子（文公）謂然友曰：「昔者孟子嘗與我言於宋，於心終不忘。今也不幸，至於大故，吾欲使子問於孟子，然後行事。」然友之鄒，問於孟子。孟子：「不亦善乎！親喪，固所自盡（自盡其心）也。曾子：『生，事之以禮；死，葬之以禮，祭之以禮；可謂孝矣。』諸侯之禮，吾未之學也。雖然，吾嘗聞之矣：三年之喪，齊疏之服，饘粥之食，自天子達於庶人，三代共之。」然友反命。定為三年之喪。父兄百宮（滕之同姓、異姓諸臣）皆不欲也。故曰：「吾宗國魯先君莫之行，吾先君亦莫之行也。至於子之身而反之，不可。且志曰：『喪祭從先祖。』」清焦循引毛奇齡之言謂：「滕文公問孟子定為三年之喪，豈戰國諸侯皆不行三年喪乎。若然，則齊宣短喪何與！然且曰吾宗國魯先君不行，吾先君亦不行，則是魯周公伯禽滕叔繡，並無一行三年之喪者。〔註67〕」毛奇齡以為魯國為周公之後，素稱禮儀之邦，卻說「魯先君莫之行」，則其他各國可知。再以孟子亦知禮之大儒，且云「諸侯之禮，吾未之學。」亦知為父母所服之三年之喪，已不為諸侯大夫所守，而形若凋落。再如《左傳‧襄公十七年》載：「齊晏桓子卒，晏嬰粗衰斬，苴絰帶、杖，菅屨，食粥，居倚廬，寢苫枕草。其家老曰：『非大夫之禮

〔註65〕《十三經注疏‧左傳》頁304。
〔註66〕同上，頁360。
〔註67〕焦循《孟子正義》卷五，頁191。

也。』曰：『唯卿為大夫。』」杜預注：「晏子惡直己以斥時失禮，故孫（遜）辭略答家老。〔註68〕」晏嬰為齊國之相，遵三年喪之禮，而家老反言其為非禮，可證三年喪於春秋戰國之時，不為所行，亦已久矣。

（二）國君、卿大夫盛行厚葬

諸侯、卿大夫等不行「久喪」，反行「厚葬」之風。蓋以「久喪」要所節制，有苦無樂；「厚葬」則能炫耀權勢、財富，故厚葬之禮反勝於久喪之制，觀古墓出土陪葬物件，其質之精、量之多，佔地之廣，可為驚人。《禮記・喪大記》即載斂服之說，謂人死後沐浴襲服，小斂十九稱，大殮者，君百稱，大夫五十稱。一稱為「一套」，非常奇特。所謂：

> 小斂於戶內，大斂於阼。君以簟席，大夫以蒲席，士以葦席。小斂布絞，縮者一，橫者三。君錦衾，大夫縞衾，士緇衾，皆一。衾十有九稱。君陳衣於序東，大夫，士陳衣於房中，皆西領北上，絞紟不在列。

船山注云：

> 「戶內」，室東當戶處。「於阼」者，直阼階之上，於楹間少南，已斂，乃奉尸而殯於西階上。「簟」，細篾席也，凡席下皆設莞（織席），君、大夫、士一也。「絞」，既斂而束其外者，其制用布廣終幅，析其末為三，裹衣衾而約結之。「縮」，直也，自首至足周圍約之，長如身之有半。「橫者三」，首一，足一，胸一，長六尺六寸，周於身。縮在下，橫在上，車之固也。衾在絞內，衣在衾內，襲尸以後既加冒殺，衣裳皆裹，首足均齊，乃絞束之，平直厝於棺中，無動搖離脫之憂矣。「錦」，織文。「縞」，素織。「緇」，染帛為緇色。衣裳備為「一稱」。「十有九稱」，君、大夫、十一也。「序」，宮牆反簷向內之廊也。「西領」，橫陳之。「北上」，祭服在北，以次南也。小斂於戶內，當陳之時，領鄉尸也。「絞紟不在列」者，陳衣時屈摺而不張也。小斂無紟（單被），通下大斂言之。未斂先陳列者，防遺忘，且昭備服。〔註69〕

船山「小斂」之注，頗為詳盡，知其對喪服之制亦悉之甚詳。其中所謂冒殺者，指韜屍的囊，分上下兩截，上截叫「質」亦稱「冒」；下截叫「殺」。

〔註68〕《十三經注疏・左傳》頁576。
〔註69〕《禮記章句》卷二十二，頁22～23。《船山全書》第四冊，頁1062～1063。

上截長度和手齊，下截從腳套上，其制較質爲小而向足漸削，故稱爲「殺」。
質殺之制，只縫合一頭、一邊，空出一頭用以韜屍，不縫之邊做一布帶，韜
屍後再打上結。國君之冒，上下共打七結，大夫五結，士三結。若其文解，
則爲：在臥室內行小斂。在堂前東階上行大斂。凡斂，床上皆鋪席：君用細
篾席，大夫用蒲葉編織之席，士用蘆葦編織之席。小斂於穿衣、覆衾後，所
用紮緊屍體的布條，爲直一橫三。君所用覆屍被子是織錦的被面，大夫用白
帛被面，士用黑帛被面，皆用一條被子。小斂衣服用十九套，君的斂衣陳列
在東廂走廊上，大夫、士皆陳列在房裏，衣領朝北，橫著從北向南排列，但
布條及單被皆不陳列出來。

又：

> 大斂：布絞，縮者三，橫者五，布給二衾。君、大夫、士一也。君
> 陳衣於庭，百稱，北領西上；大夫陳衣於序東，五十稱，西領南上；
> 士陳衣於序東，三十稱，西領南上。絞、給如朝幅，絞一幅爲三，
> 不辟。給五幅，無紞（音ㄉㄢˇ，冠旁或衣被旁的垂條）。

船山注云：

> 大斂衣多則益闊而長，故絞縮三橫五，其長亦當倍於小斂之絞矣。
> 「給」，單被。「衾」，有裏。「二衾」，一覆之，一承之。「給」則周
> 圍約之也。「君衣陳於庭」，百稱必庭而後容也。「北領」，尸在堂上
> 鄉之也。「西上」，舉衣者升自西階，先取上服置於外者，便也。「大
> 夫、士陳於序東」，大斂之事在外也。「西領」者，鄉尸也。「絞給如
> 朝服」者，用布之細十五升也。「絞一幅爲三」，折其末也。「不辟」，
> 裂也。此通小斂、大斂之絞言之。「紞」，衾當頭處，用組爲識別首
> 足者，給雖似衾而非以覆體，故不用紞也。

船山注解，歷歷分明。若其文解，則爲：大斂時，用以紮緊屍首的布條，
爲直三橫五，用兩條單被；其情形，國君、大夫、士皆相同。國君大斂所用
衣服皆陳列在庭中，總共要用一百套，衣領朝北，從南面排起；大夫大斂所
用衣服陳列在東牆下走廊上，要用五十套，衣領朝西，自南面排起；士的斂
服則陳列在東廂走廊上，要用三十套，衣領向西，自南面排起。布條及單被
的質地同朝服一般，大斂所用布條爲一幅布裁成三條，末端不必裁開。單被
用五幅布拼成，但不須釘上絲帶。

依上所舉，則大斂之服，君百套，大夫五十套，更有一百二十套者。試

看一套是上衣下裳連身，死者要穿近百套衣服，確乎令人難以置信。

再以棺槨之制，《荀子‧禮論》謂「天子棺槨七重，諸侯五重，大夫三重，士再重。」而天子、諸侯最外層之槨木，又每以松柏數千段累疊而成，層層保護棺中的死者。此例若《禮記‧檀弓》所載：「君即位而為椑，歲一漆之，藏也。」船山注云：「君，國君也，言國君則天子可知。椑，親身之（木也）（合字）棺也。歲一漆，士若未成，且益固也。藏者，實物其中不虛也。大夫以下力雖有餘不預治棺者，諸侯有守國，大夫無守家，不懷土而即安也。」〔註70〕「歲一漆，士若未成，且益固也。」其重視椑棺之程度有如此。而棺之層次，《檀弓上》記天子之棺云：「天子之棺四重。水兕革棺被之，其厚三寸。（木也）（合字）棺一，梓棺二，四者皆周。棺束，縮二，衡（橫）三。衽，每束一。柏椁以端，長六尺。」船山注云：「四重，親身之棺上加四也。凡五矣。諸公三重，侯二重，大夫一重，士不重。兕，野牛，有水產者、陸產者。用水兕者，取其耐濕。被，蒙也。中以木為質，而表裏皆以格蒙之。厚三寸者，其木質也。此重次親身之棺，下三重以次向外。（木也）（合字），椴木。（木也）棺，所謂椑也。梓棺二，內曰屬，外曰大棺，上下四圍皆匝也。言周者，別於椁之形，如井闌，有四圍，無上下。束，以革條約棺，古釘鉸也。縮，直也。每重皆五束之。衽，以木為小腰形，鉗合底蓋，每當束際，加一衽焉。端，頭也，謂以柏木近根者為椁。長，謂餘出棺外，每頭三尺，合之凡長六尺也。」〔註71〕」則天子之棺厚重有如此。

再以「棺」之設計，如同為〈檀弓上〉云：「有虞氏瓦棺，夏后氏堲周。殷人棺槨。周人牆，置翣。」船山注云：「上古衣之以薪。有虞氏尚陶，始為瓦棺，襲斂而殯葬焉。又：燒土曰堲，今之磚也。夏后氏易棺以木，而以堲周圍甃（音ㄓㄡˋ，井的四周）之。又：殷人棺槨，始加槨也。槨之製如井闌，上加抗木。又：周人牆，置翣。牆，柳衣，今之棺罩，柩車行道路以為飾，因以葬焉。其制：上有荒（巾幕之類），荒上有齊，結采為之，旁有帷；荒下有池，持如筧（長竹管），衣以青布；尊者池下有振容如幡簷，又懸銅魚於振容之側。翣，以木為之，形如扇而首如盾，畫黼黻雲氣於上。置者，厝於牆外。〔註72〕」知先秦棺槨大木，皆重裝飾，且隨朝代而進益。

〔註70〕《禮記章句》卷三，頁74～75。《船山全書》第四冊，頁207～208。
〔註71〕《禮記章句》卷三，頁82～83。《船山全書》第四冊，頁212～213。
〔註72〕《禮記章句》卷三，頁11～12。《船山全書》第四冊，頁141～142。

再者，依禮書所記，隨葬有禮車，以木爲之，云爲明器。遣車之馬，通常以草爲之，所謂「涂車芻靈」，葬時入藏墓中。以今之考古發掘的墓穴，較大者皆有車馬坑，坑中所埋車馬爲死者生前所用之物，少者數乘，多者數十乘。其殉葬之風，禮書不記載，儒家者流亦不贊同，然春秋戰國時，此風仍盛。《墨子・節葬下》即云：「天子殺殉，眾者數百，寡者數十，將軍大夫殺殉，眾者數十，寡者數人。」墨子是非戰者，其反對戰爭必有見於戰爭之慘烈及殘酷；又爲反對殉葬者，其又必見生者之活活被殺成爲殉者，則春秋戰國殉葬風氣之流傳，應不爲假。至如《左傳・成公二年》載：「八月，宋文公卒，始厚葬，用蜃炭，益馬車，始用殉。」杜注：「燒蛤爲炭以瘞壙，多埋車馬人從葬。〔註73〕」則宋文公時，已有殉葬之事，惟宋文公之前恐已有之。若《禮記・檀弓》亦有此記載：

> 陳子車死於衛，其妻與其家大夫謀以殉葬。定，而後陳子亢至。以告，曰：「夫子疾，莫養於下，請以殉葬。」子亢曰：「以殉葬，非禮也。雖然，則彼疾當養者孰若妻與宰？得已則不欲已，不得已則吾欲以二子者之爲之也。」於是弗果用。

船山注云：

> 子車，齊大夫，使於衛而客死。「家大夫」，家老也。大夫之家老，士也，而稱「大夫」者，陳氏僭君，其陪臣亦僭也。「以」，用也。「定」，謀已決也。子亢，子車弟，舊說以爲即子禽，未知是否。「至」，自外來奔喪也。「莫養於下」，謂子車客死，未及盡下養上之道。「雖然」，謂雖妻與宰之意以爲然也。「已」，止也。子亢正言殉葬之非禮，輕重之準也，以妻與宰殉之言出於己之口，則惡先在己而己輕矣。君子大居正，正己而物之從違順命以俟之，故言滿天下無口過，行滿天下無怨惡，隨所往而恒不自失，所謂「可與權」者，此爾。程子喚以下不識「權」者，皆此等亂之也。謫正之辨，釋氏善巧方便之邪說，皆於此決焉。學者不察而樂稱之，道之所以喪於世也。〔註74〕

船山謂子亢「正言殉葬之非禮，足以拒邪說矣。」又謂「論者以爲善於用權」。權者，乃善惡之審，輕重之準，如何可以「妻與宰殉」而謂之權，此必爲濫權，故引程子言，謂「自漢以下不識權，皆此等亂之也。」明言「殉

〔註73〕《十三經注疏・左傳》頁427。
〔註74〕《禮記章句》卷三，頁40～41。《船山全書》第四冊，頁258～259。

葬」之爲非，而諸侯、大夫者，妄以己私，謂殉葬爲權，此又爲譎之亂正，有如釋氏言出世之說，皆善巧便之謬言，故以「邪說」概之。又同爲〈檀弓下〉亦載：陳乾昔寢疾，屬其兄弟而命其子尊己，曰：「如我死，則必大爲我棺，使吾二婢子夾我。」陳乾昔死，其子曰：「以殉葬，非禮也。況又同棺乎！」弗果殺。船山注云：「尊己，乾昔子名。親之大惡勿從，孝也。尸子：『夫已多乎道』。〔註 75〕」由「親之大惡勿從」，知即使爲親者，所行如爲非禮，其往生後，後者仍可不依其禮。則此二則亦證春秋戰國諸侯、大夫人性之卑劣，如船山所云「惡在己而己輕矣」，足資儆惕。

　　然《禮記‧檀弓下》載殉葬事未得贊同，是否其他典籍皆得所贊同，以《左傳》言，則非如此。「文公六年」、「成公十年」、「定公三年」均分載殉葬之事。〈文公六年〉：「秦伯任好卒，以子車氏之三子奄息、仲行、鍼虎爲殉，皆秦之良也，國人哀之，爲之賦〈黃鳥〉。」杜注云：「子車，秦大夫氏也，以人從葬爲殉。〔註 76〕」；又〈成公十年〉：「如廁，陷而卒，小臣有晨夢負公登天，及日中，負晉侯出諸廁，遂以爲殉。」杜注云：「傳言巫以明術見殺，小臣以言夢自禍。〔註 77〕」因夢罹禍而殉，匪夷所思。又〈定公三年〉：「邾子在門臺，臨廷。閽以缾水沃廷，邾子見之，怒。閽曰：『夷射姑旋焉。』命執之，弗得，滋怒，自投于床，廢于爐炭，爛，遂卒。先葬以車五乘，殉五人。」杜注云：「欲藏中之絜（潔），故先內車及殉，別便房，蓋其遺命。〔註 78〕」依此文意，蓋以邾莊公欲逮捕小便的夷射姑，不得而惱怒，卻倒入床中，並掉入爐炭中，傷重而死。葬時以車五輛，且以五人殉葬。此即杜預所云「蓋其遺命」之謂，此君的殘酷及自私可想而知。

　　「久喪」之外，諸侯、大夫亦行厚葬。《呂氏春秋‧節喪篇》即載：「今世俗大亂之主，愈侈其葬，則心非爲乎死者慮也，生者以相矜尚也。侈靡者以爲榮，儉節者以爲陋。不以便死者爲故，而徒以生者之誹譽爲務，此非慈親孝子之心也。」則「侈榮者以爲榮」，又「不以死者爲故，而徒以生者之誹譽爲務」，此以矜尚夸耀爲務，不顧念死者，而重生者之譽，反成當時社會普遍之風，良可歎矣。

〔註 75〕《禮記章句》卷三，頁 43。《船山全書》第四冊，頁 261。
〔註 76〕《十三經注疏‧左傳》頁 314。
〔註 77〕同上，頁 450。
〔註 78〕同上，頁 944。

（三）士與庶民行三年之喪

諸侯、士大夫不能行三年之喪，重「厚葬」，不爲「久喪」。若士、庶人則能堅持三年之喪，是頗不易。《禮記‧雜記下》載：

> 孔子：「少連、大連善居喪，三日不息，三月不解，期悲哀，三年憂。東夷之人也。」三年之喪，言而不語。對而不問，廬、堊室之中，不與人坐焉；在堊室中，非時見乎母也不入門。疏衰皆居堊室，不廬。廬，嚴者也。

船山注云：

> 少連見《論語》，大連或其兄弟也。「不息」者，哀而慎於殯也。「不解」，哀而慎於葬也。「憂」，思也。「東夷」，濱海徐、莒、杞、郯之地。雜用夷禮，而二子能自盡於禮也。「三年之喪」，父喪也。「言」，言己事也。「語」，告人也。未練居「廬」，練居「堊室」。「不與人坐」者，或來慰問，立酬之，不與爲禮也。「時」，定省之時。「門」，大門，堊室在門外。居廬之時，非哭泣不見母，有疾乃問之，練而後可時入見母也。「疏衰」，母喪。「皆」云者，統父在期、父歿三年而言。「嚴」者，尊重之意，尊統於一，故唯爲父居廬。〔註79〕

大連、少連，蓋東夷之人。孟子曰：「舜生於諸憑，遷於負夏，卒於鳴條，東夷之人也。」東夷，爲今之山東半島地區。而「三年之喪，言而不語，對而不問」等句，與〈間傳〉、〈喪服四制〉等篇所記不同，似併齊斬之喪而言。「練居堊室」之「居」，古字做「尻」，即「坐」之意，此爲補船山之說。若其文解，則爲：孔子說：「少連、大連二兄弟皆能守喪，父母始逝，三日之內無時不哭；三月之內，哭奠無鬆懈；周年之後，想及父母即復哭泣；三年之後，雖未哭泣，仍滿面哀容。」二者是東夷地方之人。父母之喪，有時只做聲而不說話，有時只應聲而不發問。當其坐在倚廬或堊室之中，絕不和他人在一起，周年之後，即移居堊室，如非進見母親，不近民。而凡服期年齊衰者，皆居堊室，不居倚廬。居倚廬之禮，即更嚴格。至以當時禮言，庶人服喪禮，其服喪期間，仍可免去一定的徭役。

又：

> 縣子曰：「三年之喪如斬，期之喪如剡。」

船山注云：

〔註79〕《禮記章句》卷二十一，頁 7～8。《船山全書》第四冊，頁 1003～1004。

「斬」，思慮斷絕也，「剡」，神志衰削也。志壹於哀，則氣象容貌動

止云爲之間無不然者。縣子此論可謂善言喪者矣。〔註80〕

　　縣子爲士人，亦詳禮制，〈檀弓上〉載其言，謂「紟衰繐裳，非古也。」
云「用粗葛作衰，用細而疏的布做裳，並非古來的習慣。」以是知其必爲知
禮者。而「三年之喪如斬，期之喪如剡」者，其意「三年之喪，痛如刀斬；
期年之喪，動如刀割。」即船山所謂「志壹於哀，則氣象容貌動止云爲之間
無不然者」，是船山善言喪可知。
　　又：

三年之喪，祥而從政；期之喪，卒哭而從政；九月之喪，既葬而從
政；小功緦之葬，既殯而從政。

船山注云：

「從政」，謂服官任事也。期以下，若今在官請假是已。父在爲母期，
則十三月而祥，而後從政也。〔註81〕

　　若其文解，則爲：三年斬衰之喪，在祥祭之後，即可出應公差。九月大
功之喪，喪事完畢即可出應公差。至於小功及緦麻之喪，只要移殯之後即可
應公差。意謂爲公職者，守三年之喪，喪期後，仍可回任公職，即今「留職
停薪」之謂。
　　再以儒者言，儒家所倡即爲禮教，所學亦詩書禮樂，階級皆士與庶民。
因之，儒門人士大多爲喪禮執行者，〈檀弓上〉即載孔門弟子守三年喪之記載：

曾子謂子思曰：「伋，吾執親之喪也，水漿不入於口者七日。」子思
曰：「先王之制禮也，過之者俯而就之，不至焉者跂而及之。故君子
之執親之喪也。水漿不入於口者三日，杖而后能起。」

船山注云：

「漿」，以淅米瀋釀之爲飲也。七日不飲不食，則殆於滅性，曾子自
舉以告子思，暴己過也。「跂」，謂舉足踵也，黽勉之意。杖而后能
起，則已病矣。過此則滅性。子思記曾子悔過之言而申明其義，以
示後世。〔註82〕

　　守喪雖爲孝行，但不可過之，過而使生者受其害，反失其義。此船山所

〔註80〕《禮記章句》卷二十一，頁15。《船山全書》第四冊，頁1011。
〔註81〕《禮記章句》卷二十一，頁20。《船山全書》第四冊，頁1016。
〔註82〕《禮記章句》卷三，頁29。《船山全書》第四冊，頁159。

謂：「七日不飲不食，則殆於滅性。」然此說或為〈檀弓〉作者捏造以誣孔門弟子，畢竟此事顯不合宜。再以儒門思想言，儒門所念在入世之思，但入世必求行道有得而合於理境，如所行不合於理，儒者亦不為，其端在乎得體與否，曾子七日不飲不食，是不得體，故船山非之，即曾子答有子喪欲速貧、死欲速朽，亦不合理。

所謂：

> 有子問於曾子：「問喪於夫子乎？」曰：「聞之矣：喪欲速貧，死欲速朽。」有子：「是非君子之言也。」曾子：「參也聞諸夫子也。」有子又曰：「是非君子之言也。」曾子曰：「參也與子游聞之。」有子：「然。然則夫子有為言之也。」曾子以斯言告於子游。子游曰：「甚哉！有子之言似夫子也。昔者夫子居於宋，見桓司馬自為石槨，三年而不成。夫子：『若是其靡也，死不如速朽之愈也。』喪之欲速貧，為桓司馬言之也。」「南宮敬叔反，必載寶而朝。夫子曰：『若是其貨也。喪不如速貧之愈也。』喪之欲速貧，為敬叔言之也。」曾子以子游之言告於有子。有子曰：「然。吾固曰非夫子之言也。」曾子曰：「何以知之？」有子曰：「夫子制於中都，四寸之棺，五寸之椁，以斯知不欲速朽也。昔者夫子失魯司寇，將之荊，蓋先以子夏，又申之以冉有，以斯知不欲速貧也。」

船山注云：

> 「喪」，仕失位也。「問」者，問處喪之道。「聞之」者，雖未嘗問，嘗聞論及之也。時夫子已沒（歿），二三子追討究之。桓司馬，向魋（音ㄊㄨㄟˊ）。「三年未成」，彫琢極工巧也。敬叔，魯大夫孟孫閱，嘗失位出奔，後得反魯，載其寶以謁君，因行賂也。「貨」，謂以貨賂干求祿位。中都，魯下邑，今（山東）汶上縣，孔子為其邑宰。「制」，立法示民也。君子貧富死生之際，安土順命而無所容心，其曰「喪欲速貧，死速朽」，固嫌於有心而失之激，而有子非之，以為「喪不欲貧，死不欲朽」，則役意於不欲外物得以動心，愈為失矣。若中都棺椁之制，聖人定典禮以盡為人子之心，初非使人之自謀其死事；而子夏之先，冉有之申，以擇所主而慎進退之禮，為行道計，尤非憂館穀而預圖之，則皆不足以證聖人之不欲貧朽。有子之言務為通廣，足以便人情而侈識量，然已不免下合於流俗，則又不如曾子之

雖矯而能守之以約也。夫子沒（歿），二三子分門立論而聖道岐。子
過譽有子，而孟子記其欲以師事之，曾子獨以為不可，則言論雖詘，
而心得之淺深自有不容掩者。學聖人者以曾子為法，而勿躐等以希
通，則雖未至於聖人之廣大，亦可以寡下陷流俗之憂矣。〔註83〕

　　船山之言，洋洋灑灑，如江河直流。其以為有子云「喪不欲貧，死不欲
朽」，言孔子雖不因外物之欲而動其心，然仍汲汲仕途之念。故謂其「便人情
而侈識量，然不免下合於流俗矣。」則船山必以有子之言為非，然未便說出
檀弓作者之居心。此者，清夏炘《景紫堂全書》〈檀弓辨誣〉述之甚詳，茲補
充之。夏炘云：「炘按：檀弓記此，誣曾子之識不如有子、子夏；又誣聖人之
汲汲求仕，且誣南宮敬叔之以賄事君也；一事而聖人及其弟子無不刺譏焉，
可不謂老吏之羅織乎！『喪欲速貧，死速朽』二語，如曾子但聞諸子，猶可
以為，曾子乃解曰：『與子游聞之。』則一為桓司馬言，一為南宮敬叔言，曾
子豈絕不記憶而憤憤若是乎，其誣一也；孔子失魯司寇在定公十三年，孔子
應聘至楚在哀公五年，事隔八年之久而牽連為一，以見聖人之急於求仕，誣
二也；孔子自蔡使如楚者，乃是子貢。檀弓謂：『先以子夏，申以冉有』，與
《史記‧世家》不合，誣三也；南宮敬叔即南宮适，《論語》載其問禹稷躬稼
一事，夫子稱為『尚德』之人，其明於進退、存亡之理為何如者，豈有載寶
之事，誣四也。〔註84〕」由此四誣，知〈檀弓〉之章，篇旨所言，三年喪外，
仍有幾多誣衊聖人之語，故讀是篇，最宜慎思！

　　再者，弔祭死者，如家有喪事，則至喪者處，宜弔生者不宜哭死者，此
為一禮。〈檀弓〉則反其道而行，遇友之喪，反去哭死者而不弔慰生者，是為
背禮。孫希旦云：「哭與弔不同，弔者所以慰人之戚，哭者所以自致其哀。〔註
85〕」其記曾子云：

　　　子張死，曾子有母之喪；齊衰而往哭之。或曰：「齊衰不以弔。」曾
　　　子曰：「我弔也與哉？」

船山注云：

　　　哭死者而不弔生者，非以為禮，故曾子疑其可，其實非也。罔極之
　　　哀，不可以他間之也。夫子嘗曰：「參也魯」。魯者，樸誠有餘而節

〔註83〕《禮記章句》卷三，頁59～61。《船山全書》第四冊，頁189～191。
〔註84〕夏炘《景紫堂全書》一，〈檀弓辨誣下〉頁30～31。
〔註85〕《禮記集解》卷三，頁225。

文不足。曾子之學得其大者，而細微有所未盡，使能並此而無之，則曲能有誠而從容中道矣。故《論語》以文學稱游、夏，而曾子不與。游、夏不能為曾子，而曾子之不逮游、夏者，亦無傷乎其為曾子。說者必欲曲辨為記者之誣辭，亦未知曾子也。〔註86〕

鄭注：「以其無服非之。」又云：「於朋友哀痛甚而往哭之，非若凡弔。」孔穎達疏云：「此論哭朋友失禮之事。曾子與子張無服，不應往哭，故或人非之；若有服者，雖緦亦往也。」〔註87〕如孔氏之言，「此論哭朋友失禮之事。」則以曾子知禮而篤於行禮，其於是非之際豈無分辨。陳澔云：「以喪母之服而哭朋友之喪，踰禮已甚，故或人止之。又注〈曾子問〉曰：『曾子既聞夫子三年之喪不弔』之語，而檀弓篇乃記其以喪母之齊衰而往哭於子張，得非好事者為之辭與。〔註88〕」陳澔引〈曾子問〉之語與本文相參，則檀弓之言顯有瑕疵。此若夫子三年之喪，曾子不弔；而子張死，曾子反弔哭；一則為師長，一則為學友，師長逝不與弔，學友逝則與弔，於情於理，畢竟未合，此陳氏所謂「得非好事者之辭與。」然則曾子之無此事，檀弓是誣矣。

檀弓誣孔是一事，然就三年喪言，仍有可載之例，如記子思對出母之喪，依然表一片孝心，猶有可說，〈檀弓上〉載：

> 子思之母死於衛。柳若謂子思曰：「子，聖人之後也。四方於子乎觀禮，子蓋慎諸！」子思曰：「吾何慎哉？吾聞之：有其禮，無其財，君子弗行也；有其禮，有其財，無其時，君子弗行也。吾何慎哉？」

船山注云：

> 伯魚卒，妻嫁於衛，至是死，子思往赴之。子之於父母，哀至而喪禮稱之，苟盡其極，天下自取則焉，非以為四方觀瞻而加慎也。柳若以子思之母既嫁則視出母，而喪禮之厚薄必殊，故欲其加慎。然人子不幸而處此，則亦循禮以順命，以止乎義之所得而無所容心。以故為之表異，則柳若之言亦過矣。決言其無所慎者，以己不適為喪主也。「禮」，謂尊卑之制。「時」，己所值之時地也。禮：嫁母之喪，贈襚不踰主人，雖禮所得為，財所可給，而非己可致之時矣。孔氏自子思始不喪出母。嫁猶出也，而母之出者，父嘗以禮遣之，

〔註86〕《禮記章句》卷四，頁59～61。《船山全書》第四冊，頁226～227。
〔註87〕《十三經注疏·禮記》頁166。
〔註88〕夏炘《景紫堂全書》一，〈檀弓辨誣下〉頁33～34引。

是有父命矣，則私恩猶可以伸，而禮有服朞之文。若父母而嫁，則
因父之不能制命，而母以己私意背其夫家，其自絕於夫也尤甚。故
〈喪服〉唯言「父卒，繼母嫁，從爲之服」，蓋恤其夫死不所從而加
之厚。若生己之母，既已有子可從而再嫁，則情無可恤，其或服或
否，一聽人子之自裁，而先王不爲之制服，其意深矣。子思言「無
其時」而非己所當慎，意者不爲之服與？〔註89〕

　　所謂「無其時」，一爲子思之母已改嫁，故無服；一爲母已嫁異姓，故己
不能爲喪主。此爲適當的考量。如子思所言「懂得禮儀而沒有錢財，君子無
法行禮；懂得禮儀，雖有錢財，但時機不對，君子亦無法行禮。」即船山所
謂「嫁母之喪，贈襚不踰主人，雖禮所得爲，財所得給，而非己可致之時矣。」
是母改嫁而逝，不爲喪服，而致禮金，亦禮之另一形式。

　　再者，喪禮亦有輔禮者，即所謂之「相」。此「相」也者爲贊禮之人，辦
喪事時，因孝子悲迷，禮節事儀，皆須由「相」安排。如〈檀弓上〉云：

　　杜橋之母之喪，宮中無相，以爲沽也。

船山注云：

　　「相」者，以孝子哀亂，恐違失禮節，故遣人詔贊之。宮中之相，
　　則内御以相婦人者也。「沽」，與「楛」同，麤略也。〈士喪禮〉無立
　　相之文，大夫以上或乃有之。杜橋名位不顯，無相其宜也。而時人
　　譏其麤略，則士僭大夫之禮，習爲固然，久矣。〔註90〕

　　杜橋爲守禮的人，母喪不用「相」，其不以爲用「相」乃僭禮，時人反以
爲粗略，蓋時人久已習爲固然，故本末顛倒，分不清是非。以船山言，若「相」
者，大夫以上或有之，士、庶人則無，如有「相」，則爲僭禮，此爲古之況，
今已無此說。至於「相」之說，於「孔子之喪」中，則有此例。〈檀弓上〉云：

　　孔子之喪，公西赤爲志焉。飾棺，牆，置翣，設披，周也。設崇，
　　殷也。綢練，設旐，夏也。子張之喪，公明儀爲志焉。褚幕丹質，
　　蟻結于四隅，殷士也。

船山注云：

　　「爲」，典治其事也。「志」，章識也。棺之飾，魂車之所建，皆以旌
　　死者，爲章識也。又：此謂柩車之飾，用周制也。「牆」者，帷、荒、

〔註89〕《禮記章句》卷三，頁65～66。《船山全書》第四冊，頁195～196。
〔註90〕《禮記章句》卷三，頁70。《船山全書》第四冊，頁200。

齊、池、揄絞，縿緇紐護棺四周，如牆垣也。「翣」，畫翣。「披」，以縿布二約棺束之，耳結於柩車，垂其餘，使人旁牽之以備傾側。又：此用魂車所建旌旗之飾，雜用夏、殷之制也。「崇」，崇牙，謂旌端橫木以張旌者，刻為齟齬，高出，如筍簴（音ㄐㄩ丶，懸掛鐘磬之架。）之崇牙也。「綢」，纏也。「綢練」者，謂以練帛纏建旌之半也。旌以緇布，廣充幅，長八尺，注龜龍之飾於竿首。孔子仕魯為下大夫，於周制攝用孤卿之旜，今設旌者，夏制也。孔子仕於魯則可從時裝禮，故為殷人則得用殷制，若於夏則未有取焉。公西華以德兼三王，故雜三代之儀文以尊聖人，而聖人之德不待此而顯，徒以匹夫損益時王之制，斯為過矣。〔註91〕

「公西赤為志」焉之「志」，船山以鄭注為說，為「章識〔註92〕」俞樾則解為「職」，云：「按：〈哀公問〉篇『子，志之心也。』注曰：『志，讀為識。』此志以章識釋志字，蓋亦為識也。其下所陳皆飾棺之事，用三代之禮尊崇夫子，非以為章識也。『志』當讀為『職』，職與識並從戠聲，古字通用。《周官·職方氏》修〈華嶽碑〉作『識』，方氏是也。志作識，故亦通職。《楚辭·懷沙篇》章畫志墨。《史記·屈原賈生傳》志酢是也。《爾雅·釋詁》『職，主也。』公西赤為職者，為職，猶為主也。言孔子之喪，公西赤主其事也。〔註93〕」故云「主其事」者，較合上下文義。而「牆」者，船山解為「帷荒」。「帷荒」，柩車的帷荒，帷是邊帳，荒是上蓋；亦稱「鼈甲」。「翣」者，船山謂其為「畫翣」，似簡要；翣，以木為筐，廣三尺，高二尺四寸，衣以白布，畫雲氣，柄長五尺，形狀似扇，用以障飾靈柩。天子用八面，諸侯六面、大夫四、士為二；此為「牆」與「翣」之況。若其文解，則為：孔子的喪事，為公西赤主辦。其以裝飾棺木方式，在帷外設置翣與披風，此為周人方式；設置牙旌旗飾，為殷人方式；用素練纏旗竿，設置旌長八尺的旌，為夏人方式。子張的喪事，為公明儀主辦，用紅布做成屋狀覆棺的帳幕，在四角上畫像蟻行往來相交錯的紋路，此為殷代的士禮。依此文解，則公西赤、公明儀於喪事中，皆居「相」之身份，亦以大夫以上之禮尊孔子及子張。

至於儒門於喪事之後，是否仍同喪家之哀戚，或放鬆心情，此值得討論。

〔註91〕《禮記章句》卷三，頁 39～40。《船山全書》第四冊，頁 169～170。
〔註92〕《十三經注疏·禮記》頁 132。
〔註93〕俞樾《春在堂全書》《群經平議》經十九，頁 4。

若〈檀弓上〉則謂孔子先哀後樂。其云：

> 孔子既祥，五日彈琴而不成聲，十日而成笙歌。

船山注云：

> 孔子父沒（歿），爲母得紳其三年亦二十四月之祥也。祥卜遠日，十
> 日則亦禫（音ㄊㄢˇ，除父母之喪事）月之初矣。琴聲自外成，笙
> 歌聲自內出，故先琴而後笙歌。〔註94〕

「祥」爲喪服名，其制有大、小祥之別。孝子於父母喪後周年，除去喪服，服練服，謂之小祥；喪後二周年除緣服，服朝服縞冠，稱爲大祥。《儀禮·士虞禮》云：「期而小祥，又期而大祥，中月而禫。」鄭注：「中猶閒也。禫，祭名也，與大祥閒一月，自喪至此，凡二十七月，禫之言澹，澹然平安意也。」王肅則以二十五月爲大祥〔註95〕，禫與大祥同月。無論如何，祥服、禫服皆喪禮所著，亦孝子哀親之服。依古禮，家有喪事，孝子必不樂，〈檀弓〉則記孔子忘哀之速，謂孔子「祥」五日，即彈琴而奏，十日笙歌而樂，莫非胸已無哀戚！船山解謂：「琴聲自外成，笙歌聲自內出，故先琴而後笙歌。」未言是非。鄭注云：「不成聲，哀未忘也。十日笙歌，除由外也，琴以手，笙歌以氣。」孔疏云：「彈以手，手是形之外，故曰『除由外也』。祥是凶事，用遠日，故十日得逾月。若其卜遠不吉，則用近日，雖祥後十日，亦不成笙歌，以其未逾月也。〔註96〕」鄭注、孔疏皆就章句言，未言檀弓之說合理義否？然讀是文者，必以孔子胸無哀樂者，不亦同於道家者流？此爲檀弓誣孔的伏筆。清汪琬即提不同之見，謂：「孔子既祥，五日彈琴而不成聲，此記禮者之誣也。祥而縞是月禫，徙月樂，祥、禫之同月異月，吾姑不暇辨，然必俟徙月而後用樂，則已審矣。顧孔子之彈琴也，獨不當俟踰月之外乎。按琴瑟之爲物，雖君子不故不徹者；然考之於經，皆燕饗樂器也。遺在〈鹿鳴〉之詩曰：『我有嘉賓，鼓瑟鼓琴。鼓瑟鼓琴，和樂且湛。』是宜從徙月之例無惑也。況大祥之時，其服則猶麻也；其寢則猶未床也，雖使稍加緩焉，以訖於踰月，何不可者，而孔子必欲彈之以干禮乎！與其不成聲，不如勿彈；與其彈於既祥之後，不如彈於既禫之後也。魯人朝祥而莫（暮）歌，則孔子薄言其失；孟獻子禫而不樂，則稱其加人一等，孰謂孔子者禮教之所拘而反不如獻子？乃僅僅與魯人爭五日之先後乎！使孔子果琴之

〔註94〕《禮記章句》卷三，頁21。《船山全書》第四冊，頁151。
〔註95〕《十三經注疏·儀禮》頁513。
〔註96〕《十三經注疏·禮記》頁120。

彈也，必不賢獻子諷魯人；孔子既賢獻子諷魯人矣，絕不身自彈琴以干非禮之誚也。曾子問曰：『廢喪服可以與於饋奠之事乎？』孔子：『脫衰與奠，非禮也。說者以爲大祥除服，不得與於他人饋奠之事；夫饋奠且不得與，如之何可以彈琴哉！吾故曰：『誣孔子也』。〔註97〕」汪氏之說，卓而堅實。如古禮所云：「是月禫，徙月樂。」即禫之次月始作樂，若孔子既祥五日而彈琴，是不合古禮，然則此爲檀弓作者的書法，隱諷之意，不言可喻。又如「孟獻子禫，縣而不樂，比（及）御（侍夜勸息）而不入。」孟獻子於禫祭率爲不樂，如孔子何爲樂？又以汪氏引「魯人朝祥而莫歌，則孔子薄言其失」之語，則孔子五日彈琴，十日笙歌，僅賢於魯人的朝祥暮歌，而不若孟獻子之禫祭，此甚矛盾；故如汪氏文末所謂「孔子果琴之彈也，必不賢獻子諷魯人；孔子既賢獻子諷魯人矣，絕不身自彈琴以干非禮之誚也。」映照所至，則檀弓作者以隱微之詞譏諷孔子，其薄孔子之意蓋爲鮮明。

然則由士與庶人之喪而論及儒門之喪禮，最後以檀弓篇之誣孔作結。由是知士、庶人等之禮，雖不若諸侯、大夫之興隆，然禮出於誠而形於外，其軌則較諸等爲過之。而聖人之於禮，又從容中道，雖或檀弓之流，以陰極之術欺巇，然公道自明，後世仍能還孔門之正，有如船山〈檀弓〉旨要所言「參諸孔門傳說之不一，誠有不得而齊者矣。〔註98〕」故不齊而齊，船山之言，可謂公允。

二、喪禮儀式

古禮載「喪禮儀節」最詳者，莫過於《儀禮》之〈喪服〉、〈士喪禮〉、〈既夕禮〉、〈士虞禮〉。《禮記》〈喪服四制〉短篇之外，又散見於其他各篇，故較具系統且較能見古人喪禮儀式者，仍須自《儀禮》中循求。至於《禮記》，則〈喪大記〉所云，與《儀禮》所載，有異曲同工之效，可爲互補。，論其架構，則本節所舉，採〈士喪禮〉、〈既夕禮〉、〈士虞禮〉之述，《禮記》部份，則採〈喪大記〉所載並船山之注，互爲參照，依次敘述士人喪葬儀節，藉以探討古社會喪禮之況。

（一）臨終之況

又分「病革之況」、「君、友問疾」、「禱五祀」，三者而言。

〔註97〕夏炘《景紫堂全書》一，〈檀弓辨誣中〉，頁19～21。
〔註98〕《禮記章句》卷三，頁1。《船山全書》第四冊，頁131。

1. 以「病革之況」說：

古者，平常均居燕寢，病革後即移居正寢。正寢亦稱嫡寢、嫡室。古屋宇設計，通常前邊爲堂，後邊分爲二，東爲房，西爲室。室與堂之間有隔牆，有戶，有窗，窗謂之牖。《儀禮・既夕禮》載「士處嫡寢，寢東首，于北牖下。」《禮記・喪大記》亦載：「疾病，外內皆掃。君、大夫徹縣，士去琴瑟。寢東首於北牖下。」船山注云：「病，疾甚也。內，燕寢。外，門庭。皆掃，慎終故須先整肅也。徹樂器者，非樂時也。東首，順生氣。牖，室牆也。北牖下，去戶牖遠。靜謐以安之。此記病革之時。〔註99〕」謂之東首者，頭在東，順生氣。北牖下，去戶牖遠，靜謐以安之。又「廢床，徹褻衣，加新衣，體一人，男女改服，屬纊以俟絕氣。」船山注云：「廢，徹也。徹床以簀則臥於地，以人始生在地，反其眞也。體，手足也。持之各一人，以將死惝悅不寧爲之依也。男女，謂侍疾者。改服，士以上朝服，庶人深衣，女袗玄，爲送死不敢褻也。屬，綴也。纊，新綿，綴於鼻端，候息之時，息未絕猶冀其生也。此節記氣將絕之際。〔註100〕」則病革之時，頭仍朝東，意在「壽終正寢」。

2. 以「君、友問疾」說：

大夫或友朋有疾，國君及朋友皆爲之探望，相互關懷，彼此慰藉。《禮記・喪大記》載：「君於大夫疾，三問之，在殯三往焉。士疾壹問之，在殯壹往焉。」船山注云：「三問，約死者而言，疾瘳則一再問止矣。壹與一通，疾革而後問也。三往，場哭也。君雖有大事不入臣家，唯疾與喪則數往而不以爲黷。古人於疾患生死之際，其尤重之如此，斯其所以盡人倫之至。而後世嵇康之流，乃以不喜弔死問疾爲高，其不化人類爲禽獸者幾希矣！〔註101〕」君非必要，不訪大夫之家，唯疾與喪，則數訪之，其爲人性之常，亦禮之權，自不必顧及君臣之儀。而舉魏晉清談嵇康之輩，以「聲無哀樂」爲倡，以不喜弔死問喪爲高，其不爲人而爲禽獸者幾希，此殆船山由事而循史以論，蓋亦有所歎也。〈喪大記〉外，《論語・雍也》亦載：「伯牛有疾，子問之，自牖執其手，曰：『亡之，命矣夫！斯人也而有斯疾也！斯人也而有斯疾也』。」「自牖執其手」，劉寶楠《論語正義》引包咸說：「『牛』有疾，不欲見人，故遷於南牖下，

〔註99〕《禮記章句》卷二十二，頁1。《船山全書》第四冊，頁1041。
〔註100〕《禮記章句》卷二十二，頁1。《船山全書》第四冊，頁1041。
〔註101〕《禮記章句》卷二十二，頁37。《船山全書》第四冊，頁1077。

夫子自牖外就而問之。此是變禮，故《論語》特文之。〔註102〕」孔子與冉伯牛亦師亦友，雖伯牛染惡疾，或可能傳染，孔子仍執其手，深情可知。

　　3. 禱五祀：

　　將死，禱告五祀。《論語・述而》載：「子疾並，子路請禱，子曰：『有諸？』子路對曰：『有之，誄曰：禱爾于上下神祇。』子：『丘之禱也久矣。』」吳嘉賓《論語說》云：「父兄病而子弟禱，此不當使病者知也。周公之冊祝自以為功，雖祝史皆命之，使勿敢言，況請之乎？子路之請禱，欲聖人之致齊（齋）以取必於鬼神也。〔註103〕」孔子以為死生為天命，不需行導。子路則以為孔子病人，病人垂死，氣息微弱，祈求鬼神祝禱，亦屬必要。再者，如船山〈喪大記〉「疾病，外內皆掃」之段所注：「纊，新綿，綴於鼻端，候息之時，息未絕猶冀其生也。」則由禱告中，撫探將死鼻息，亦一敬意。

　　（二）始死

　　人之始死，遷床，換衣，皆有一定次序。

　　　〈喪大記〉載：「始死，遷尸於床。幠用斂衾，去死衣。小臣楔齒用
　　　角柶，綴足用燕几。君、大夫、士一也。」

船山注云：

　　　死時在北牖下，廢床，今更於南牖下，設床，遷尸於上，死事始也。
　　　「幠」，覆也。「斂衾」，小斂之衾，權用之，襲乃徹，更為斂用也。
　　　「死衣」，死時所易朝服也。去而裸之，待浴也。「小臣」，正君之服
　　　位者，大夫權設其官，「子路使門人為臣」是已。士則御者攝。「楔」，
　　　挂也，挂之勿令合，使受飯含。「柶」，長六寸，兩頭屈曲出兩吻外，
　　　角為之，取其滑易也。「綴」，襯而拘之，使勿辟戾，可受屨也。「燕
　　　几」，燕居之几，仄之使几拘兩足，御者坐持之。「君、士、大夫一」
　　　者，安尸素質，不容異也。〔註104〕

　　「死在北牖下，廢床，今更於南牖下，設床，遷尸於上，死事始也。」則由北牖而南牖，由廢床而設床，至遷尸於上，知其人已逝，故為死事之始。之後，則行招魂之禮，即「小臣復，復者朝服。君以卷，夫人以屈狄，大夫以玄賵（音ㄔㄥ，紅色。）世婦以禮衣，士以爵弁，士妻以稅衣。皆升自東

〔註102〕劉寶楠《論語正義》卷七，頁 225。
〔註103〕同上，卷八，頁 283 引。
〔註104〕《禮記章句》卷二十二，頁 3。《船山全書》第四冊，頁 1043。

榮，中屋履危，北面三號，卷衣投於前，司服受之，降自西北榮。」船山注
云：

> 小臣，君出入則前驅，故今之復。復非一人，於路寢則使小臣，四
> 郊則夏采。大夫以下，其人未聞。朝服，以吉迓生氣。又：「君以卷」
> 以下，皆舉上服以統其餘也。復者非一人一處，小臣於路寢用上服
> 耳。「卷」與「袞」同，公之上服。侯、伯則鷩。子、男則毳，舉公
> 以下統之。「屈」與「闕」通，子、男夫人之上服；公夫人則褘褕衣；
> 侯、伯夫人則揄狄。舉子、男以上統之，互文見意也。「玄赬」，玄
> 衣纁裳，玄冕。「禮衣」，命婦諸祭服。「世婦」，兼內外命婦而言。「爵
> 弁」之服，緇衣纁裳。六衣以下，士妻之上服也。「榮」，屋簷角翼
> 起處。「東榮」者，前簷東角也。「號」，大呼也。「危」，屋脊也。復
> 衣以竿揚之，已事則卷之於竿。「投」，擲也。「前」，簷下。「受之」，
> 以覆尸。「西北榮」，後簷西。〔註105〕

依文意言，招魂人選，為死者近臣，擔任招魂者須穿著朝服。用以招魂
衣物，公爵用袞，子男夫人用屈狄，其餘的君和夫人類推；大夫著玄衣赤裳，
世婦著其命服；士著禮服禮帽，士之則著黑色滾赤緣的禮服。無論死者身份
如何，招魂者一律從東南面簷角上屋，在屋脊正中用竿揭起衣服，大喊死者
三次，之後用竿捲著衣服，擲向簷下，平日典掌衣服者即接住衣服，並覆蓋
於死者身上，招魂者事後及從西北屋簷下來。此為招魂儀式，莊嚴而隆重。

（三）始死至小斂

始死小斂之間，其次第，先則為死者沐浴，求清潔乾淨；次則親人哭踊，
為痛失死者之悲，安排設定親友之位，設定之位，諸侯、大夫、士各不同，
而以諸侯（君）為例。

1. 浴尸之禮

〈喪大記〉載：

> 管人汲，不說繘（音ㄩ丶，汲水繩），屈之，盡階不升堂，授御者，
> 御者入浴。小臣四人抗衾，御者二人浴。浴水盆。沃水枓。浴用絺
> 巾，挋（音ㄓㄣ丶，拂拭。）用浴衣，如他日。小臣爪足。浴餘水
> 棄於坎。其母之喪，則內御者抗衾而浴。

船山注云：

管人，司汲之官，蓋冬官之屬。〈冬官〉今亡，無所考。管，筲也，所以汲者也。「繘」，汲筲索也。汲者致水必説（脱）繘，「不説（脱）」者，示哀遽且告新汲也。「屈之」者，爲曳地則不便事也。「階」，西階。「盡階」，階之最上級也。「不升堂」，忠在階也。「御者」，無恒官，生時所親用者，遣之執事爾。「入浴」，浴於室也。「抗」，高舉之也。「衾」，覆尸斂衾。「抗衾」，以揜形露也。「沃」，澆於身也。「枓」，形如酌酒之斗，有柄，以木爲之。「絺」，細葛。此人君之禮，士則用綌（音丅一ㄝˋ，粗葛）。「挋」，拭乾也。「浴衣」之制未詳，蓋亦巾類。「他日」，生時也。「爪足」，剪足趾爪。「坎」，甸人爲垼（音一ˋ，陶竈）所取土處，在階間，不忍遠傾之，藏之近也。「內御」，婢妾之屬。「抗衾而浴」者，言抗衾及浴，皆內御也。〔註106〕

「管人汲」，鄭注：「管人如字，掌管籥之人。又古亂反，掌館舍之人。〔註107〕」船山謂：「司汲之官」。依上下文句，船山之説較合前後之義。若其文解，則爲：「浴尸過程」，爲由管人汲水，不須解去瓶上繩索，只須將繩索屈疊手中，捧著上階，行走台階不必升堂，即由侍者將死者端入浴屍：由四位近臣高舉著屍的被子，兩位侍者爲屍首洗澡，洗澡水以盆盛著，再以杓子挹水澆在屍身；澡巾爲細葛之巾，拂拭屍身爲粗葛之巾，狀如生前一般。之後，近臣替死者修腳指甲，浴屍的水皆倒入階下坎中。如母親逝世，略有不同，乃由婢女舉著被子，爲伊洗澡。此爲細節部份。又其次：

管人汲，授御者，御者差沐於堂上，君沐梁，大夫沐稷，士沐梁。甸人爲垼於西牆下，陶人出重鬲，管人受沐，乃煮之。甸人取所徹廟之西北厞（音ㄈㄟˋ，隱蔽處）薪，用爨之。管人授御者沐，乃沐。沐用瓦盤，挋用巾，如他日。小臣爪手翦須。濡濯棄於坎。

船山注云：

「差」，淅。「沐」，米也。「君」，國君。鄭氏謂差率而上之，天子沐黍。按〈士喪禮〉「沐用稻」，此言「沐梁」者，蓋傳寫之誤耳。沐以穀者，淅其米之瀋，用去垢也。「垼」，土塊竈。不煮於爨室者，別於生也。「陶人」，爲瓦器之官。「鬲」，瓦釜有足。謂之「重鬲」者，煮沐已，則用此鬲盛餘米縣木上重也。「甸人」，供薪之官。「徹

〔註106〕《禮記章句》卷二十二，頁6。《船山全書》第四冊，頁1046。
〔註107〕《十三經注疏·禮記》頁770。

扉」，謂取復者降自西北榮所徹之簷木也。謂之「廟」者，尸在，
從死者之稱也。「爪手」，去手指甲。「翦須」，蜴芰去其旁生者。「濡
濯」，沐餘之瀋也。〔註108〕

此段皆沐浴之事，即〈士喪禮〉所記，皆先沐而後浴，是對大體的禮敬。
若其文解，則爲：管人汲水交予侍者，侍者即在堂上淅米，以淘米水作洗頭
水，若君者，以粱米的淘米水洗頭，大夫以稷的淘米水洗頭，士亦以粱米的
淘米水洗頭。甸人在西牆下築土竈，陶人提供掛木架的瓦餅，管人再從侍者
手中接下淘米水，且拿來煮。「甸人」從正寢西北隅隱蔽處拆些舊物料當柴燒。
淘米水煮開後，管人再將淘米水交予侍者，由侍者爲尸首洗頭；洗頭水以瓦
盤盛煮，用巾揩乾頭髮，如生前一般，再由近臣翦指甲、修鬍鬚，之後，洗
頭而髒的淘米水即倒入階下坎中。死者清潔乾淨，身即清靜潔瑩。至於如何
保護死者，其處理過程：

> 君設大盤造冰焉，大夫設夷盤造冰焉，士併瓦盤無冰，設床禮笫（音
> ㄗˇ，蓆子），有枕。含一床，襲一床，遷尸於堂又一床，皆也枕蓆，
> 君、大夫、士一也。

船山注云：

> 此沐浴已，遷尸於床而含襲之後也。「大盤」，木盤，廣八尺，長丈
> 二，深三尺，赤其内，置床下以盛冰。「造」，納也。「納冰」者，以
> 殯待三日之後至七日，仲春而還氣漸溫。用涼尸勿壞，且辟蟁（音
> ㄨㄣˊ，蚊）蠅也。「夷」，亦大也，視大盤爲差，小異其名耳。君
> 殯日遠，二月用冰，大夫殯日近，三月用冰。「併瓦盤」者，明大夫
> 之盤亦瓦也。無冰則設水，若君賜之冰，亦用冰矣。「禮笫」，露簀
> 無蓆以通寒氣。「含床」，在南牆下。「襲床」，次含床之東。遷尸於
> 堂，以待斂，床在西坫南。含床無枕，餘皆有之，冰盤併設其下。

〔註109〕

王夢鷗云：「本章鄭玄所見舊本將其列在『始死遷尸于床』之前，但鄭玄
說：『此事皆沐浴後，宜承濡濯便棄於坎下。』今從之。〔註110〕」則本段承上
段而來，言君喪沐浴之事當無誤。若其文解，則爲：國君既死，沐浴過後，

〔註108〕《禮記章句》卷二十二，頁7。《船山全書》第四冊，頁1047。
〔註109〕《禮記章句》卷二十二，頁8。《船山全書》第四冊，頁1048。
〔註110〕王夢鷗《禮記今註今譯》頁580～581。

即在床下放一大盤裝冰。大夫用夷盤裝冰，士則並列二瓦盤裝水而無冰。床上只有墊子，但有枕頭。在「含」之時，用一張床，穿衣服時亦換一張床，遷屍到堂上又換一張床，君、大夫、士皆相同。謂人死，則為君、為大夫、為士，於遷尸過程，其實皆一。

2. 親友之位

　　既正尸，子坐於東方，卿、大夫、父、兄、子姓立於東方。有司庶士哭於堂下，北面。夫人坐於西方。內命婦、姑姊妹、子姓立於西方，外命婦率外宗哭於堂上，北面。

船山注云：

　　此諸侯之哭位也。「正尸」，謂自北墉遷南牖下南首，其事在復浴之前而記於後者，尸正於南牖，則訖小斂而始遷也。「坐」者，近尸於地，親之至也。唯適子夫人坐。「哭」，定尊位也。「子」，謂眾子及諸從子。「姓」，孫及諸從孫。不殊者，以尊嗣子也。「東方」，戶外堂上，不敢繼嗣子也。「有司」，有喪職者，其餘為「庶士」。言「座」，言「立」，言「哭」，互文。坐立皆哭，哭亦立也。「內命婦」，世婦、女御及公子之妻。「子姓」，女子女孫及群從也。「外命婦」，同姓卿大夫之妻。「外宗」，姑姊妹之女，或嫁於士，故言「率」也。士妻書疏賤不入哭。〔註111〕

　　諸侯之哭位，類乎近世之喪禮，由內而外，亦由近及遠，由親及疏，層次分明。如「子」者，謂眾子及諸從子；姓者，謂孫及諸從孫；「子姓」者，謂女子女孫及群從。等等，皆有一定次序。若其文解，則為：「君之喪」，在遷尸南牖南首擺正之後，世子端坐東方，卿大夫、夫輩、兄輩親屬、及眾子、從子、諸孫皆站立東方；有喪職無喪職的士人則在堂下北向而哭；夫人端坐西方，君之世婦、姑姑、姊妹、女兒、孫女皆站立西方；同姓卿大夫的夫人則率同宗婦女站立堂上北向而哭。再就主人自身言，則：

　　君之喪未小斂，為寄公、國賓出，大夫之喪未小斂，為君命出。士之喪，於大夫，不當斂而出。凡主人之出也，徒跣扱衽拊心，降自西階。君拜寄公、國賓於位，大夫於君命，迎於寢門外；使者升堂致命，主人拜於下。士於大夫親弔，則與之哭，不逆於門外。

船山注云：

〔註111〕《禮記章句》卷二十二，頁8～9。《船山全書》第四冊，頁1048～1049。

「寄公」,失國諸侯來託者。「國賓」,來覲聘之君,大夫也。「出」,
迎於庭也。「君命」,弔襚者。「出」,迎於門外也。大夫於君命,雖
當斂亦出;士於大夫,當斂則不出矣。士爲大夫出,亦迎於庭也。
大夫於國賓,士於君命,其出可知。此皆謂既襲(上下一套衣服)
以後。未襲唯爲君命出耳,餘皆不出。「扱」,反向上也。「降自西階」,
不忍即主也。「拜於位」者,就中庭鄉賓之位拜也。未小斂,寄公位
在門西,國賓位在門東,皆北面。言「親弔」者,或有使家臣來者
也。「與之哭」者,既拜之後,即位於西階下,南面對賓,與成哭踊
也。「逆」,亦迎也。「不逆於門外」,唯送則出門也。〔註112〕

船山謂「寄公」,爲「失國諸侯來託者」,亦即失去領地而寄寓於諸侯的
國君。「國賓」者,船山謂「來覲禮之君」,亦即來做客的諸侯。若其文解,
則爲:君之喪,小斂之前,主人必須爲失去領地而寄寓本國的諸侯出拜,亦
爲弔襚而做客的諸侯出拜;大夫之喪,小斂以前,主人須出迎君派至弔襚的
使者;士之喪,如大夫來弔襚,如主人尚未進行小斂之禮,均應出來拜哭。
進一層說,若主人爲貴賓出拜,皆須赤腳,將深衣前襟向上反插深進帶中,
之後,搥其胸膛,從西階走下,意謂不敢以主人自居。拜「寄公」於門西,
拜「國賓」於門東;大夫對於君之使者,須至寢門外迎接,使者至堂前傳達
君的旨意,主人在堂下拜謝;士對來弔的大夫,拜後即站立西階下,朝南對
著貴賓哭踊,不須至門外迎接使者。君夫人爲寄公夫人來弔而出拜;大夫命
婦爲君夫人來弔而出迎,士之妻除君斂之時外,均須爲大夫命婦出拜和哭踊。
整個過程是有些繁瑣,然對賓客之禮貌卻合彬彬之道,見出對來弔者的恭敬
和坦誠。

(四)小斂

就「小斂」儀式言:

小斂,主人即位於戶內,主婦東面,乃斂。卒斂,主人馮之踊,主
婦亦如之。主人袒,說髦,括髮以麻。婦人髽,帶麻於房中。

船山注云:

「小斂」,於戶內主人主婦臨之,以愼終也。「主婦東面」,位斂席西,
則主人位斂席東,西面可知。「馮」,凭也。「袒,說髦,括髮」,始
成喪也。小斂而後絕乎生之望矣。「髦」,童子之飾,左右各一,父

〔註112〕《禮記章句》卷二十二,頁10～11。《船山全書》第四冊,頁1050～1051。

沒（歿）脫左，母沒（歿）脫右。「括髮」，以麻去笄纚也。「帶」，経也。婦人重腰故先之，男子額未變帶也。小斂說髦，婦人髽，皆諸侯之禮，士則既殯乃說髦，其為三日均也。諸侯有東西房，故男子括於東房，婦人髽於西房。大夫、士唯有東房，婦人於室。凡去飾，必於隱處。〔註113〕

關於「髦」者，亦有一禮。船山謂「髦，童子之飾，左右各一，父沒脫左，母沒脫右」。意謂「髦」者，幼時剪髮為之，至年長，則垂於兩邊，表示人子事親，依舊同孩童般；父死即脫左髦，母死即脫右髦，如雙親皆死，兩髦即脫去，以示哀之至極。在以文解，則為：小斂之時，主人就位，在門內稍東而西向，主婦東向，然後斂收。斂畢，主人憑著屍體號哭跳躍，主婦亦然。主人袒露胳膊，脫去象徵承歡膝下的裝飾，即「髦」，而用麻繩束髮；婦人亦露出髮髻。以上皆在房內行之，表示死者生的希望已斷。其次，小斂之禮，亦有一說，即：

君喪，虞人出木角，狄人出壺，雍人出鼎，司馬縣之，乃官代哭；大夫官代哭不縣壺，士代哭不以官。君堂上二燭、下二燭，大夫堂上一燭，下二燭，士堂上一燭、下一燭。賓出徹帷。哭尸於堂上，主人在東方，由外來者在西方，諸婦南鄉。婦人迎客送客不下堂。下堂不哭。男子出寢門外見人不哭。其無女主，則男主拜女賓於寢門內。其無男主，則女主拜男賓於阼階下。子，則以衰抱之，人為之拜。為後者，則有爵者辭，無爵者人為之拜，在竟內則俟之，在竟外則殯葬可也。喪有無後，無無主。

船山注云：

「虞人」，山虞。「木」，薪也。所以熱鼎炊水，為冬寒使漏不凝也。「角」，拘水注壺器。「壺」，漏水定時器，《周禮》挈壺氏掌之，此屬「狄人」者，諸侯不備，攝也。「雍人」，外饔。「鼎」，坎水者，挈壺氏司馬之屬，故其長蒞縣壺。「代」，次相易也。孝子之哀已踰三日，聲將不續，而尸未殯，須相侍衛，故令官代哭，使不絕聲。諸侯官眾，相次而愛，分時刻以序之。大夫家臣少，不能以時相代，更番迭哭而已。士無家臣，姻黨友朋為代哭。若主人之哭則無時，初不相代也。「燭」，燎也。晝夜不絕哭，斷不絕炬也。多少因其堂

〔註113〕《禮記章句》卷二十二，頁 11～12。《船山全書》第四冊，頁 1051～1052。

階庭門之淺深。「賓出徹帷」，此帷之設以別男女，葬而後永徹之，故賓出則徹，賓至則設。未殯故曰「哭尸」。「由外來」者，賓也。「南鄉」，移位尸北，以避賓也。「客」，女賓。「下堂」者，爲夫人命也。「寢門」，適寢之門，即大門也。「見人」，謂迎送將君命者。「其無女主」，皆稍近就之，亦終不相暱也。……。「不在」，或時他往，父母以急疾終也。「有爵者辭」，其弔也，非適嗣不敢與尊者爲禮也。「人爲之拜」，攝主受弔也。緩殯日以待其歸也。「意外」，近者殯，遠者則葬。「喪有無後」，非宗子則不立後。「無主」者，同姓乃至里尹皆可主也。〔註114〕

於此，所謂「壺」者，壺爲銅壺，是滴漏的壺，爲計時用的漏水器，「多漏」則以火燒鼎，用開水澆在漏上，以防結冰，本爲「挈壺氏」職掌，以諸侯國無此官，故由狄人代理。雍人主烹飪，所以出鼎。若其文解，則爲：國君之喪，俞人提供薪木水均，狄人提供計時的銅壺，雍人提供燒開水的鼎，司馬負責將壺懸掛起來，之後，屬官依時間更相哭。大夫由家臣代哭，但以人少，不須懸壺計時；士無屬員，由親友代哭。國君之喪，堂上設置兩根蠟燭，堂下亦兩根；大夫，則堂上一根蠟燭，堂下爲兩根；士，則堂上、堂下各一根。待賓客出門後，即掀開分別男女所用的帷幔。在堂上哭屍之時，主人在東方，賓客在西方，婦人皆面向南。婦人迎接賓客時皆不可下堂，即使其他緣故亦不准在堂下哭；男子出到寢門外見到其他的人亦不准哭。家中如無主婦，即由主人站於寢門內主婦位置上向女賓拜謝；又如家無主人，即由主婦在阼階下依主人位置向男賓拜謝。如若適子年尚小，即用衰衣將之包裹，請人代表禮拜；要如適子未在家中，如遇有爵位者來弔祭，即須向其說明主人未在之由；若無爵位者來弔祭，受弔之後，由他人代爲拜謝。要如適子在境之內，即等待其人回來主持殯葬；且如其人遠在國外，即可由他人代爲主持殯葬。再以辦喪世之時，或許無子孫主持，無論如何，不能無主人在場。由是，小斂之禮，至此告一段落。

（五）大斂

小斂之後爲大斂，君之大斂，〈喪大記〉載：

君將大斂，子弁絰即位於序端；卿、大夫即位於堂廉楹西，北面東上；父兄堂下詭面；夫人、命婦尸西，東面；外宗房中南面。小臣

〔註114〕《禮記章句》卷二十二，頁13～15。《船山全書》第四冊，頁1053～1055。

鋪席，商祝鋪絞、紟、衾、衣，士盥於盤上，士舉遷尸於斂上。卒
斂，宰告，子馮之踊，夫人東面亦如之。

船山注云：

「弁絰」者，如爵弁而素，上加苴絰也。君大夫嗣子未成服皆弁絰，
昭別以定正統也。大斂於阼序東，序在阼外更東。「端」者，盡堂東。
「廉」，隅也，盡堂南也。「楹」，東楹。「東上」，以近尸為尊也。「父
兄於堂下」，遠嫌也。「命婦」，內命婦及內宗。「尸西」，阼階稍西。
「東面」，鄉尸也。「外宗於房中」，疏者遠也。「舉」，扶奉也。「斂
上」，斂席上先已鋪絞紟衾衣，尸加其上也。「子馮」，自序至階西面，
大人益東，東面馮踊。〔註115〕

大斂時尚未成服，故戴弁加絰。船山以為乃「君大夫嗣子重服皆弁絰，
昭別以定正統也。」若其文解，則為：即將行君之大斂，嗣子戴皮弁且加上
環絰，站立東牆下走廊南端就位，卿大夫站立堂上南邊楹柱西面就位，臉朝
北排列，而以東方為尊位；父兄輩族人皆在堂下向北站立，國君夫人命婦站
立屍首面，臉朝東；同宗婦女亦皆站立房中，臉朝南。此是對死者的禮敬。

（六）生者之悼

斂禮之外，君喪，則大夫以下，如何行其悼念之意。〈喪大記〉又分二說，
一為大夫以下之喪食，一為大夫以下喪杖之用。

1. 以大夫以下喪食言

〈喪大記〉載：

君之喪，子、大夫、公子、眾士皆三日不食。子、大夫、公子、眾
士食粥，納財，朝一溢米，莫一溢米，食之無筭（算）。夫人世婦、
諸妻皆疏食水，食之無（筭）算。

船山注云：

「子」，嗣子。「公子」，庶子。「眾士」，公家之士。「眾」者，該上、
中、下也。「食粥」，三日後也。「財」，資也。「納財」，謂有司供具
粥資之米也。「一溢」，一升零二十四分升之一，以衡稱之為二十兩，
當今十二兩。「無筭」者，餒疲則強進之，無過毀也。「士」，家臣。
「諸妻」，群妾，御妾之屬也。〔註116〕

〔註115〕《禮記章句》卷二十二，頁28。《船山全書》第四冊，頁1068。
〔註116〕《禮記章句》卷二十二，頁18。《船山全書》第四冊，頁1058。

　　然則「大夫、士」之「士」，與「眾士」之「士」究有未同；前者指爵位言，後者指家臣言，二者不能並爲一談。而「公子眾士食粥」之句，《唐石經》「食粥」上無「眾士」二字，注疏本亦同。阮元《校勘記》引錢大昕說，謂「眾士」不在食粥之列，訂爲衍字。若其文解，則爲：守君之喪，嗣子、大夫、庶子、眾士皆三天不食。之後，嗣子、大夫及庶子只能喝稀飯，分配的實物：早上一溢米，晚上一溢米，隨餓隨吃，不須固定頓數；眾士吃粗飯喝水，不須規定頓數；夫人、世婦、妻妾皆吃粗飯喝水，不須規定頓數。是喪事之食，在粗食清淡，不必過奢。喪葬之後，則：

> 既葬，主人疏食水飲，不食菜果，婦人亦如之。君、大夫、士，一也。練而食菜果，祥而食肉。食粥於盛不盥，食於篡者盥。食菜以醯醬。始食肉者先食乾肉；始飲酒者，先飲醴酒。

船山注云：

> 言「主人」，則大夫、公子、眾士，室老先食粥者可知。婦人雖前食疏水，逮既葬猶同主人不食菜果，伸其情也。「練而食菜果」，亦通君、大夫、士言之。婦人亦然。「盛」，杯盂之屬。「不盥」者，歠不污手也。「篡」，筥也，織竹爲之。古人飯以手，故盥之，言爲食故盥，非求潔清致飾也。〔註117〕

　　船山謂「歠」爲「不污手」，則「歠粥」即不用手，故不須洗手，但古人吃飯則用手抓，是要洗手。若其文意，則爲：下葬之後，嗣子即可吃粗飯喝水，但不可吃蔬菜及果子，婦人亦皆如此；此規定適用於君、大夫、和士。至小祥服練之後，才可吃蔬菜果子，大祥之後才可食肉。用碗盛稀飯捧著喝即不必洗手，用手從飯器中抓飯即須洗手。吃蔬菜時，先用醋醬醃漬，剛開始吃肉時，先吃乾肉；剛開始喝酒時，先喝甜酒。如是，先菜後肉，由素而葷，使飲食合於節度。

　　2. 以大夫以下喪杖之用言

　　〈喪大記〉載：

> 君之喪：三日，子、夫人杖；五日既殯，授大夫、世婦杖。子、大夫寢門之外杖，寢門之內輯之。夫人、世婦在其次則杖，即位則使人執之。子有王命杖，國君之命則輯杖。聽卜，有事於尸則去杖。大夫於君所則輯杖，於大夫所則杖。

〔註117〕《禮記章句》卷二十二，頁19～20。《船山全書》第四冊，頁1059～1060。

船山注云：

> 子，嗣君。世婦，內命婦。授者，受命於嗣君也。「寢門之外」，拜
> 賓之位。「寢門之內」，統乎殯也。「次」，哭次，在西房。「輯」，舉
> 而斂之，不拄地也。婦人之容簡，當輯杖，則使人執之。「國君」，
> 鄰國之君。「命」，弔辭也。稱君、稱命者，未成君，不敢與敵也。「卜」，
> 卜葬。「有事於尸」，虞而事尸也。「於君所」，與嗣君同即位也。「於
> 大夫所」，自與其儔居哀次也。杖以扶病，親者哀至先病，故先杖，
> 義服者後。對君尸及居殯所，雖病不敢不勉也。尊者去之，其次輯
> 之。〔註118〕

言「子」者，船山謂「嗣君」，孔疏則以為兼適庶及世子。「世婦」者，
船山謂「內命婦」，孫希旦謂「諸侯之次婦」〔註119〕。若其文解，則為：辦理
諸侯喪事：死後三天，孝子們和夫人開始用喪杖，殯後五天，嗣君才授命大
夫和次婦用喪杖。眾孝子和大夫在殯宮外以喪杖拄地，進入殯宮即將喪杖提
起，不可以杖撐地；夫人及如夫人在居喪房中可撐喪杖，而卜葬或虞後各項
喪祭，皆要拿開喪杖。大夫於嗣君起居辦事之處亦須提起喪杖，至於大夫處
所即可撐喪杖。此即船山所云：「杖以扶病，親者哀至先病，故先杖，義服者
後也。」則「杖」之撐地，有助哀至而不能行之用。

（七）往生者衣著

小斂、大斂，皆入斂儀式。入斂之前，死者仍須衣著，此衣著亦表爵位
及身份。此若：

> 君錦冒黼殺，綴旁七。大夫玄冒黼殺，綴旁五。士緇冒赬殺，綴旁
> 三。凡冒，質長與手齊，殺三尺。自小斂以往用夷衾。夷衾質殺之
> 裁猶冒也。

船山注云：

> 「冒」、「殺」，襲而韜尸者也。其制皆如囊，縫合頭與一旁，其一旁
> 則綴帶以維結之，所謂「綴旁」也。先以「殺」韜足而上，次以「冒」
> 韜首而下，加於殺上而紐結之。「凡」者，兼君、大夫、士而言。「冒」
> 亦謂之「質」，對殺則質謂之「冒」，合質與殺亦謂之「冒」。「長與
> 手齊」，伸手下垂將及膝也。「自小斂以往」，言自小斂至大斂也。「夷」

〔註118〕《禮記章句》卷二十二，頁16。《船山全書》第四冊，頁1056。
〔註119〕孫希旦《禮記集解》卷十一，頁1051。

之爲言尸也，小斂加絞，不用冒殺，而絞之制樸質，故用夷衾裹之。
「夷衾」之制，上下殊色，上者亦謂之質，下者亦謂之殺，其質齊
手，殺三尺，或錦、或玄、或緇、或黼、或禎，皆同，所謂「質殺
之者猶冒也」。帽乃襲尸之具，而序於此者，因夷衾而補記之也。襲
尸之衣，生者之制也，而死者不可致之，故爲之冒與夷衾，先王之
意深矣。取象於衣裳之章以別首足斯可矣，人之既死，耳目無能視
聽，手足無能持行，露而別之，徒以取人之厭惡而已。而孝子之所
慮者，不平不方不固不合，在棺在輇則有動搖傾側之患，且爲日既
久，則筋肉脫離，首足分析，有非心之所忍念及者，故裹斂維繫，
纏綿固結，以庶幾體壞而不相離。先王之爲人子慮以少安其心固如
此也，而豈合流俗、同污世以趨苟簡之蘇軾氏所得知哉！〔註120〕

　　船山以先王隆禮，故於死者行厚禮厚葬，用心當在對先人始終的懷念，
因之，後世如蘇軾言薄禮薄葬之說者，船山必以爲非是。若其文解，則爲：「以
囊韜屍」的規定爲：國君衣之上截套用紙織錦，下截則畫斧文，斧文旁則打
七小結；大夫以玄色之帛做上截套子，上截長度和手併攏部位等齊，下截爲
三尺長。

　　小斂後用夷衾覆尸，夷衾被面所用質料和顏色同「冒」（韜屍的囊）一般，
分上下二截，裁制的大小式樣和「冒」一致。此規矩之衣著，但令死者心安，
孝子則「裹斂維繫，纏綿固結，以庶幾體壞而不相離」，其用心有如此。

　　（八）承體之棺
　　大斂之後，往生者著衣物，然後入棺而殯。棺制亦有別，其爲：

君大棺八寸，屬六寸，椑四寸。士大夫大棺八寸，屬六；下大夫大
棺六寸，屬四寸；士棺六寸。君裏棺用朱綠，用雜金鐕；大夫裏棺
用玄綠，用牛骨鐕；士不綠。君蓋用漆，三衽三束；大夫蓋用漆，
二衽二束。君、大夫鬈（音ㄕㄨㄣ丶，亂髮）爪，實于綠中；士埋
之。

船山注云：

「屬」之爲言合也，與棺合也。「椑」之言附也，附於身也。皆棺內
小棺也。「大棺」最在外，「屬」次之，「椑」周於身。大棺、屬用梓，
椑用杝。「八寸」、「六寸」、「四寸」，皆言其厚也。大夫無椑，士無

〔註120〕《禮記章句》卷二十二，頁28。《船山全書》第四冊，頁1068。

屬。「裹棺」，以繒黏著棺內爲飾，唯親身之棺有之。「朱綠」者，朱貼四方，綠貼四角。「玄綠」者，玄貼四方。「不綠」，則並角亦玄也。「鐕」，釘也，所以合兩牆及底者。「雜金」，銅範黃金也。士亦用牛骨。「用漆」，漆合蓋牆相接之縫。「衽」，以木爲小要（腰）形，鍼合蓋牆，今俗抓「錠子」。「束」，用韋，當衽際束固之。「髻」，亂髮。「爪」，手足甲。皆平生櫛剔之餘者，以小囊盛與俱藏，全面歸之之義也。「綠」，棺四角以綠飾處。「埋」者，置之棺外。〔註121〕

〈檀弓上〉云：「天子之棺四重：水兕革棺被之，其厚三寸，杝棺一，梓棺二，四者皆周。」此處所記，諸侯三重，無水兕革棺；大夫二重，無椑；士一重大棺而已。「椑」，爲親身的棺，大棺爲最外層的棺，「屬」在二者之間。「綠」字，船山未解。鄭注亦未說，但在下文「君大夫髻爪實于綠中」，則注：「綠，當爲角，聲之誤也；角中，謂棺內四隅也。」孔疏云：「本經中綠字，定本皆作琢，琢謂鑽琢朱繪貼著於棺也。〔註122〕」若《說文·衣部》所謂「（示弔），棺中縑裏，讀若雕。」段玉裁注云：「〈喪大記〉，君裹棺用朱綠，用雜金鐕，大夫裹棺用玄綠，用牛骨鐕，士不綠。古本三綠皆正作（示弔）。」。朱駿聲《說文通訓定聲》亦云：「今蘇俗製裘，通日（示弔），不知非吉語。」以綠當作「（示弔）」，指「棺中縑裏」較宜。若其文解，則爲：諸侯棺木有三層：大棺八寸厚，第二層的「屬」爲六寸厚，最裏層爲親身的「椑」是四寸厚；大夫的棺兩層，上大夫棺八寸厚，「屬」六寸候；下大夫棺六寸厚；士僅大棺，六寸厚。諸侯裹棺用朱色的縑襯裏，且用金屬釘子釘住；大夫的裹棺用玄色的縑襯裏，用牛骨的釘子釘住；士的棺無襯裏。諸侯棺蓋、棺牆的接縫用漆塗合，每邊有三處接衽，再用三條皮帶綑綁；大夫棺蓋、棺牆的接縫亦用漆塗合，每邊僅二接衽，而用兩條皮帶束綁；士棺蓋、棺牆的接縫不用漆，每邊亦有兩處接衽，以兩條皮帶捆榜。君和大夫遺留的頭髮和指甲，塡入襯裏的囊中，士的棺沒有襯裏，埋之即可。雖墨家云儒家厚棺之說過奢，然使往生者安然入葬，對生者而言，亦爲寬心。

（九）殯禮棺飾

諸侯、大夫既爲厚葬，則殯儀仍有所講究，畢竟孝子始終心存愛戀，於往生者終了之時，盡最後一份孝意，此爲人之常情，未可云其侈，或者謂爲

〔註121〕《禮記章句》卷二十二，頁 39～40。《船山全書》第四冊，頁 1079～1080。
〔註122〕《十三經注疏·禮記》頁 786。

非。若其

1. 殯禮：

　　君殯用輴，欑至于上，畢塗屋；大夫殯以幬，欑置于西序，塗不暨
　　于棺；士殯見衽，塗上帷之。熬，君四種八筐，大夫三種六筐，士
　　二種四筐，加魚腊焉。

船山注云：

　　「輴」，殯車，有輪似軬，載棺其上，備非常可引行也。「欑」，叢林
　　兩旁斜倚，相聚如屋。「至於上」者，從其縱而言之，上盡室前牖也。
　　「畢塗屋」者，欑木之上加塗，上下皆周也。「幬」，棺衣也。君亦
　　用幬，大夫則上有幬而下無輴耳。「欑至於西序」者，從其廣而言之，
　　殯當西階上而西，盡西序，其東亦稱是，蓋亦與君同。「暨」，及也。
　　「不及於棺」者，但使欑木，不及柩而止，而不盡南北之深，則與
　　君之至於上者異也。「見衽」者，掘地為壙（音，ㄙㄟˋ，埋棺於下）
　　瘞棺及蓋牆之縫，交木欑之，西不至序，北不至上，暨棺而止也。「帷
　　之」者，加帷欑外，君、大夫、士一也。「熬」，煎穀使香熟，置於
　　殯旁，以誘蚍蜉，使無親殯也。「四種」，黍、稷、稻、粱。「三種」，
　　去稻。「二種」，去粱。「加」者，加於熬上，用魚及腊，腥香誘之。
　　　　〔註123〕

　　船山言：「此章記殯禮」。〔註124〕關於「幬」字，即覆在棺上的棺衣。「塗
不暨于棺」，是因大夫所圍叢木和棺之間幾無空間，是以棺不能塗飾。而「熬」
字，船山引鄭玄言，謂「置於殯旁，以誘蚍蜉」。孫希旦引敖繼公云：「孝子
以尸柩既殯，不得復奠於其旁，雖有奠在室，而不知神之所在，故置『熬』
於棺旁，亦所以致其愛敬也。〔註125〕」然則二說皆有理。若其文解，則為：
諸侯之殯，是將柩放置載柩的車上，四面以叢木圍住，叢木上端在棺木上合
攏，形如屋頂之狀，整個塗飾起來；大夫之殯，以棺木覆在棺上，放置西牆
下，三面以叢木圍住斜靠在牆，塗飾的時候，不須塗棺；士之殯則挖坎放棺，
露出接筍以上部份，將上頭部份加以塗飾，再以帷幔圍住。煎熟穀物放置殯
的四周，如為君，則用「黍、稷、稻、粱」四種，以八筐盛著；大夫則用「黍、

〔註123〕《禮記章句》卷二十二，頁40～41。《船山全書》第四冊，頁1080～1081。
〔註124〕《禮記章句》卷二十二，頁40～41。《船山全書》第四冊，頁1080～1081。
〔註125〕孫希旦《禮記集解》卷十二，頁1085。

稷、粱」三種，以六筐盛住；士則用「黍、稷」二種，以四筐盛著；此外，尚須加乾魚腊肉。

2. 棺飾

> 飾棺，君龍帷三池，振容。黼荒，火三列，黻三列，素錦褚，加偽荒，纁紐六，齊五采，五貝，黼翣二，黻翣二，畫翣二，皆戴圭，魚躍拂池。君纁戴六，纁披六。

船山注云：

> 「飾棺」者，發引以之墓之飾也。備華飾爲觀美，不欲人惡其親也。「帷」，柳車之旁衣，用白布爲之。「龍帷」，畫帷爲龍也。「池」，以竹爲之，如承霤，衣以青布，挂於荒下，天子四注，諸侯則三，關其後也。「振容」，畫青黃繒懸於池下爲容飾，車行則振動也。「荒」，柳車上慢也。「黼荒」者，緣邊畫黼。「火」、「黻」三列，畫於中也。「褚」，屋也，荒下用白錦爲屋，籠棺上，乃加荒，旁加帷也。「紐」，所以連荒帷者，每旁三，故六也。「齊」，荒頂也。合雜采束圓之，以絮充之，加荒上，餘采四出如蕤，每采端各綴貝五串，使下垂也。「翣」，以木爲筐，廣三尺，高二尺，衣以白布。「畫翣」者，畫雲氣也。「戴圭」者，翣形兩角銳起中缺，而君之翣則中央銳起如圭首也。「魚」，以銅爲之，懸之池下，車行登頓則魚躍而上拂池矣。「戴」，猶載也，帶也，以帛爲之，所以連繫棺束之紐結於柳車使固者。「披」，亦以帛爲之，絡戴上而出一頭於外，使人執之，或登降轉回，則引之使平正也。再言「君」者，戴披用異棺飾，故更端記之，下放（倣）此。〔註126〕

「翣」者，〈禮器篇〉云：「天子八翣，諸侯六，大夫四。」此處記「諸侯黼翣二，畫翣二。」共四翣，恐有誤。若其文解，則爲：出葬時，棺木周圍裝飾爲：諸侯棺木四周垂掛畫龍的帷幔，帷幔前和左右垂掛像承霤般的池，後面則裝飾像屏風般的振容。上面蓋著邊緣畫著斧文的幔，中間還畫三行火文和三「已」字相背的連續圖案。再用白錦做成屋頂形狀而加在幔上。用六枚淺絳色的紐扣連接上下，頂上以五采做綏，垂掛五串貝殼。邊上用兩把畫著斧文的翣和兩把畫著的翣作爲屏障，翣角皆裝上圭。池下垂掛銅魚，柩車行進而振動，銅魚即上下跳躍。君的柩車以六條淺絳色帛帶綑住棺木，綁在

〔註126〕《禮記章句》卷二十二，頁41～42。《船山全書》第四冊，頁1081～1082。

車架上，再將六條淺絳色帛帶伸出帷外，便送葬者牽引。又：

> 君葬用輴，四綍二碑，御棺用羽葆。大夫葬用輴，二綍二碑，御棺
> 用茅。士葬用國軍，二綍無碑，比出宮，御棺用功布。凡封，用綍
> 去碑負引，君封以衡，大夫士以咸。君命毋譁，以鼓封；大夫命毋
> 哭；士哭者相止也。

船山注云：

> 「輴」、「輇」，皆載柩之車，其差未詳，皆卑輪用人挽者。「綍」，繫
> 棺索也。在殯曰「綍」，在道曰「引」，至壙又曰「綍」，一也。「碑」，
> 桓楹也。植木於壙之上下，木端橫貫交叉之，木以懸綍，穿之下棺
> 者也。「四綍」，每碑二綍，交於四出桓上。「御棺」，以指麾爲進止
> 緩急之節也。「羽葆」，如旌首，而上以五色羽張之。「二綍二碑」，
> 碑無桓，鑿孔穿綍，蓋尊卑之差。棺有大小，有輕重，宔有難易，
> 故尊者碑綍多也。「茅」，旗也。《春秋傳》「前茅慮無」。士用綍而無
> 碑，於壙上旁橫木枕之而漸紆其綍以下也。「功布」，裁大功之布，
> 以竿揭之，爲節識也。「比」，及也，唯出宮在道則用之，及窆，執
> 綍者面壙視其下，不用之益。有碑者，則負綍於肩，背壙下之，待
> 旌旗以知疾徐所以異爾。〔註127〕

船山云「功布」，爲裁大功的布。若此「布」約八、九尺，掛在竿首，用
以指揮。而「用綍去碑負引」，則爲下棺時，綍之一頭繫住棺木，另一頭繞過
碑上轆轤，引棺之人即在碑外背碑而立，扯住引繩，順應鼓聲，將棺木放入
壙中。若其文解，則爲：諸侯用輴車下葬，下窆時以四條引繩及兩座轆轤安
置葬碑，且以頭上所插羽毛竿子指揮棺木進止之緩急。大夫用輇車下葬，以
兩條引繩及兩座轆轤安置葬碑，並用旗子指揮棺木進止之緩急。士用國車下
葬，以兩條引繩牽拉，而不用葬碑，從啓靈出殯宮，即裁一塊約八、九尺大
功的布掛在竿頭，以指揮送葬行列。下窆之時，眾人皆背葬碑拉引繩索。諸
侯下窆時，以大木頭橫貫束棺皮帶下，再將引繩繫於橫木兩端，大夫和士則
直接繫於皮帶。諸侯下窆時，因送葬者多，須先宣布禁止喧嘩，之後順應鼓
聲下棺；大夫下窆時，須先宣布停止哭泣；士下窆時，因送葬者少，只須相
互勸告止住哭聲即可。至此，喪禮爲之結束。

〔註127〕《禮記章句》卷二十二，頁43～44。《船山全書》第四冊，頁1083～1084。

三、喪服之制

論及「喪服」之制，其命題可分為二：一為「宗統與君統」說，一為「五服之稱」說，分述如下：

（一）宗統與君統

喪服之設，乃基於宗法制度，宗法制度行，則天子庶民皆遵此而行，其於倫類綱常影響至大。古之宗法制度，以周代較完善，周之宗法，所重乃氏族血統，繼承者則為嫡長子。以嫡長子繼承王位，意即在維護統治階級及鞏固政權，故制度要旨，即凡君之位及爵之位皆須由長子世世承繼，百世不遷，是為「大宗」。天子為全族之長，世世由嫡長子繼承，永為天子，故為「大宗」之宗主。天子之庶子封為諸侯國君，對天子則為「小宗」；對本國也者，亦由嫡長子繼承，百世不遷，是為本國的「大宗」。若夫諸侯的庶子，任命為卿大夫，對諸侯則為「小宗」；對本家族言，亦由嫡長子繼承，百世不遷，是為本家族的「大宗」。卿大夫之庶子，亦由嫡長子繼承，以不爵位繼承，是為小宗的宗主，而統領本家族中同高祖的兄弟。小宗至第五代，即分數小宗，即所謂之「五世則遷」。《禮記・喪小記》載：

> 別子為祖，繼別為宗，繼禰者為小宗。有五世而遷之宗，其繼高祖者也。

船山注云：

> 「別子」者，世子之母弟也，世子無母弟，則庶弟之長者亦為「別子」。天子統天位之尊，世子承國儲之重，族人不得而宗之，於是立其母弟之長者為一宗之祖，若周公之於周是已。其嫡長子承諸侯之封為諸侯之祖，其庶子之次長者則繼別子，而以世相嗣為宗子，以統一姓之族屬，雖天子亦受統焉，於其家則天子講家人之序。《詩》所謂「在宗載考」也。此所謂「大宗」也。「繼禰」者，謂雖為大宗，而又統其五世之屬籍以為一宗，及雖非大宗而冢子自承其禰，因以分支之始統五世之族屬而為一宗，至于五世之外，則各以繼禰後別為一宗，故五世而宗分，不與先為宗者相為宗矣。此「小宗」也。記者因禘而推周代之家法，上溯遠祖，下連百世之義。若諸侯非天子之同姓，則各立一大宗，以自紀其家世。至於同姓之諸侯、大夫，則皆冐天子、諸侯之大宗而不得為祖，故滕謂魯為宗國，以周公為周之大宗之祖也。若魯三家以桓公為祖，叔肸、仲嬰齊之後以僖公

為祖，廟亂於上，宗亂育下，皆僭天子非禮矣。蓋唯禘其遠祖者則立大宗，禘不遷而宗不易，既立大宗而又立小宗，抑如有百世不祧之祖而又有五世則遷之廟，廟遷於上，小宗易於下，尊祖敬宗而等殺立焉，其義本一。先儒不察，乃以諸侯之適子弟及去國之公子仕於他邦者皆謂之大宗，則亦未達先王尊親之大義矣。〔註128〕

又：

是故祖遷於上，宗易於下。尊祖故敬宗，敬宗所以敬禰也。

船山注云：

「祖遷」，謂四廟之祖。「宗易」者，小宗也。「尊祖敬宗」，兼禘祖、大祖、大小宗而言，以其承祖而統族，則必敬宗，敬其宗子者，以著其德厚流光之盛，故所以「尊祖」。兼言「禰」者，禰廟立則適長子異於眾子而預為五世之宗主也。〔註129〕

依船山之說，「別子〔註130〕」為諸侯庶子，亦稱公子，有別於諸侯的嫡長子，其不得為諸侯，但命之為卿大夫。亦由嫡長子繼承，代代相傳，而為所命「卿大夫」的始祖，所以謂「別子為祖」，亦即鄭玄所云「別為後世」〔註131〕始祖之謂。是自別子相傳嫡長子觀之，則其仍為大宗的宗子，亦即「繼別為宗」，此「宗」即家族的大宗，亦為百世不遷。而別子之庶子依繼承權言，仍無法承接其父所封卿大夫的爵位，所承繼者仍為嫡長子，但此嫡長子所承繼者非始祖別子，乃其父親之謂。因此，從嫡長子自身言，其乃自成一小宗，即「繼禰（父）者小宗」之謂；由是凡高祖的眾昆弟初則雖為一小宗，至第五代已非同一高祖，即須分列為小宗，此即「祖遷於上，宗遷於下」「五世其遷」的小宗之謂。由是乃知，別子即庶子，庶子雖不繼正統，仍自有其後裔，此後裔即尊別子為「祖〔註132〕」。後裔中的嫡系繼嗣別子即為大宗，其非大宗嫡系之後嗣，然承繼其父者即為小宗。再者，嫡系的大宗僅只一人，庶子旁系則非只一人，其為二人或多數人，且各旁系皆有繼禰（父）的小宗，故而

〔註128〕《禮記章句》卷十五，頁5～6。《船山全書》第四冊，頁793～794。

〔註129〕《禮記章句》卷十五，頁6。《船山全書》第四冊，頁794。

〔註130〕「別子」即庶子。庶子不繼正統，但亦自有其後裔，此後裔則尊別子為「祖」。後裔中之嫡系繼嗣別子者，則是大宗。不是大宗嫡系的後嗣，但承繼其父者則為小宗。

〔註131〕《十三經注疏・禮記》頁592。

〔註132〕「祖」之所自出，指民族神話中，諸侯始祖多感天而生，則「所自出」者即是天帝。故王者禘祭始祖，即以天帝相配。

世秩延續，族性擴大，小宗便增多至無數，於是以上殺（對上代親情愈上愈減）、下殺（對下代親情愈下愈減）、旁殺（族屬擴大，由親兄弟擴而爲再從、三從兄弟，親情愈遠愈減）爲原則，以五世爲主；而自生者上溯「禰、祖、曾、高、適」爲五世、四廟；其五世以上之祖，則合併於大宗廟內，即「五世而遷之宗」之謂。再者，高、曾、祖、禰四廟，於「己」死後，由其子將「己」的神主安置在廟內爲「禰」；故於「己」子言，四廟即成五廟。而爲保持四廟，「己」子即將「上殺」的高祖遷入大宗之廟，所剩則爲四廟；原來的禰廟又成祖廟，繼承新進禰廟者又別成一小宗，此即「祖遷於上，宗易於下」之意。至於「尊祖故敬宗，敬宗所以尊祖禰也。」尊祖而兼言禰者，如禰廟立，則禰承先祖；其在「嫡」言，以嫡長子異於眾子，後日承五世之宗，乃可預知。此蓋船山「宗法」論之所解。

又論：

> 庶子不祭祖者，明其宗也。庶子不爲長子斬，不繼祖與禰故也。庶子不祭殤與無後者，殤與無後者從祖祔食。庶子不祭禰者，明其宗也。

船山注云：

> 自宗子而外，皆謂之庶子。此言庶子與小宗之宗子從兄弟，雖於其禰爲冢子，仕至適士以上，得立祖廟而不敢立，但立禰廟以祭禰，於祖則供其牲物而宗子追祭也。其得祭禰者，於祖則爲庶孫，於禰則爲冢子，又將繼禰而爲宗也。「明」，著也。「其宗」，謂繼祖之宗。父爲長子斬者，父承宗後而以傳之長子也。其父爲庶子，則雖長子，但爲己後，而非祖禰之嗣，則與眾子等服齊衰期也。兼言「祖」者，或父之父死，直承祖後也。若母，則長子承夫後，不降三年。「無後」，謂庶兄弟死，以庶賤故勿爲立後也。於禰而爲庶子者不祭己之殤子，於祖而爲庶者不祭無後之兄弟，以「殤與無後者」部立廟，必從祖祔食。今祖之庶幾無祖廟，禰之庶無禰廟，無從祔祭，則供其牲物而宗子爲祭之。「庶子不祭禰」者，謂繼禰之宗子之庶兄弟也，雖貴不得立禰廟，供其牲物而冢子爲之祭也。「其宗」，謂繼禰之宗。〔註133〕

以是知庶子之不繼祖，乃因非祖禰之繼承者。再以未成年而逝及無後嗣

〔註133〕《禮記章句》卷十五，頁6。《船山全書》第四冊，頁794。

者,皆附從於祖廟而由宗子供祭,庶子皆不祭,以宗子在之故。故其文解,則爲:庶子所以不祭祖,是欲使宗法清楚。譬如庶子不爲長子服斬衰,即因其非祖禰的繼承人。至於庶子則不祭未成人而死及無後嗣者,因此二死者皆已附從於祖廟而由宗子供祭。又以庶子不主祭於禰廟,因其自有宗子在,此當是欲使宗法明白之故,宗法明白,則「先王尊親之大義」當更清晰。

再者,《禮記》〈喪服小記〉及〈大傳〉所敘則諸侯庶子內容爲多,此即「別子」所屬卿大夫的大宗、小宗,而鮮敘及天子、諸侯的大宗,故後之習禮者,即據〈小記〉等所言,謂「宗法」乃爲卿大夫而設。清程瑤田《宗法小記》即云:「宗之道,兄道也。大夫、士之家,以兄統弟,而以弟事兄之道也。」以爲宗法即兄道,且卿大夫而設,然此說不免有所疑議,蓋宗法制度本爲天子、諸侯嫡長子繼承制而設,亦循制度以立。禮書言宗法,鮮及天子、諸侯,此蓋「宗統」與「君統」間相互的矛盾。以「君統」言,所指爲天子、諸侯平君之權統治下屬;而「宗統」則指天子、諸侯憑血親關係統治氏族。此二統治雖相互配合,卻有其矛盾處。譬若強調宗統的血緣,相對必削弱君統的威權;而如過於強調君權,則宗族之間又不易合諧,此即所顯之矛盾,以是知程氏之說,當非正確。

(二)五服之稱

《禮記·喪服小記》首段即以「斬衰」爲題,其義則親人與喪葬之禮,須著不同的裝束,意謂所著喪服不同,哀戚亦因之而異。若其服制,則爲「斬衰」、「齊衰」、「大功衰」、「小功衰」、「緦麻」等五服,五服穿著時間及期限因服制亦有不同。具體之況,如:

(1)斬衰

〈喪服小記〉云:「斬衰,括髮以麻。爲母括髮以麻,免而以布。」船山注云:「括髮者,去笄纚而露髻,以麻自項前交於額,卻上繞髻也。小斂則括髮。父在爲母,雖期衰期,而括髮同於父喪,但於父則括髮至於成服,乃著喪冠,爲母則尸出堂又哭而易以免也。〔註134〕」所謂「斬衰」,即無緝邊的粗麻衣。「括法」,指父死,脫下吉冠;將小斂時,並將包髮的「纚」和「笄」去掉,另以麻布自脖子而前交於額上,再回繞至髮結。「免(音ㄨㄣˋ)」,則是遵禮成服以後的髮飾,以麻布爲之。若其文解,則爲:父喪,服斬衰,以

〔註134〕《禮記章句》卷十五,頁1。《船山全書》第四冊,頁789。

麻布括髮。母喪，亦以麻布括髮；二者皆以麻布為「免」。其次，再就「斬衰」言，既云「無緝邊的粗麻衣」，則其側邊不裏，使斷處外露，言無裝飾，故稱為「斬」；之外，以長六寸，寬四寸的麻布連綴衿在當心處，示其悲傷哀戚，稱為「衰」。服喪期三年。凡子為父，未嫁女為父，出嫁女回父家為父，妻為夫，妾為夫君，父為嫡長子等均服之，是為「五服」最重者。

具體之況，則如漢戴德《喪服變除》所言：「斬衰三年之服，始有父之喪，筓纚，徒跣，扱上衽，交手哭踊無數，惻怛痛疾，既襲三稱，服白布深衣，十五升素章甫冠，白麻屨，無絇（履頭飾）。（屨之飾，如刀衣鼻，繩連以為行戒。喪無節，連遽故無絇。）孫為祖父後者，上通於高祖，子天子達於士，與子為父同。父為長子，自天子達於士，不筓纚，不徒跣，不食粥（餘與子為父同）妻為父，妾為君，筓纚，不徒跣，扱上衽，既襲三稱，白布深衣，素總，白麻屨。（餘與男子同也）。〔註135〕

（2）齊衰

僅次于斬衰，服用粗麻布制成，側邊縫裏而稱為「齊衰」。〈喪服小記〉云：「齊衰，惡笄以終喪。」船山注云：「惡，麤也，以榛木為笄，無雕治也。此謂婦人為父母及舅姑。婦人質，有除無變。〔註136〕」若「笄」者，為捲髮之簪，居喪以榛木為簪，故曰「惡笄」，所以去之。依鄭玄注語，於「惡笄」下當脫「帶」字。〔註137〕〈間傳〉云：「男子重首，女子重帶。」亦即鄭注所謂「帶，所以持身」之意。至《儀禮》則謂：「疏衰裳移，牡麻経，冠布纓再，削杖。」其儀節即如漢戴德《喪服變除》所言：「齊纚（衰）年者，父卒始有母之喪，筓纚，徒跣，扱上衽，交手哭踊無數，既襲三稱，服白布深衣，十五升素章甫冠，白麻屨，無絇。父卒為繼母、君母、慈母，孫為祖後者，父卒為祖母，服上至高祖母。自天子達於士，為人後者，所後之祖母、母、妻，（以上與父卒為母同）。母為長子，妾為君之長子，繼母為長子，皆不筓纚徒跣也。女子在室，父卒為母，始死，筓纚，不徒跣，不扱上衽，極襲三稱，素總。〔註138〕」是齊衰三年者，當如父卒為母服之，亦如「惡笄以終喪」。以是知父喪，服斬衰，以麻布括髮；母喪，亦以麻布括髮，二者皆以麻布為「免」。若女子服齊衰，則以榛木為笄，直至除喪之時。再就喪期言，「齊衰」之服，

〔註135〕杜佑《通典》卷第八十四，頁 2277。
〔註136〕《禮記章句》卷十五，頁 1。《船山全書》第四冊，頁 789。
〔註137〕《十三經注疏・禮記》589。
〔註138〕杜佑《通典》卷第八十四，頁 2277。

有三年、期年及三月之別。若父故去，子爲母；子爲繼母，子爲慈母（父妾），母爲長子，等等，服喪期爲三年。父在，子爲母；父母離異，子爲父；父故去，子爲改嫁繼母；夫爲妻：姪爲叔伯父母；出嫁女爲父母、爲嫡長兄弟，等等，服喪期爲期年。同宗男子及媳婦爲宗子、宗子之母、宗子之妻；子爲不同居繼父，爲曾祖父母；出嫁女、未嫁女爲曾祖父母，等等，服喪期爲三月。而服喪期所用杖棒，即〈喪服小記〉所載「苴杖，竹也；削竹，桐也。」船山注云：「苴，麤惡之意。苴杖，斬衰之杖。削杖，齊衰之杖。竹不假削，桐則必削之，喪以質爲重也。桐，白桐，今謂之水桐。〔註139〕」所言父喪用孝棒曰「苴杖」，以竹木製之；母喪用削杖，以桐木製之。是可補《儀禮》「牡（母）麻経」以下之言。

（3）大功衰

其服以熟麻布做成，較齊衰爲細，較小功爲粗。〈喪服小記〉所載未詳，僅云：「大功者，主人之喪，有三年者，則必爲之再祭。朋友，虞、祔而已。」船山則注云：「大功，從兄弟也。主，爲喪主也。有三年者，謂沒（歿）者之妻及幼子不能爲主者也。再祭，練祥也，服已除而爲主練祥，終三年之禮也。若期服爲主，則除服而猶爲主祥也。唯無三年者，則無所謂無後者祔食，不特祭矣。無同姓而朋友主之，則虞、祔而止，主人雖至廢祭，恩義輕，不可過也。然唯朋友虞祔而已，則小功、緦亦必爲再祭，舉大功以槩之耳。〔註140〕」其文解爲：有屬於大功的親人爲主持喪事，如其爲三年之喪，亦須待再祭而後除服。不似朋友，因其無親屬關係，但至葬畢虞祔即止。

然以上之文與注，實看不出「大功衰」之意爲何。若《儀禮‧喪服》則謂：「大功布衰裳，牡（母）麻経，無受者。」鄭注則謂：「大功布者，其鍛冶之功粗沽之。〔註141〕」此在服飾言。若其喪期儀節，則必如《喪服變除》所載：「大功親長中殤七月，無受服，始有昆弟長殤喪，白布深衣，十五升素冠，吉屨無枸。成人九月。從父昆弟之喪，與殤同。天子諸侯之庶昆弟與大夫之庶子，爲其母哭泣飲食，居處思慕，猶三年也；其餘與士爲從父昆弟相爲服同。爲人後者，爲其昆弟，大夫爲伯叔父母、子、昆弟之子爲士者，哭泣飲食思慕，以上並猶周也。天子姑姊妹女子子嫁於二王後者，諸侯爲姑姊

〔註139〕《禮記章句》卷十五，頁2。《船山全書》第四冊，頁790。
〔註140〕《禮記章句》卷十五，頁11。《船山全書》第四冊，頁799。
〔註141〕《十三經注疏‧儀禮》卷三十一，頁370。

妹女子子嫁於諸侯。大夫命婦、大夫之子、諸侯之庶昆弟爲姑姊妹女子子嫁於卿大夫者，與士之爲姑姊妹適人者服同。天子之昆弟爲姑姊妹女子子嫁於諸侯大夫者。姑姊妹適人者爲昆弟，其異於男子者，始死素總。〔註142〕」此即「大功殤九月、七月」之謂。爲殤者服，如爲子、女子子之長殤、中殤；昆弟之長殤、中殤等服即是。而云「殤」者，男女未冠笄而死，乃爲之悲傷。如《儀禮・喪服》所云：「何以大功也？未成人也。何以無受也？喪成人者，其文縟；喪未成人者，其文不縟。故殤之絰不樛（纏結）垂，蓋未成人也。年十九至十六爲長殤，十五至十二爲中殤，十一至八歲爲下殤，不滿八歲以下皆無服。無服之殤以日易月，以日易月之梢，殤則無服。〔註143〕」其云「以日易月」，即所生一月者爲之哭一日；其言「無受」者，以成人至葬後皆著輕服，今殤未成年人，即無受。至若服殤條件，則：凡爲姑、姊妹、出嫁女，爲堂兄弟；嫡長子兄弟、爲庶孫；爲嫡長媳婦；出嫁女爲眾兄弟；姑爲姪、姪媳婦；妻爲夫之祖父母、叔父母、伯父母等。

（4）小功衰

其服用較細熟麻布做成，服喪期五箇月。《禮記・喪服小記》載：「下殤小功，帶澡麻，不絕本，詘而反以報之。」船山注云：「下殤而小功，本皆齊衰之服，以殤而降爾。本，麻近根處也。小功本牡麻帶，今但澡治其芓垢而不絕去其本。報，合結也。殤服之麻皆散垂，今則屈其餘向上，合而紐結之，以本重降輕，使伸其哀也。〔註144〕」《儀禮・喪服》亦載：「小功布衰裳，澡麻帶絰五月者。」鄭注：「澡者，治去芓垢，不絕其本也。《小記》曰：『下賞小功，帶澡麻，不絕其本，屈（詘）而反以報之。』〔註145〕」合而言之，「下殤小功」者，即八歲至十二歲而死者曰「下殤」。本爲期服之親，因其爲下殤，故降爲小功之服。若「澡麻」者，即漂白之麻；「不絕本」者，不剪麻之根也。以其意言，下殤小功之服，所用腰絰，乃以連根漂白之麻剪成，帶末不垂，反屈之以搭於腰際。其儀節如《喪服變除》所云：「小功五月無受之服者：始有叔父下殤之喪，白布深衣，十五升素冠，吉屨無絢。天子、諸侯、大夫爲嫡子、嫡孫、嫡玄孫（以上並下殤）。不爲次，飲食行爾。爲姑姊妹女子子、昆弟之子、夫昆弟之子之下殤，爲人後者爲其昆弟姑姊妹之長殤，並哭泣飲

〔註142〕杜佑《通典》卷八十四，頁2278。
〔註143〕《十三經注疏・儀禮》卷三十一，頁370。
〔註144〕《禮記章句》卷十五，頁28。《船山全書》第四冊，頁817。
〔註145〕《十三經注疏・儀禮》卷三十三，頁386。

食猶大功也。大夫之子、天子諸侯之昆弟、庶子、姑姊妹女子子從父昆弟、從父姊妹，祖父母爲孫（以上並長殤）。與叔父之下殤同。姑姊妹適人者爲昆弟之殤，與爲從父昆弟之長傷同。〔註146〕」是「小功衰」服喪期五箇月，服殤條件：爲從祖祖父母、從祖父母、從祖兄弟；爲堂叔伯姊妹、出嫁孫女；嫡長子爲出嫁姊妹；爲外祖父母，爲姨母；妻爲夫之姑、姊妹等。

（5）緦麻

其服以細麻布制成，服喪期三箇月。《禮記‧喪服小記》以「緦」與「小功」相連，云：「爲君之父、母、妻、長子，君已除喪而後聞喪，則不稅。降而在緦，小功者，則稅一。」船山注云：「君爲父者，父病廢而子摠立也。臣之恩輕，從君服，君除喪，無所從，此謂大夫見羈執，錮於他國者。緦，小功不稅，唯降者則稅，謂殤服也。中殤降二等，則降而緦者本服大功。〔註147〕」「稅」，音ㄊㄨㄟˋ，即稅喪，謂在遠地親人，過了日期始聞凶耗而爲之追服最輕的喪服，故亦稱「繐服」。若「降」之意，則指減輕本來喪服之謂。若其文解，則爲：己生於外國，從未見祖父母及伯叔父母。當傳來長輩凶耗時，父爲之追服喪服，而己則不追服。若果其正服本在大功以上而降爲小功緦麻之服者，則追服之。

以上爲〈喪服小記〉所載，然未詳說緦服儀節。《儀禮‧喪服》云：「緦服三月者。」鄭注云：「緦麻，布衰裳麻絰帶也。不言衰絰，略輕服。」孔疏謂：「此章五服之內，輕之極者，故以緦如絲者爲衰裳。又以澡（漂白）治莩垢之麻爲絰帶，故曰『緦麻』也。」又云：「三月者，凡喪服變除，皆法天道，故此服之輕者，法三月，一時天氣變，可以除之，故三月也。云『緦麻布衰裳』者，但古之緦麻字通用，故作緦字，直言『而麻絰帶』也。〔註148〕」若其儀節，則如《喪服變除》所云：「緦麻三月之服者，族祖父母始死，朝服素冠，吉屨無絇。婦爲夫曾祖父母，異於男子者，以素緦也。〔註149〕」故云緦麻三月，服喪條件乃：凡爲族曾祖父母、族祖父母、族父母、族兄弟、庶孫媳婦；爲從祖姑、出嫁姊妹，爲外孫，爲曾孫，爲從祖兄弟之子、父姨兄弟、父之姑，爲甥、婿，爲妻之父母，爲姑之子，爲舅舅之子等。爲五服中最輕者。

〔註146〕杜佑《通典》卷八十四，頁2279。
〔註147〕《禮記章句》卷十五，頁13。《船山全書》第四冊，頁801。
〔註148〕《十三經注疏‧儀禮》卷三十三，頁388。
〔註149〕杜佑《通典》卷八十四，頁2279。

四、人道辨義

五服喪服之規定，是確立一明確的親屬脈絡，此脈絡由父系與母系、直系與旁系、族親與外親等交互引線所構成。所體現即〈喪服小記〉所云「親親、尊尊、長長、男女有別，人道之大者也」之原則。

船山注云：

> 人道，人所以別於禽狄之道也。四者唯人能喻而修之，故生而敍之為倫，歿而為之制服，重、輕、降、殺各有差等，所以立人之大道也。〔註150〕

是重服、輕服、對親情的減損及喪服的減輕之「重、輕、降、殺」，乃即宗法等級社會家族倫理的核心。孔穎達疏亦謂：「此一經論服之降殺之義。親親，謂父母也。尊尊，謂祖及曾祖、高祖也。長長，謂兄及旁系也。不言卑幼，舉尊長則卑幼可知也。男女之有別者，若為父斬，為母齊衰，姑姊妹在室，出嫁大功，為夫斬，為妻期之屬是。〔註151〕」故此四者即人間道理之最大者。其在喪葬之禮中，亦以此喪服制度區分親屬關係的親近遠疏，且提示生者居此關係中應盡的責任和義務。易言之，愈為直系、愈親近的親屬關係，所盡的責任和義務即愈重大，即〈禮運〉所云「父慈子孝，兄良弟悌，夫義婦聽，長惠幼順」之理義；亦船山注所謂：「禮者，以達情者也。禮立則情當其節，利物而和義矣。〔註152〕」可謂旨趣賅備。

再者，所謂「五服」喪服制度限定下之宗族親屬關係乃即〈大傳〉所云：「上治祖禰，尊尊也。下治子孫，親親也。旁治昆弟，合族以食，序以昭穆，別之以禮義，人道竭矣。」

船山注云：

> 下治子孫，謂分封也。旁治昆弟，立大宗也。食者合之，於廟中則有旅酬之禮，又時燕之於宗子之家，親疏貴賤一以昭穆序之，父子祖孫無或踰紊，則是『別之以禮義』也。人道者，立人之道，一本之誼，所以異於禽狄者也。蓋因尊尊、親親而推其禮之所秩，義之所宜，以立大宗之法，然後上治下治之義，雖在百世，皆疏通而曲盡，則人之所以為人者，道畢修矣。〔註153〕

〔註150〕《禮記章句》卷十五，頁8。《船山全書》第四冊，頁796。
〔註151〕《十三經注疏・禮記》卷第三十二，頁594。
〔註152〕《禮記章句》卷九，頁25。《船山全書》第四冊，頁559。
〔註153〕《禮記章句》卷十六，頁4。《船山全書》第四冊，頁828。

「人之所以爲人者，道畢修矣。」其於親屬關係更顯明確。如同爲〈大傳〉即載：「其夫屬乎父道者，妻皆母道也。其夫屬乎子道者，妻皆婦道也。謂弟之妻婦者，是嫂亦可謂之母乎？名者，人治之大者也，可無愼乎？」船山以本段爲引自《儀禮‧喪服》「嫂叔不相爲服」之文，故所注僅謂：「記者引之以申明『主名治際會』之義，言男女之別，必愼其名，以杜亂源，唯宗法修明，同異有序，而後昏（婚）姻之紀正也。〔註154〕」孫希旦且云：「『道』，謂昭穆之行列也。異姓婦人來嫁己族，唯繫其夫以爲尊卑，故其夫爲父道，則其妻有母道，而其名謂之母；其夫爲子道，則其妻有婦道，而其名謂之婦。昆弟昭穆同：兄長於我而非有父道，其妻不可謂之母；弟幼於我而非有子道，則其妻不可謂之婦也。〔註155〕」亦即對母系外親的限制，乃在維繫與異姓族屬間的關係。再者，陳澔《禮記集說》亦云：「從母，母之姊妹。舅，母之兄弟。從母夫於舅妻無服，所以禮經不載。故曰君子追言。時偶有甥至外家，見此二人相依同居者，有喪而無文可據，於是或人爲『同爨緦』之說以蠱，此亦原其情之不可已，而極禮之變焉耳。」又云：「或問從母之夫，舅之妻皆無服，何也？朱子：『先王制禮，父族四，故由父而上爲族，曾祖父緦麻，姑之子、姊妹之子，女子之子，皆由父推之也。母族三，母之父，母之母，母之兄弟。恩止於舅，故從母之夫，舅之妻，皆不可服，推不去故也。妻之二，妻之父，妻之母，乍看似乎雜亂無紀，仔細看則皆有義存焉。〔註156〕』」由此引申，於《禮記‧檀弓上》仍云：「喪服，兄弟之子也，蓋引而進之也；嫂叔之無服也，蓋推而遠之也；姑姊妹之薄也，蓋有受我而厚之者也。」船山則注云：「猶子，猶爲眾子，期也。薄，謂己嫁而降服大功。受，承也。厚之者，其夫爲之期也。引而進之以篤恩，推而遠之以別嫌，有受我厚者薄之，以正三從之義也。〔註157〕」此謂喪服的規定，兄弟之子即同己之眾子一般。服期，即爲加重伯叔及姪兒間恩情；而使彼此關係更親近；嫂叔之間無服，即爲別嫌而使彼此關係推得更疏遠；姑姊妹出嫁之後，降等服大功，是爲娶其人之夫婿，將「期」的重服移轉己之身。由此知姑姊妹出嫁前後喪服有所改易，印證親屬關係由近及遠之變化，正所謂在家者重，成異姓家族成員，其本族位置即輕，此皆人道的考量。

〔註154〕《禮記章句》卷十六，頁6。《船山全書》第四冊，頁830。
〔註155〕孫希旦《禮記集解》卷九，頁831。
〔註156〕陳澔《禮記集說》頁61。
〔註157〕《禮記章句》卷三，頁57。《船山全書》第四冊，頁187。

－279－

　　喪服、喪期之外，喪禮行爲所表現的哀痛，亦有由重到輕或由輕到重的具體行爲，此如容體、聲音、言語、飲食、居處等等，皆表現人間的摰情與特殊的感受。

　　若《禮記‧間傳》所載：「斬衰何以服苴？苴，惡貌也，所以首其內而見諸外也。斬衰貌若苴，齊衰貌若枲，大功貌若止，小功、緦麻容貌可也。此哀之發於容體也。」船山注云：「苴，麻之有實者，今方書所謂『大麻』也。服苴者，苴麻絰也。惡，枯黝也。首，本也。內，貌也。外，服也。牡麻，今謂之白麻。若枲者，枯槁而黑白雜也，絰亦稱其容，故齊衰麻絰也。止者，無旁營之意，謂一於哀也。容者，哀見於容，變其和而已。發，謂有諸心而不容已於著也。〔註158〕」此爲哀之發形諸「容體」者。

　　又：「斬衰之哭若往而不反，齊衰之哭若往而反，大功之哭三曲而偯（音一ˇ，哭泣聲。），小功、緦麻哀容可也；此哀之發於聲音者也。」船山注云：「往者，極氣一發也。不反，餘聲不斂也。往而反，一發盡氣，未稍斂也。三曲，氣三易也。偯，餘聲。哀容者，聲無常度，任氣消息，維垂涕蹙額之安恒在也。〔註159〕」若其文解，則爲：服斬衰者哭起來，是竭力哭喊，氣一發而盡；服齊衰者哭起來，是留點餘氣然後換氣再哭；服大功者哭起來，仍轉折幾下而後留下餘音；若夫服小功緦麻者，僅止哭得悲哀即行。皆由哭聲表現其悲哀方式。此是哀而發於聲音者。

　　又：「斬衰、三日不食；齊衰、二日不食；大功、三不食；小功緦麻、再不食，士與斂焉，則壹不食。故父母之喪，既殯食粥，朝一溢米，莫一溢米；齊衰之喪，疏食水飲，不實菜果；大功之喪，不食醯醬；小功緦麻，不飲醴酒。此哀之發於飲食者也。」蓋此章前已引證，今只舉引，不再證說。

　　又：「父母之喪，居倚廬，寢苫枕塊，不說絰帶；齊衰之喪，居堊室，苄翦不納；大功之喪，寢有席；小功緦麻，床可也。此哀之發於居處者也。」此章同於〈喪大記〉所言，故同於上章，只舉引，不再證說。至於「苄翦不納」之「苄」字，船山僅解爲「蒲萍」，未言其字之是否。〔註160〕俞樾則謂「苄」當爲「平」，爲傳寫之訛。其謂：「《釋名》〈釋牀帳〉曰：『蒲平以蒲作之，其體平也。』然則漢時自有蒲平之名，故鄭據以爲說。平乃席名。《說文‧草部》：

〔註158〕《禮記章句》卷三十七，頁1～2。《船山全書》第四冊，頁1421～1422。
〔註159〕《禮記章句》卷三十七，頁2。《船山全書》第四冊，頁1422。
〔註160〕《禮記章句》卷三十七，頁4。《船山全書》第四冊，頁1424。

蒻蒲子即以爲平席是也。初非萃、荓之萃，安得從艸；因蒲字從艸而平，字亦誤；從艸猶〈月令〉『爲地氣且泄』，因『泄』字從水而『且』字亦誤從水。〈樂記〉篇及宋儒因『儒』字從人，而朱字亦誤從人，古書如此者多矣。平誤作萃，而上萃字又誤作『芐』，於是并改經文爲『芐翦不納』。《釋文》遂音『戶嫁反』，知此字之誤，由來久矣。〔註161〕」則俞說可爲參考。再以三年之喪言，如《禮記・三年問》所言：

> 三年之喪何也？曰：稱情而立文，因以飾群，別親疏貴賤之節而弗可損益也。故曰：無易之道也。創鉅者其日久，痛甚者其愈遲。三年者，稱情而立文，所以爲至痛極也。斬衰苴杖，居倚廬，食粥，寢苦枕塊，所以爲至痛飾也。

船山注云：

> 三年之喪，父母之喪也。飾，章表之也。群，倫也。殊父母之喪於五服之上，以別親疏也。貴賤，猶言尊卑。資於事父以事君而敬同，資於事父以事母而愛同，莫尊於父而喪之三年，因以推之爲君、爲母、爲正統者，以別貴賤也。無易，猶言不易。創，商也，外疾也。痛，內疾也。愈瘳也。內外交傷，如鉅創裂肌，甚痛浬藏，不可旦夕而已也。極，猶期也。此言三年之喪無可損也。〔註162〕

〈三年問〉者，全篇以設問爲要，而以三年之喪爲主，說明喪服期限在「稱情以立文」，所涵當爲三年以下五服之義，故「稱情以立文」，當指後者隨內心哀戚的程度制定禮文，藉此表明親屬關係，且因區分親疏貴賤的界限，不能任意增減，故云不可變動。再以創傷既重，復原之日即拖得久：痛苦愈厲害，痊癒之時即延得遲。居喪三年，即是配合內心創痛而制定之禮節，亦爲極度哀痛所制作。譬如披著不縫邊的麻衰，拄著黑色的竹杖，住在臨時搭建於牆邊的草屋，喝著稀飯，睡在草墊上以土塊枕著，等等，皆極度哀痛的表現，亦孝子眞性眞情的流露。故孔子云：「子生三年然免於父母之懷。夫三年之喪，天下之達喪也。」船山即注云：「子生三年而後免於父母之懷，天性之慈不知其然而自不容已，子之於父母不容已於三年之喪，亦如是而已矣，非謂其相報也。〔註163〕」所謂「天性之慈不知其然而自不容已」，是父母天性

〔註161〕俞樾《春在堂全集》經二十二，頁7。
〔註162〕《禮記章句》卷三十八，頁1～2。《船山全書》第四冊，頁1431～1432。
〔註163〕《禮記章句》卷三十八，頁6。《船山全書》第四冊，頁1436。

的慈愛；而「子之於父母容已於三年之喪」，是孝子對親情始終的繫念，此是人間達道，亦合於普天下通行的喪禮。因之，如〈三年問〉結語所云：「故三年之喪，人道之至文者也，夫是之謂至隆。是百王之所同，古今之所壹也，未有知其所由來者也。」船山即注云：「文，莊飾，人群以別於禽獸也。壹，齊也。世移俗畢而不能異者，盡古今而皆爲人之子，其情必同，不待喻其所以然而自不容已也。〔註164〕」居喪三年，爲人事中最完美，亦最隆重的禮儀；是歷代聖王所贊同且自古至今共同遵循的標準行爲，以其由來久遠，而不知從何時開始，則雖時代久遠，或雖世移俗易，其不能變者，當如船山所言：「盡古今而皆爲人之子，其情必同，不待喻其所以然而自不容已也。」以上之言，由其對照之語，正如〈喪服四制〉所言：「其恩厚者，其服重；故爲父斬衰三年，以恩制者也。」「恩制」之義，即謂喪期之三年，皆人之依感情而設計，由此設計，尊尊親親之義，才能既深且久，家庭倫理的維繫亦才能久長。

再者，進一層說，喪服制度也者，基本上雖以親屬關係來明定家族倫理的責任與義務，終則體現宗法制度等級下之社會倫理與政治倫理。故如〈喪服四制〉所云：「資於事父以事君則敬同」，所表達者，即諸侯爲天子，公、卿、大夫、士爲國君，和孝子之事父之服斬衰，明顯即由家族倫理升而爲社會政治倫理，意謂周以後「家國」不分之態，亦謂君權與父權之互爲相混，而凝成宗法家長的存在，「君者」即代表大家長的威權，同理，每一宗法家長在其親屬內又爲家族之君主。推展開來，即爲血緣關係和政治關係始終之結合，亦尊尊、親親理義之流露。若此理義，〈文王世子〉所載甚明：

> 公族朝於內朝，內親也；雖有貴者以齒，明父子也。外朝以官，體異姓也；宗廟之中以爵爲位，崇德也。宗人授事以官，尊賢也。登餕受爵以上嗣，尊祖之道也。喪紀以服之輕重爲序，不奪人親也。公與族燕則以齒，而孝弟之道達矣；其族食世降一等，親親之殺也。戰則守於公禰，孝愛之深也；正室守大廟，尊宗室而君臣之道助矣；諸父諸兄守貴室，子弟守下室，而讓道達矣。五廟之孫，祖廟未毀，雖及庶人，冠取妻必告，死必赴（訃），不忘親也；親未絕而列於庶人，見賤無能也，敬弔臨賻賵，睦友之道也。古者庶子之官而邦國有倫，邦國有倫眾鄉方矣。

船山注云：

〔註164〕《禮記章句》卷三十八，頁6。《船山全書》第四冊，頁1436。

「內親」，謂門內以親親爲重也。「父子」，猶言昭穆。「體異姓」者，與異姓合序官爵，不疏遠之。不奪人之親者，謂因其本服而得伸其恩也。孝者，愼奉其先；愛者，不使冒行陣也。有倫，謂人倫得其序。眾，謂國子也。鄉方者，習於盡倫之道，則皆知以孝弟友睦子愛爲法也。……，一皆庶子之官所掌。以見王者立庶子統國子，政令禮儀之間，無非修明父子長幼之倫，即事而垂爲至教，皆所以壹之於正而爲預養儲德之資也。〔註165〕

　　船山謂「王者立庶子統國子，政令禮儀之間，無非修明父子長幼之倫，即事而垂爲至教。」蓋已提出宗法家族倫理之要見。至其文解，乃爲：「公族朝於內制」，謂親人可留侍於宮內；「雖有貴者以齒」，謂表示父子昭穆的恩誼；「外朝以宮」，謂體貼異姓之人，不使其處處落後；「宗廟之中，以爵爲位」，謂尊重其人德行；「宗人授事以宮」，謂尊重其人才能；「登餕受爵以上嗣」，謂重視祖先的系統；「喪紀以服之輕重爲序」，謂使人親其所親；「公與族人燕則以齒」，謂推行孝弟；「公與族人會食則世降一等」，謂區別親愛的差等；「戰則守於公禰」，謂表示孝敬祖先的深切；「正室守太廟」，謂尊重嫡系的子孫，而君臣之道因是顯明。而「諸父守貴室，子孫守下室」，則表示謙讓之風；「五廟之孫，祖廟未毀，能及庶人，冠娶必告，死必赴」，在不忘血統之親，血統之親尚未斷絕，本不應列之庶人，而列之於庶人者，即表示看不起無能之輩。至於「族人互相敬弔賻贈」，即爲睦友之道。由是更知，昔者庶子之官做得好，社會之人與人關係即非常有秩序，社會有秩序，則人人皆能循規蹈矩而向善。

　　因之，就上所言，論及道德功能與政治功能，則喪服制度與宗廟制度皆深具同質的功能，亦知周以下社會的生活方式，皆以宗族、家族爲基礎而發揮群性的效益，而其道之終結，毋寧爲「親親」之義，此即〈大傳〉所云：「自仁率親，等而上之至于祖；自義率祖，順而下之至于禰。是故人道，親親也。」船山注云：「親，亦禰也。大宗之立，尊祖以盡義，而連合一本，仁亦至焉。立人之道曰仁與義，於親親而備矣。」是尊尊、親親者，即人道之大義，亦宗法及政教之所本。無是，則人道乃衰，而家族親屬及政治倫理關係仍當無以立。〔註166〕

〔註165〕《禮記章句》卷八，頁25～26。《船山全書》第四冊，頁527～528。
〔註166〕《禮記章句》卷十六，頁11。《船山全書》第四冊，頁835。

第四節　「祭禮」之推闡

「禮」雖為節文，亦為規範，以其為規範，是禮之始即具法的屬性與意義。故禮之作，一則具統攝社會規定之義，一則與「法」具相應的系聯。由於彼此關係相應，禮與法又互有觀念性及制度性。以觀念性言，禮與法本即自有其規範與限定；然以制度言，禮與法即涵蓋整個社會生活，其層面不僅關係社會層次，亦影響自然的法則，此法則，當即是維持社會健全的規約與秩序；有此規約與秩序，宗法制度才得所依憑，政治倫理亦才合於矩道。故船山云「祭法」旨要時，即不先言「祭」，而先說「法」，其必以為有「法」，則以法所行之「祭」必有所立。

因之，船山云〈祭法〉旨要即云：「法，制也。此篇備記天神、地祇、人鬼大中小之祀典，而推其所自立，皆因其德之所及，報之所稱，而高不可抑，卑不可亢，興不可損，廢不可益，四代三王，天子、諸侯、大夫、士各稱其分義以為秩序，幽明之禮，一循其自然之法則，而非先王之以其意為之也。〔註167〕」船山之言如此，即《左傳》所載亦如此，〈昭公二十五年〉子大叔見趙簡子，簡子問揖讓周旋之禮，子大叔引子產言，謂：「夫禮，天之經也，地之義也，民之行也。天地之經，而民實則之。則天之明，因地之性，生其六氣，用其五行，氣為五味，發為五色，章為五聲，淫則昏亂，民失其性，是故為禮以奉之。為六畜，五牲，三犧以奉五味。為九文，六采，五章以奉五色，為九歌，八風、七音、六律以奉五聲，為君臣上下以則第義，為夫婦內外以經二物，為父子、兄弟、姑姊、甥舅，昏媾，姻亞以象天明，為政事、庸力、行務以從四時，為刑罰威獄使民畏忌，以類其震曜殺戮；為溫慈惠和以效天之生殖長育，民有好惡喜怒哀樂生于六氣，是故審則宜類，以制六志，哀有哭泣，樂有歌舞，喜有施舍，怒有戰鬥。喜生於好，怒生於惡，是故審行信令，行禍賞罰，以制死生。生好物也，死。好物樂也，惡物哀也，哀樂不失，乃能協于天地之性，是以長久。〔註168〕」則船山之注與《左傳》之語，二者

〔註167〕《禮記章句》卷二十三，頁1。《船山全書》第四冊，頁1087。

〔註168〕《十三經注疏‧左傳》頁888。就本段註解言，「則天之明」，謂日月星辰是天的光明。「因地之性」，謂高下剛柔是地之性。「生其六氣」，謂陰陽風與晦明。「用其五行」，謂金木水火土。「氣為五味」，謂酸鹹辣苦甜。「發為五色」，謂青黃紅白黑。「章為五聲」，謂宮商角徵羽。「六畜」，謂馬牛羊雞犬豕。「五牲」，謂麇、鹿、麕、狼、兔。「三犧」，謂祭天地宗廟所用的犧牲。「九文」，謂山、龍、華、蟲、藻、火、粉、米、黼黻。「六采」，謂雜用天地四方的顏

合而言之，知「禮」乃古代哲人心中自然秩序與社會秩序的總合。而以社會秩序言，「禮」又涵蓋道德秩序和法的秩序，此秩序即「四代三王，天子、諸侯、大夫、士」之各稱其分義，而由天神、地祇、人鬼大中小之祀典，推而以立，故雖云爲「祭禮」，實則「法」之制已寓其中，此即自然之則，亦宗法家族系統綿綿延續之道。

至於《禮記》篇章所云之「祭」，蓋爲〈祭法〉、〈祭義〉、〈祭統〉三者，以〈祭法〉言，因其篇章多節錄《國語・魯語》，故所重當如〈魯語〉所述，爲各氏族崇拜有功德於人的神祇，其意則在「崇功報德」；〈祭義〉所云，雖據人精神迷離之狀以釋崇拜鬼神的行爲，然於迷信而外，仍具「反本復始」的價值；而〈祭統〉所云，則同〈祭義〉所述，以祭祀行爲並非迷信，而爲孝心的表現，故所重乃在祭前的「齋戒」及祭日的「儀節」，是以賦予當時的意義。歸結即在順天性的孝思。因之，依此三篇章節，所論即在：（一）〈祭禮〉所涵之崇功報德說。（二）〈祭禮〉所攝之反本復始說。（三）〈祭禮〉所示之典制孝思說。分述於下：

一、祭禮所涵之崇功報德

〈祭法〉開宗明義即言：

有虞氏禘黃帝而郊嚳，祖顓頊而宗堯；夏后氏亦禘黃帝而郊鯀，祖顓頊而宗禹；殷人禘嚳而郊冥，祖契而宗湯；周人禘嚳而郊稷，祖文王而宗武王。
船山注云：

「郊」、「禘」、「祖」、「宗」，皆王者尊祖之大典也。「禘」者，禘其所自出之遠祖有天下者於大廟，而以其祖配焉。蓋古之王者，皆出於上古有天下者之苗裔，德衰命改，降爲諸侯，固未絕其統祀，後世復興，起陟天位，必推本所自出之帝，以昭大統之所從繫，所謂「德厚者其流光」也。「郊」者，祀帝於郊而以祖配之也。古之有天下者，雖德衰命革而統祀不絕，逮其復振，則必有有德有功者，或爲天子，或爲諸侯，而再興焉，後世王者因之以有天下，則尊其再

色，即青同白，赤同黑，玄同黃。「五章以奉五色」，青同赤稱爲文，赤同白稱爲章，白與黑稱爲黼，黑與青稱爲黻。「二物」，夫同婦分治內外，稱爲二物。「以象天明」，謂同天象一般。「六氣」，謂稟於陰陽風雨晦明之氣。「六志」，謂好、惡、喜、怒、哀、樂。以上見李宗侗《春秋左傳今註今譯下》頁1257～1258。

興建國者以配天於郊，昭天統之所自垂也。「祖」者，開國受命，百世不遷之祖，立大廟以祀之者也。「宗」者，有元德顯功、嗣先新命而始有天下，則亦爲百世不祧之宗，與祖並建而立世室以祀之者也。帝堯出於黃帝，其後昌意降於若水，而顓頊再興，嚳又承之，堯定摯亂而立陶唐氏。…殷人遠祖而郊近，周人祖近而郊遠，殷法虞、夏，而周以郊尊而祖親，尊遠親近，義又別焉。至其以再興受命而始有天下者爲不祧之宗，則三代之制也。〔註169〕

　　船山以「郊、禘、祖、宗」爲王者尊祖的大典。謂「郊」者，祀帝於郊，而以祖配之。以「祖」者，開國受命，意在百世不遷，其郊祭在求統祀不絕。而「禘」者，亦祭其遠祖之有天下，是設大廟以配之。「宗」者，亦顯元德赫功，嗣先新命，乃立世室與祖並祀。故無論爲「郊」、爲「禘」、爲「宗」，祭之配享，皆以「祖」爲要。所以如此，皆在以「祖」而言政，作爲領導的號召。相較〈禮運〉所言：「先王患禮之不達於下也，故祭於郊，所以定天位也；祀社於國，所以列地利也；祖廟所以本仁也；山川所以儐鬼神也；五祀所以本事也。」船山注云：「定天位者，天不可以方所求之，就郊而遠之，以尊之也。於國者，社在公宮之右也，列地位者，地生財以養人而各有封守，故因而分祀之。山川爲地之所竅以交於天，鬼神之所自屈伸，故專以鬼神屬之。本，謂仁與事之原。孝爲仁之本，五祀各有所司，分職任事之本也。〔註170〕」則「禮」之欲達於下，而以「祖」爲宗，其意乃在求政之備乎禮。故所云之「郊、禘」，所云之「天地、祖廟、山川、五祀」，終結皆降命於人。故自黃帝以下，至殷、周之際，不論「殷人祖遠而郊近」，或「周人祖近而郊遠」，其以「人」爲本，必不變的原則。是所謂降命於人，即使人以自爲「制度」，乃至「興作」、「仁義」、「祭社」等事，不外藉此興人以政。而此「興人以政」，又在以「祭天」爲其形式，蓋以「定天位」，即能「祀社於國」。至於「郊天之祭，以祖配享」，端在與四方山川之祭、祖廟中之祭，相輔爲用，「見人之祭祀之精神之一至高至大，亦至全至備，而充滿其量之伸展，亦復爲一賢者之生命中，能有完滿之道福之所係。〔註171〕」故而「祭」以天爲主，一在政治的「報功」，一在對祖先的「崇德」，最後即在「完滿的道福」。

〔註169〕《禮記章句》卷二十三，頁1～2。《船山全書》第四冊，頁1087～1088。
〔註170〕《禮記章句》卷九，頁33～34。《船山全書》第四冊，頁567～568。
〔註171〕《唐君毅全集》卷十五，《中國哲學原論・原道篇二》，頁106。

　　至若完滿道福之所係，即在因此福而對天地鬼神有一報本反始精神的展現。此精神的展現，又以長者或相者爲之，如〈禮運〉所云：「故宗祝在廟，三公在朝，三老在學，王前巫而後史，卜、筮、瞽、侑，皆在左右，王中心無爲也，以守其正。」船山亦注云：「巫、史，皆有事於祭者。卜、筮，卜人，筮人，以諏日及尸。瞽，樂工。侑，佐食。中，居其間，心無爲者，肅雍不言而存之於心也。至正者，端莊誠敬之至也。承上文而言人神之治皆先王所以本天治人之事，而精義所存，不能偏喻於愚賤，故躬行於上者特以祭爲禮之尤重，加之意焉祀典既定，上下咸秩，而當祭之日，任宗祝於廟中，與三公之在朝、三老之在學均其隆重，巫史瞽侑交相天子，肅穆端敬以通神明，所謂『廟中者天下之象』也。以此作則於上，庶民感於上之所敬修者，潛移默喻，以習知制度官禮之各有本原而非以強天下，則不待告戒而禮自達焉。是人情之所自治，必本於天地陰陽之精理，亦愈可見矣。〔註172〕」先王本天以治人，此天之所降，即以祭禮爲重，故於祭之中，肅穆端敬，自然通於神明，而以「廟」禮致乎天下之象，是其雖人情之所自治，亦與天地陰陽精理相合，此即「道福」所映現的精義。

　　而此精義，衍續伸展，具體之況，即如〈禮運〉所云：「禮行於郊而百神受職焉，禮行於社而百貨可極焉，禮行於祖廟而孝慈服焉，禮行於五祀而正法則焉。故自郊、社、祖廟、山川、五祀，義之修而禮之藏也。」故船山特注云：「禮行，謂典修敬以行之。百神受職，風雨寒暑不愆其節也。極，至也。百貨極者，物順成也。服，事也，謂人皆以孝慈爲當然而盡其事也。不言禮行於山川者，略文。法則，謂以神有專司，知人有恒守也。藏，函也。祭祀之義修，而制度官禮之良法美意皆函於此也。申結上文，而言其效之著於人神者，以終天道以治人情之意。〔註173〕」祭祀之義修明，制度官禮的良法美意即涵蘊其中，此涵蘊即「禮之藏」，而「神」有專司，「人」能恒守，是謂終天道以治人情，亦所謂「行於郊而百神受職」，「行於社而百貨可極」，「行於祖廟而孝慈服」，「行於五祀而正法則」，斯爲祭祀之崇德。

　　祭祀之崇德，〈禮運〉有所舉，〈王制〉亦有所說，其謂：

　　　　天子祭天地，諸侯祭社稷，大夫祭五祀、祭天下名山大川，五嶽視

　　　　三公，四瀆視諸侯，諸侯祭名山大川之在其地者。

〔註172〕《禮記章句》卷九，頁33～34。《船山全書》第四冊，頁567～568。
〔註173〕《禮記章句》卷九，頁34～35。《船山全書》第四冊，頁568～569。

船山注云：

> 祭天，郊也。祭地，社也。變社言地者，因天而類言之者。尊者統下，卑者不得踰上，天子兼祭社稷、五祀，諸侯兼祭五祀，舉其重者以殊之也。五祀：戶、竈、中霤、門、行。〈祭法〉「大夫祭三祀」，又有七祀、五祀，與此篇及〈月令〉異，似當以此為正。天地，天下之祀也。社稷，一國之祀也。五祀，一家之祀也。為之主者斯祀之。名山，嶽也。大川，瀆也。五嶽，四嶽及登封之嵩山也。四瀆，江、淮、河、濟。「瀆」之為言獨也。謂不因餘水達於海也。……。是者，牢鼎灌獻猶饗公侯之禮。是諸侯者，視執信圭之侯也。「在」，謂發源及經過之地封內也。〔註174〕

此中「郊天之祭」，唯天子為當之。亦唯天子乃可代表萬民。而諸侯主祭社稷、山川，則以諸侯為代表一方之人。大夫主祭五祀，則以大夫代表一地之人。士主祭其先，則代表一家之人。若為主祭者，苟非祭之身份，勉強以行，則為非禮，是主祭者，當有其身份與安排。無論如何，主祭者與其他助祭之人，皆自有一份虔誠，即凡天地社稷祖廟之神，皆有以當祭，此祭卻非迷信之祭，或節令形式的表露，乃是以虔誠之念上與天地社稷祖廟之神互通，由此互通，感受神威的靈明，而感受神的福澤，至於對有功於民之繼，更純為報其功烈，非只為祈福降神，亦在因祭而正德厚生，得其道。此《郊特牲》亦載「郊」、「社」之禮，謂「郊禮」者，「郊之祭也，大報本反始也。」即「迎日配祖〔註175〕」之謂。又謂「社禮」者，「社所以神地之道也。地載萬物，天垂象，取財於地，取法於天，是以尊天而親地也，故教民美報焉。家主中霤，而國主社，示本也。」船山注云：「道以啟化，化斯神，故道者所以神也。萬物皆載而財用備，民資以養也。法者，物之則也。日月以照臨之，寒暑以節宣之，民所取則，以知時而辨方也。法以正德，父道也。財以厚生，母道也，父道尊而母道親。尊天，故唯天子後敢祭天；親地，故天子達於庶人皆得祭地。尊者統於一，親者眾所親也。教民，謂自為社而令民立之也。美，厚也。中霤，亦土神也。本，謂載於土而取財，生之本也。〔註176〕」則自黃帝以下至殷周文王等，其天子祭天尊天，之外，亦祭社統民，其義一則「報功崇德」，

〔註174〕《禮記章句》卷五，頁29～30。《船山全書》第四冊，頁327～328。
〔註175〕《禮記章句》卷十一，頁22。《船山全書》第四冊，頁642。
〔註176〕《禮記章句》卷十一，頁15～16。《船山全書》第四冊，頁635～636。

一則「正德、利用、厚生」。而若「載土取財」，社立民富，則祭之義反本復始外，又在使民得生之本。

二、祭禮所攝之反本復始

祭之本義，當與天地社稷祖廟之神遙契，雖爲人對鬼神精神意念的寄託，但在鬼神崇拜之外，「祭」仍具倫理道德的價值。如前所述，其義在「反本復始」，亦在使民得「生之本」。其「本」者，乃再對祖先神的崇拜與敬意，有此崇拜與敬意，祖先之德乃能存之於子孫，代代相傳而蔚爲族風。是承祖而上，順祖而下，於倫類之中，自然循環，即凝成「孝思不匱，永錫爾類」的敦美風尙。故《禮記・祭義》載：

> 天下之禮，致反始也，致鬼神也，致和用也，至義也，致讓也。至反始，以厚其本也；致鬼神，以尊上也；致物用，以立民紀也；致義，則上下不悖逆矣；致讓，以去爭也。合此五者以治天下之禮也，雖有奇邪而不治者則微矣。

船山注云：

> 「天下之禮」，言禮之行於天下也。「致」者，推而行之也。人心固有之德藏於中，而推行之斯爲禮也。「反始」，謂萬物生於天，人生於祖，反而報之也。「鬼神」者，因於人物以屈信往來，莫之見聞，而心自信其必有，因承事之也。和用，謂物得和以生而成乎用，如穀無蓄害，牲無疾癘，則仁人孝子不忘其所自而用以薦其馨香也。「義」者，分之所得爲不敢廢，所不得不敢黷也。讓者，歸德於尊親而推福於逮下也。五者五禮之大綱，而唯祭爲備之。「厚」，篤愛而不忘也。「尊上」者，形器爲下，精理爲上，通乎幽明之一致，而人知精理之爲貴，不滯乎形器以徇利欲也。物用，物以和成用也。「民」，人也。「紀」，倫紀也，致物而用之以爲禮，則人不擅物自私，而親愛之道行，人倫之紀立以矣。「上下不悖逆」，下不悖上也。「去」，遠也。「奇」，不偶也，謂乖礫，戾也。邪，不正也，合五者以敦躬行，而推以制爲典禮，使民行社，則奇邪革心而民大定矣。「微」，鮮也。〔註177〕

船山謂「人心固有之德藏於中，而推行之斯爲禮也。」則固有之德，在

〔註177〕《禮記章句》卷二十四，頁16～17。《船山全書》第四册，頁1117～1118。

乎推行，而推行之道，莫在於循禮且合於規矩。又謂「致物而用之以爲禮，則人不擅物自私，而親愛之道行，人倫之紀立矣。」人倫之紀所以立，在致物之用合宜而貼適，之外，人亦不擅物自私，使心之所發，純爲親愛精誠，則形器爲下，精理爲上，即能曲盡鬼神而通於幽明。且而船山又云：「五者五禮之大綱，而唯祭爲備之。」此五者以今語言之，當爲：一使人不忘本，二可通於鬼神，三可開發資源，四可建立倫理，五可發揚謙讓。而祭禮，可使人不忘本，通鬼神，構倫理，且由天子至於庶人皆行虔敬之祭，上下守法，生活水平即因之提高，社會秩序亦因之不亂，謙道即在其中，是以謂之完備之禮。然此「完備之禮」如何可行，〈祭義〉又云：「聖人以是爲未足也，築爲宮室，設爲宗祧，以別親疏遠邇，教民反古復始，不忘其所由生也。眾之服自此，故聽且速也。」船山即注云：「制極命名，祭祀雖設，而禮不行於其間，則不以事人者事鬼神，理本一而二之矣。宮室，廟也。宗，百世不遷之宗。祧，遷廟之主也。古、始，物所緜生之始也。鬼神返於虛漠，不待宮室而安，同歸其故，則亦無親疏遠邇之殊，而孝子慈孫居有室、行有禮，則推幽明之一致而曲爲備之，以反復致其「事死如事生」之心，蓋推本立教，體天道以治人，故民莫不順於愛敬而化之速也。」由章句文解，知聖人不認爲原史巫術爲完善行爲，所以建築宮室作爲宗廟祧廟，用以區別恩情關係的親疏遠近，並教導人們追溯遠古祖先，紀念氏族的始祖，意在使人不忘記自身的來源。因之，人民服其教導，而且很快信從。由此亦知，聖人「築爲宮室，設爲宗祧」，已非神道設教，卻是在原始迷信行爲中灌入倫理教化的意義。

聖人雖於原始迷信中灌入倫理教化意義，但非完全否定神道設教，畢竟「鬼神」之意在先民中早已存在，其對原始部落深具啓領作用，故與其說破除鬼神，毋寧教人民以恭敬的心肅穆對鬼神，而由對鬼神的肅穆的心轉而爲對祖先精神的崇敬，此才是反本復始之意，亦才是倫理傳承的依繫。故〈祭義〉云：

> 二端既立，報以二禮。建設朝事，燔燎羶薌，見以蕭光，以報氣也，此教眾反始也。薦黍稷，羞肝肺首心，見間以俠甒，加以鬱鬯，以報魄也，教民相愛。上下用情，禮之至也。

船山注云：

> 二端，謂氣魄之分，鬼神之殊，各有端委也。立，立其義也。二禮，即下『報氣、報魄』之禮。所謂『求諸陽，求諸陰』也。朝事，謂

事尸於堂，事在日之朝也。羶，膟膋（音ㄌㄩˋ　ㄌㄧㄠˊ，腸內脂肪）之臭。薌，黍稷之臭。「見」與「間」通，咱也。蕭光，炳（音ㄖㄨㄛˋ，燒也。）之也。「報」，答也。期集於虛，而臭入虛而與之合，故以報氣之散而爲神者。「反始」，謂陽爲物始也。天子諸侯祭也稻粱等，但言黍稷，通上下言之也。「肝、肺、心」，三代所祭異。「首」，升首告全。「瓺」，《周禮》所謂「大尊以盛醴」者，此通薦事及饋熟於室言之，獻味也。魄凝於實，味合於體之實而後喻其甘苦，故以報魄之散而爲鬼者。方書有「氣補陽、味補陰」之說，其義亦通於此。「教民相愛」者，愛柔主陰，致味相養，亦礙之事也。上報氣者降之於天，下報魄者升之於地也。陰陽兩求，魂魄兼報，各以類求而備用其情，體察乎天地而至矣。〔註178〕

船山云「二端，謂氣魄之分」，而行「報氣、報魄」之禮。所謂「報氣」，指以氣味報上天之「神」；所謂「報魄」，指以酒祭等以報祖先之「鬼」。然則「氣、魄」伸發爲「鬼、神」，其義爲何？仍須先述。〈祭義〉引宰我問孔子云：「氣也者，神之聖也；魄也者，鬼之盛也。合鬼與神，教之至也。」船山注云：「氣者，生氣，魂所乘以營於身而出加乎物者也。魄者，耳之聰、目之明、身之受、觸內景而領物以爲覺者也。盛者，聚而成用，則昌著盛大而成乎人理者也。氣魄者，生人之大用，麗體以凝。夫子以鬼神之德可以心喻而不能名言其實，故就生人之氣魄而言之。聚而盛則爲人，當其未聚與其已散、發希微流動於天地之間，則謂之鬼神，故即人而可意知鬼神矣。然此自陰陽之既分者而言，若陰陽之所自分，則實一氣之屈伸而非有兩體，伸而未有定體以向於長者爲氣，屈而已有定體以向於消者爲魄，是氣長而凝爲魄，魄消而歸於氣，氣魄之殊，一屈伸往來而已。合鬼與神者，謂合鬼神於人也。人之所以生即鬼神之盛，則體驗於身而鬼神在我矣。故乘明而鬼神之理著，仁孝而鬼神之幾通，緣此以立教，則窮本知化，而教之密藏於是而極矣。〔註179〕」船山以爲夫子釋「鬼神」，乃以鬼神之德可心喻而不能言其實，而人與鬼神之別，在人有氣魄，麗體以凝且聚而盛即爲人；反之，其氣未聚或已散且希微流動於天地之間，即目之爲鬼神。是人者，爲具實體；鬼神者，爲飄忽散逸之虛體。人之作爲，人皆可見之；鬼神之作爲，則人皆不可知，因不可知，

〔註178〕《禮記章句》卷二十四，頁20～21。《船山全書》第四冊，頁1121～1122。
〔註179〕《禮記章句》卷二十四，頁18。《船山全書》第四冊，頁1119。

所以用祭禮遙契之。如人行善端，鬼神於縹緲中，即有所祝福，而凡事皆順；如人行惡，則鬼神所祝，即不爲福而爲禍，是鬼神之靈亦常在人之左右。

　　然則何謂「鬼」？又何謂「神」？〈祭義〉云：「眾生必死，死必歸土，此之謂鬼。骨肉斃於下，陰爲野土。」此之謂「鬼」。

船山注云：

> 此言魄降於地而爲鬼也。魂魄者，陰陽之精也，而魂氣，魂依形。其盛也則合而爲生，其衰也則離而各歸其故，而鬼神分矣。人之生也，魄極於用，用竭則散，散而返，故凡有生者必死，死則其魄以土爲歸，而爲土之精英，所謂「本乎地者親下，此之謂鬼」也。若夫骨肉者，質極於陰，爲水土之糟粕而非其精者，則腐壞釀變爲野土而已，不足以爲鬼也。「陰」者，堊也。〔註180〕

　　魂依氣，魄衣形。魂魄在，形體生，此即爲人；魂魄衰，形體滅，此即爲鬼。是如腐壞之體，釀變爲野土，若無魂魄，亦不足以爲鬼，則爲飄忽之氣。是鬼雖衰，其靈仍在。而所謂「神」者，亦如〈祭義〉所云：

> 其氣發揚于上爲昭明，焄蒿悽愴，此百物之精也，神之著也。」

船山注云：

> 此言魂升於天而爲神也。「其氣」，即神之盛者也。盛極而衰，衰而散，及其死則離魄而返其故，發揚於上，所謂「本乎天者親上」也。「昭明」，始離乎形軀而返乎空曠，又本爲陽之盛者，得天而宣，故流動於兩間而光景昭著也。「焄蒿」，輪屯不舍之貌。九聚而盛，雖散而不相舍，故其象如此。「悽愴」，肅然悲感貌。陰陽之氣合則和，散則悲，是以涼肅蕭瑟，翔於空際。此三者以狀神之質性，而誠敬以事神，必將感之而見其然也。百物，猶上言眾生。「精」，謂氣之純妙者。「著」者，存而不昧之意。〔註181〕

　　然則「神」者，亦氣之揚於上，爲生物的精靈，此精靈爲豐盛之氣，百物尊之，是爲至高無上之神。以其爲神，自有攝伏生人的威勢，亦有降福消災的力量，百姓因之作爲對象而爲人格之崇拜。由是，不論神之盛，或鬼之衰，在人者，即有所敬，然其敬如無禮以括之，敬仍不得誠，鬼神亦無由所感，是以依《周禮》所言「大尊以盛禮」，盛禮在於「祭」，因祭而契乎鬼神，

〔註180〕《禮記章句》卷二十四，頁18～19。《船山全書》第四冊，頁1119～1120。
〔註181〕《禮記章句》卷二十四，頁19。《船山全書》第四冊，頁1120。

亦因祭之禮儀使其心伸向所祭祀的天地社稷鬼神，乃至幽明的祖先，而報本返始，順得全福。

三、祭禮所示之典制孝思

一如前述，〈祭義〉所發明的祭祀行爲及鬼神之念，並非單純的迷信，其「報本返始」之義最爲深刻。在〈祭統〉而言，其言鬼神崇拜，亦爲孝心的映現。孝心是博大深厚持久不變的愛情，人能飲水思源，不至忘恩負義，皆孝心之所發。此孝心不僅愛及生者，亦及於死者乃至天地有形無形之自然，於是「鬼神」之義設，孝者之思才能無限感應。然此感應，僅止於心靈的發抒，似又無法充份流露孝思的追遠，因之，孝心之外，欲孝思的綿長互久，儒家者流，特爲重視祭祀，故雖云「齋戒」、「祭日」之儀節，其實即孝心始終之呈現。今分二者言之，一爲孝心之呈現，一爲典制的安置。

（1）孝心之呈現

〈祭統〉云：

> 夫祭者，非物自外至者也，自中出生於心也；心怵而奉之以禮，是故唯賢者能盡祭之義。賢者之祭也必受其福，非世所謂福也。福者，備也。備者，百順之名也。無順者之謂備，言內盡於己而外順於道也。忠臣以事其君，孝子以事其親，其本一也。上則順於鬼神，外則順於君長，內則以孝於親，如此之謂備。唯賢者能備，能備然後能祭。是故賢者之祭也，致其誠信與忠敬，奉之以物，道之以禮，安之以樂，參之以時，明薦之而已矣，不求其爲，此孝子之心也。

船山注云：

> 物，事也。至，猶生也。怵，感而動也。奉，持行也。賢者果有不忘親之實，乃能以心行禮，而非徒虛設其儀也。備，各得也。「內盡於己」則心安，「外順於道」則理得，心安理得，賢者之所求於天人而欲備者也。故謂之「福」，世所謂福，徼倖而已矣。「本一」者，愛敬同原於至性也。賢者盡忠孝之實於心而備得其理，故無所不順，順以備，則祭而獲福矣。「致」者，固有而推行之也。道，行也。安，和也。參，酌也。時，疏數之節也。明，潔也。「爲」，謂福祐爲己之報。「不求其爲」，無所祈也。賢不肖之辨，義利而已。以利事其親，而人理絕矣，唯行其不容己之心，則儀文自中其節，而明之禮

樂，幽之鬼神，其致一也。〔註182〕

　　船山云：「賢者果有不忘親之實，乃能以心行禮，而非徒虛設其儀也。」儀爲外，心爲內，心果忘親，即有禮儀亦屬枉然。因之，所謂之「祭」，並非外在事物驅使而促人做去，卻是出自人之內心；內心有所感，表現於行爲即是「祭禮」。因之，賢明智慧者，是能知解祭禮的要義。再者，賢明智慧者，因其思慮精誠，故而受「福」。然此「福」，非世俗所稱的「福」，而是百順的「福」，亦是無所不順的「備」。其意即爲：內則竭盡孝子的心，外則順從天理人情。推而衍之，則忠臣順此情理爲國君服務，孝子順此情理來孝敬父母，忠與孝，皆由「順」字出發。對於形上之思，則順從鬼神；對於社稷之念，則順從君長；對於家庭，則孝敬父母。其無所不順，是以謂之「備」。而賢明智慧者，唯能盡其完備。能完備，才能盡受「福」之祭。是以賢明智慧者，必極其誠信與忠敬，奉以禮物，行以典禮，安以聲樂，稽以時令，以最純潔的心進行祭典之禮，而此心者，爲別無所求，以其別無所求，纔能實現祭禮中眞正孝子之情。至於孝子比祭與表達孝行，即：

> 祭者，所以追養繼孝也。孝者，畜也。順於道，不逆於倫，是之謂畜。是故孝子之事親也，有三道焉：生則養，沒則喪，喪畢則祭。養則觀其順也，喪則觀其哀也，祭則觀其敬而時也。盡此三道者，孝子之行也。

船山注云：

> 「畜」者，馴養伏順之意。心所安行之謂「道」。倫，理也。馴其心以極於柔謹，心理交得而存沒皆盡矣。順，順親志也。時，以時修而不怠也。心順則行順，存沒異而愛敬不忘一也。〔註183〕

　　船山云「畜」者，謂「馴伏順養」；孔穎達云畜爲「畜養」，並引《援神契》謂「庶人之孝曰畜〔註184〕」。然據上下訓義，船山、孔疏之說似未貼切，郭嵩燾據《說文》謂「畜」爲「蓄積」。蓋敬養時久，蓄積於心，故能順於道而不逆於倫。〔註185〕理較合宜。再依其文解，知祭的行爲，是以補足生前未盡的供養而延長奉事父母的時間。所以「孝」即是「畜」，是蓄積敬養父母的習慣。是以順從人理而不悖人倫即爲「畜」。是以孝子奉事父母，有三原則：

〔註182〕《禮記章句》卷二十五，頁1～2。《船山全書》第四冊，頁1145～1146。
〔註183〕《禮記章句》卷二十五，頁3。《船山全書》第四冊，頁1147。
〔註184〕《十三經注疏·禮記》第四十九，頁830。
〔註185〕參見王夢鷗《禮記今註今譯下》頁630。

父母活著時，要知所供養；去世時，要知所服喪；喪期完畢，要知所祭祀。供養時，要看其人是否出自內心順從；服喪時，要看其人內心是否哀傷；祭祀時，要看其人是否出自內心誠敬及是否按時祭祀。此三原則，皆孝子的行為。如是，孝子之心，發而為思，表而為行，即謂之至誠之孝。

（2）典制的安置

船山云〈祭統〉之義，謂「此篇所論皆天子諸侯之祭禮，謂之『祭統』者，言舉尊以統卑也〔註186〕。」「以尊統卑」，謂天子、諸侯須順典制以行。此謂：

> 夫祭也者，必夫婦親之，所以備外內之官也。官備則具備：水草之菹，陸產之醢，小物備矣；生牲之俎，八簋之實，美物備矣；昆蟲之異，草木之實，陰陽之物備矣。凡天之所生，地之所長，苟可薦者，莫不咸在，示盡物也。外則盡物，內則盡志，此祭之心也。

船山注云：

> 「外內之官」，助祭者也。君統外，夫人統內而官備矣。具，祭品也，用牧采取，外有司掌之，釀造饌陳，內命婦掌之。水草，芹茆之屬，麋鹿之屬。三牲，大牢。八簋，黍稷稻粱各二。此言天子之制以統下也。昆蟲，蜩蚳之屬。草木之實，榛桌之屬。「陰陽之物」者，昆蟲草木，天地所產，非牧畜樹藝之得也。「心」，言誠敬之積也。〔註187〕

天子以制統下，則「祭祀」須夫婦共行，如此，內外職分亦須齊全，職分齊全，供祭的物品才齊全。此如水產醃菜、陸產醬蔡之類小物須齊全；牛羊豕三碗葷的，八碟素的，之類美物仍須齊全。再者，可食的昆蟲，時鮮的水果，亦須具備，以上皆俱，陰陽之物即齊全。如此，天所生地所長，凡可奉獻之物，皆陳設出來，即意謂物質之充足。外則物質充足，內心又竭盡誠敬，此才是祭祀誠摯的用心。

> 是故天子親耕於南郊，以共齊盛；王后蠶於北郊，以共純服。諸侯耕於東郊，亦以供齊盛；夫人蠶於北郊，以共冕服。天子諸侯非莫耕也，王后夫人非莫蠶也，身致其誠信，誠信之謂盡，盡之謂敬，敬盡然後可以事神明，此祭之道也。

〔註186〕《禮記章句》卷二十五，頁1。《船山全書》第四冊，頁1145。
〔註187〕《禮記章句》卷二十五，頁4。《船山全書》第四冊，頁1148。

船山注云：

> 「耕」，耕藉也。天子南郊，諸侯東郊，尊卑之差也。蠶皆於北郊，婦禮簡也。「純」，玄也。天子祭服之上，大裘而冕，其衣玄也。「冕」，諸侯祭服。「蠶」，繅也。「非莫」者，言非無人爲之耕蠶也。有其心而必以身踐之之謂「誠」，身親之而後不疑其不蠋之爲「信」。「盡」，謂身心交致也。竭力事親，人子當然之道也。〔註188〕

「天子南郊，諸侯東郊」，爲尊卑之差。而天子親耕於南郊，是爲供應祭祀用的飯食；王后親蠶於北郊，是爲供應祭祀用的禮服。雖爲形式，卻具標竿的作用。若夫諸侯則親耕於東郊以供飯食，夫人亦親蠶於北郊以供祭服。天子、諸侯並非無人爲其耕田，王后、夫人亦非無人爲其養蠶，但所作所爲，皆竭盡誠心。有此誠心即謂之「盡」，盡才是「敬」，有此「敬盡」，然後才可奉事神明。此即「祭」之原則。又者：

> 夫祭有三重焉：獻之屬，莫重於裸，聲莫重於升歌，舞莫重於〈武宿夜〉。此周道也。凡三道者，所以假於外而以增君子之志也，故與志進退，志輕則亦輕，志重則亦重。輕其志而求外之重也，雖聖人弗能得也。是故君子之祭也，必身自盡也，所以明重也。道之以禮，以奉三重而薦諸皇尸，此聖人之道也。

船山注云：

> 天子之祭，獻有九，裸居二焉。「聲」，兼笙奏金奏而言。「升歌」，堂上之歌，朱弦疏越而歌〈清廟〉也。〈武宿夜〉，六成之始成，即總干山立，〈樂記〉所謂「備戒之已久」也。「宿夜」者，預戒之謂，故以名其曲。三者爲禮樂之始事，敬其始所以接神於無朕也。重三道以增愛敬之志，因外以警內也。志重於內而後禮重於外，緣內以生外也。內外交盡，質文相因，斯以爲聖人之道也。〔註189〕

「裸」禮、「清廟」之歌、「武宿夜」之武，即奉獻三節目，以此節目加強君子舉祭的心志，即船山所謂「三者爲禮樂之始事，敬其始所以接神於無朕也」之謂。此三節目者，如上之言，皆借外在舉動加強君子舉祭的心志，是以節目演示同心志一起升降，若心志輕忽，舉動即易輕忽；心志莊重，舉動亦易莊重。且如心志輕忽而欲求外飾之莊重，即聖人亦無法達成。是君子

〔註188〕《禮記章句》卷二十五，頁5。《船山全書》第四冊，頁1149。
〔註189〕《禮記章句》卷二十五，頁9。《船山全書》第四冊，頁1152。

之祭，皆在竭盡誠信，誠信在乎莊重，以莊重之心志導入儀式，並奉行三大節目，以娛樂祖考，代表者即聖人行祭的道理，亦「內外交盡，質文相因」之美善表現。再者：

> 夫祭有餕，餕者祭之末也，不可不知也。是故古之人有言曰：「善終者如始，餕其是已。」是故古之君子：「尸亦餕鬼神之餘也。」惠術也，可以觀政矣。是故尸謖，君與卿四人餕；君起，大夫六人餕；臣餕君之餘也。大夫起，士八人餕，賤餕貴之餘也。士起，各執其具以出，陳於堂下，百官進，徹之，下餕上之餘也。凡餕之道，每變以眾，所以別貴賤之等而興施惠之象也。是故以四簋黍，見其脩於廟中也。廟中者，竟內之象也。祭者，澤之大者也。是故上有大澤則惠必及下，顧上先下後耳，非上積重而下有凍餒之民也。是故上有大澤，則民夫人待于下流，知惠之必將至也。由餕見之矣。故曰：「可以觀政矣。」

船山注云：

> 「知」，謂達其義也。知「善終如始」之義則必敬於祭矣。「餕」者，主人拜之，用盛禮，所謂「善終如始」也。「尸亦餕鬼神之餘」者，天子諸侯先薦毛血燔燎，大夫士先陰厭，而後迎尸也。「惠術」也，澤必下逮而施之有其等，推之而政理具矣。「謖」，亦起也，變文言「謖」者，言其起謖謖然，眾皆肅動也。「君與卿四人」者，君及三卿也。君於尸亦有臣道，故與大夫餕君同言「君餘」。「士」，上士，執事之尊者；「八人」，其長也。「貴賤」，以爵言。「百官」，庶有司也，不與堂上之事，故餕於堂下。「徹之」者，言百官餕已乃徹也。「上下」，以職事言。「變」，猶降也。「興」，發令也。施惠之道，愈降愈廣，而貴賤有差，則恩澤遍及而分定不爭。「黍」，兼稷、粱而言。諸侯六簋，言「四簋」者，留二以待陽厭也。「脩」，具也，四簋所容，可以遍餕，皆預具於廟中，不假外益，若君脩政於廟堂而境內取治矣。「澤」，福也。「夫人」，盡人也。「待」，其發政施仁也。下待上惠，民之欲也。豫民之欲而給之不勞，政理盡矣。〔註190〕

船山謂「謖，亦起也。」又謂「謖謖者，眾皆肅動也」，說爲確然。然若云「起身」意，則上下句義更順通。而「餕」者，當指「吃剩的食物」言。

〔註190〕《禮記章句》卷二十五，頁 10～11。《船山全書》第四冊，頁 1154～1155。

故祭祀言「餕」者，為最後之節目，亦指吃剩餘實物，祭禮才完成。如古人所說，好的結束同於好的開始一般，正說明「餕」的意義。又如從前有知識的人所說：「祭祀之尸，即是吃鬼神所剩的祭品。」即是一「施惠」之道，由此亦見政治的意義。故就文解言：祭祀有「餕」之節目，亦為祭祀最後的節目，其意義不可不知。古人曾說：「好的結束，要如同好的開始」。正說明「餕」的意義。又如前人所說：「祭祀之尸，亦是吃鬼神剩下的祭品。」此是施惠之道，亦見政治之義。因之，祭畢之後，尸即起身，國君及卿四人即吃尸所剩的祭品。國君起身之後，大夫六人亦來「餕」，即吃國君之剩餘。大夫起身之後，士八人來「餕」，是地位低者吃貴者所剩的祭品。士起身之後，各自端著剩下的祭品，將之陳列於堂下，群執事亦皆來「餕」，然後徹去，此是下位者餕上位者所剩的祭品。通觀如此法則，即每換一次祭禮，共餕的人即越多，區別之義，在貴人少而賤者多，始知施惠對象越來越擴大。是而僅以四盤食物即代表普遍之惠施於廟中，而廟者，又代表一國之內的景象。推而言之，「祭」是報答鬼神的大恩澤，故而上之者得大恩澤，須以之普施於下，差別僅在上之者先得，下之者後得而已；當非上之者全然享有，而下之者挨餓受凍。以是上之者既得享有，下之者亦必得其享有，此利益福份均霑，不僅上之者有之，下之者亦有之，是為政治向善之意義。由是亦知，「祭」之道，上下之人皆享有，亦皆因祭得福份，此即謂「惠術」，亦船山所言「澤必下逮而施之有其等，推之而政理具矣」之謂。至若祭之制典，則為依「祭之十倫」為說：

> 夫祭有十倫焉：見事鬼神之道焉，見事君之義焉，見父子之倫焉，見貴賤之等焉，見親疏之殺焉，見爵賞之施焉，見夫婦之別焉，見政事之均淹，見長幼之序焉，見上下之際焉。此之謂十倫。

船山注云：

> 「政事」，發政施惠之事。「際」，交也。上下之交，無所不通而無雍絕也。祭以報本崇孝而為大順之德，故於天下之理無所不順，是以先王之制祭禮，推其義以事其親，而十倫備矣。〔註191〕

「祭」在報本崇孝，推盡其義，則在事親，親不事，報本崇孝之義即為虛飾，先王推其理於天下，其根本即在乎「孝」。而若此十倫則為：

> 鋪筵設同几，為依神也；詔祝於室，而出於祊（音ㄅㄥ，門內設祭處。）此交神明之道也。君迎牲而不迎尸，別嫌也。尸在廟門外則

〔註191〕《禮記章句》卷二十五，頁13。《船山全書》第四冊，頁1157。

疑於臣，在廟中則全於臣。君在廟門外則疑於君，入廟門則全於臣、全於子。是故不出者，明君臣之義也，夫祭之道，孫爲王父尸，所使爲尸者，於祭者子行也，父北面而事之，所以明子事父之道也。此父子之倫也。尸飲五，君洗玉獻卿；尸飲七，以瑤爵獻大夫；尸飲九，以散爵獻士及群有司，皆以齒明尊卑之等。夫祭有昭穆。昭穆者，所以別父子遠近長幼親疏之序而無亂也。是故有事於大，則群昭群穆咸在而不失其倫，此之謂親疏之殺也。

船山注云：

「同几」，與配食之妃共設一几。「依神」，令神相依也。「詔祝」，祝告祀事於尸也。「於室」者，饋熟時。「出于祊」者，繹祭事尸於門外也。夫婦異體而几同，從其魂氣之同歸而不爲之殊，乃一人之神而兩求之於室與祊，則又以神之無方而無所滯。同異異同之間，鬼神之本異於人者，幽明固然之理，故如其道以事之。「疑」者，未定之辭。稱「君臣」者，天子諸侯之祖考皆其君也。尊統於一，故不言父。其言「全於子」者，通大夫、士亦不出迎尸也。「北面」者，天子諸侯朝事，事尸於堂，席戶外南面，而祭者北面也。人子親無所不屈，於子行而猶北面以事之，尊親之至也。「瑤」，次玉石。「玉爵」、「瑤爵」，皆容一升。「散爵」，雕木爲之，容五升。「以」者，卑不爲洗也。「皆以齒」，各以其列以齒爲先後也。此謂「九獻之禮」也。「飲五」者，二祼尸不飲，不在數內，祼後奠踐二飲，饋食二飲，食畢酳一飲，酳已，乃「獻卿」也，言當「尸飲五」之後也。「飲七」者，獻卿已，夫人酳尸，賓長獻，又飲二而後「獻大夫」也。「飲九」者，飲七而祼二，九獻之禮備矣。賓長兄弟更致加爵於尸，又飲二而後「獻士」也。「群有司」者，執事堂下之庶士也。舊說以爲此上公之禮。侯、伯七獻，尸飲三而獻卿；子、男五獻，尸飲一而獻卿；大夫、士無祼，三獻而獻賓長。「昭」，明也，位南鄉。「穆」，邃也，位北鄉。「群昭群穆」，子孫之助祭者，父北子南，不失其列，而於所列之中，孫從祖下，則所自出者不亂而親疏別矣。〔註192〕

此爲祭禮「十倫」所載「鬼神之道」、「君臣之義」、「父子之倫」、「貴賤之等」、「親疏之殺」諸倫類。而謂「同几」者，船山謂「與配食之妃共設一

〔註192〕《禮記章句》卷二十五，頁14～16。《船山全書》第四冊，頁1158～1160。

几」，依現今之語，即祭祀鬼神有其配偶，配偶同一几案，謂之「同几」。是祭祀之時，須安排筵席且設置一几案，用意當供鬼神所倚靠。祝先於室內禱告神明，復至室外禱告，隨鬼神幽靈來去而告語，此即交接神明的道理。若國君者，須步出廟門迎接祭牲，但不能出而迎尸，其意在避嫌。畢竟尸在廟門外，仍爲君之臣子，須得至廟內才奉爲廟內的尊神；易言之，君在廟門外，依然是君，直至廟內即易爲尊神之臣。是以君不出門迎尸，當要顯出君臣之身份。言及祭法，孫輩可充任祖輩之尸。是以充任尸者，即爲主祭者的子輩。而行祭時，父輩之人須朝北面禮拜子輩者，使子輩之人知如何敬事父輩，此即父子關係之依繫。次則談及「九獻」之禮，即五獻之後，尸飲畢，君須洗玉爵獻卿；七獻之後，尸飲畢，則須用瑤爵獻大夫；九獻之後，尸飲畢，則須用散爵獻士及獻眾多執事者，其法爲按年齡大小順次行之，顯現爲尊爲卑的等級。而如依禮制所行，則「九獻」者，蓋爲宗廟四時典祭之禮。計算方式，即：王與后用鬱鬯行祼禮各一獻；王與后用血、腥行朝踐禮各一獻；王與后獻熟食豆籩行饋獻禮各一獻；王與后以酒酳尸各一獻；加諸臣酳尸各一獻，凡九獻。九獻之說，禮家各異，梁崔靈恩所述最爲詳盡，茲備錄於下：

> 《禮記・禮運》孔穎達疏引崔靈恩說云：祭日之旦，王服袞冕而入。尸亦袞冕，祝在後侑之，無不出迎尸。故〈祭統〉云：「君不迎尸，所以別嫌也。」尸入室，乃作樂降神。故〈大司樂〉云：「凡樂，圜鐘爲宮，九變爲人鬼是也，乃灌。」故書云：「王入大室祼，當灌之時，眾尸皆同在太廟中，依次而灌，所灌鬱鬯。」〈小宰〉注云：「尸祭之，啐之，奠之」，是爲一獻也。王乃出迎牲，后從灌，二獻也。迎牲而入，至於庭，故〈禮器〉云：「納牲詔於庭。」王親執鸞刀，啟其毛，而祝以血毛告於室，故〈禮器〉云：「血毛詔於室」。……於是行朝踐之事。尸出於室，大祖尸坐於戶西，南面，其主在右。昭在東，穆在西，相對坐，主各在其右，故鄭注〈祭統〉云：「天子諸侯之祭，朝事延尸於戶外，是以有北面事尸之禮。」祝乃取牲膟膋（腸內油脂），燎于爐炭，入以詔神於室，又出以墮于主前，〈郊特牲〉云：「詔祝於室，坐尸於堂」是也。王乃洗肝於鬱鬯而墦之，以制於前，所謂制祭。次乃升牲首於室中，置於北牖下。后薦朝事之豆籩，乃薦腥於尸主之前，謂之「朝踐」，即此〈禮運〉「薦其血毛，腥其俎」是也。王乃以玉爵酌著尊泛齊以獻尸，三獻也。后又

以玉爵酌著尊醴齊以亞獻，四獻也。乃退而合亨，至薦孰之時陳於堂，故〈禮器〉云：「設饌於堂」，乃後延主入室，大祖東面，昭在南面，穆在北面。徙堂上之饌於室內坐前，祝以斝爵酌，奠於饌南，故〈郊特牲〉云：「舉斝角拜妥尸」是也。后薦饌「饋」獻之豆籩，王乃以玉爵酌壺尊盎齊以獻尸，爲五獻也。后又以玉爵酌壺尊醴齊以獻尸，是六獻也。於是尸食，十五飯訖，王以玉爵因朝踐之尊泛齊以酳尸，爲七獻也。故鄭云：「變朝踐云朝獻，尊相因也。」朝獻，謂此王酳尸因朝踐之尊也。后乃薦加豆籩，尸濯酢主人，主人受嘏，王所以獻諸侯。於是后以瑤爵因酳饋食壺尊醍齊以酳尸，爲八獻也。鄭注〈司尊鼎〉云：「變再獻爲饋獻者，亦尊相因也。」再獻后酳尸，獻謂饋食時后之獻也。於時王可以瑤爵獻卿也。諸侯爲賓者以瑤爵酌壺尊醍齊以獻尸，爲九獻。九獻之後，謂之加爵。〔註193〕

　　上之所述，「九獻十五飯」爲正祭。天子諸侯宗廟之祭，在祭之明日舉行繹祭，以酬答爲尸者的辛勞。又《詩・周頌》〈絲衣〉序謂：「〈絲衣〉繹賓尸也。」《左傳・宣公八年》載：「辛巳，有大事于大廟，仲遂卒于垂，壬午，猶繹，萬入，去籥。」均指此事，則「九獻」爲諸廟之主合祭于太祖廟之禮，是爲祭禮重要典制。

　　再者，祭典須分昭一輩及穆一輩二者。「昭穆」意在區分父輩、子倍，遠房及近親長幼親疏的秩序，使典制不紊亂。是而太廟舉祭之時，眾多昭輩、穆輩之人雖群聚相會，輩份卻不致差錯，此即由親而疏遞漸降減之意。其次，「爵賞」之倫以下，又爲：

古者明君爵有德而祿有功，必賜爵祿於大廟，示不敢專也。故祭之日，一獻，君降立於阼階之南，南鄉。所命北面，史由君右執策命之。再拜稽首，受書以歸，而舍奠於其廟，此爵賞之施也。君卷冕立于阼，夫人副褘（音ㄏㄨㄟ，古王后之服。）立於東房。夫人薦豆執校，執醴授之，執鐙。尸酢夫人執柄，夫人授尸執足。夫婦相授受，不相襲處，酢必易爵，明夫婦之別也。凡問俎者，以骨爲主。骨有貴賤，殷人貴髀，周人貴肩，凡前貴於後。俎者，所以明祭之必有惠也。是故貴者取貴骨，賤者取賤骨，貴者不重，賤者不虛，示均也。惠均則政行，政行則事成，事成則功立。功之所以立者，

〔註193〕《十三經注疏・禮記》第二十一，頁418～419。

不可不知也。俎者，所以明惠之必均也。善爲政者如此，故曰：「見
政事之均焉。」

船山注云：

授位之階謂之「爵」者，以於祭受命則因視其所命而受瑤玉之獻也。
「一獻」，謂一酳尸之時。「書」，即策也，獎而命之之辭，若今誥敕
然。「所命」，命之卿、大夫也。非時而祭曰「奠」，薦而無尸。「其
廟」，所命者之廟。必奠者，歸榮於祖考。「校」，豆中央直者。「執
醴」，謂執醴齊之人，兼掌授豆于夫人以薦者也。「鐙」，豆跗。「柄」，
爵旁鋬也。「足」，爵足。尸授夫人執柄，夫人受執足，尸受執柄，
互舉而見。「襲」，仍也。「夫婦相授受」，謂君、夫人交相致爵。「不
相襲處」，亦柄足異執也，執必異處則手不相拂。「酢」，致爵之酢也。
「夫婦」，通男女而言，男別則夫婦正矣。「爲俎」，割肉分設也。「俎」，
助祭者之薦俎。「以骨爲主」者，膚及腸胃同而骨異也。「髀」、「肩」，
皆前足，肩當項，髀近下。「凡前貴於後」謂脊脅臂臑之屬。「取」，
猶得也。「不重」，不多也。「不虛」，不少也。貴賤有別而各得其所
得，實均而名別，乃太平之道。

此爲祭禮十倫所載「爵賞之施」、「夫婦之別」、「政是之均」三者。船山
之注，則依字以解，頗見用心。而此三者亦如船山所言，「於祭受命則因視其
所命而受瑤玉之獻」，蓋「爵賞之施」；「君、夫人交相致爵」、「男女別則夫婦
正矣」，蓋「明夫婦之別」；「貴賤有別而各得其所得」，蓋「見政事之均焉」。
以是知古賢德之君，於有德者必加之爵位，於有功者必賜以俸祿。凡賜爵祿
之典制，必在大廟內舉行，意在讓祖宗知曉爲君者未敢擅專。是以典禮中，
行一獻畢，君王即須走下，站在阼階南面，且面朝南；受爵祿者，須面朝北，
主管文書之人則端立君王右側，拿冊書給受決爵祿者。受爵祿者，先拜二拜，
叩頭之後，接受冊書持回家廟，於家廟內行釋奠之禮，以此報告祖宗。此爲
「爵賞」的施行。次者，當祭祀時，國君須穿戴禮服禮帽，站於阼階；夫人
則穿戴禮服禮帽，站於東房內。夫人進豆時，手握豆之「校」（豆下垂直部份）；
執醴者送豆給夫人時，手須托豆之「鐙」（「校」底下的腳背）。尸回敬夫人時，
手須執爵之柄；夫人授爵與尸時，手須執爵之足。主人主婦授受時，不能手
執同一部份，回敬時，須先換爵。此爲顯見夫婦之別。再者，分配俎肉時，
仍以帶骨部份爲主體。骨的貴賤不相同：殷人以髀骨爲貴，周人以肩骨爲貴。

大體而言，牲體之前部貴於後部。因之，分配俎肉，當顯示祭祀之禮，人人皆得賞物。地位高者，分得貴骨；低者則分得賤骨。然即使地位高者，仍不得分二倍之骨，地位低者，亦不致無骨可分，此顯公平之義，賞物公平分配，皆有恩惠，政事即易於辦理，政事易於辦理，事業即能成就，事業能成就，即能建立功績，是以立功之理不可不知。總之，祭祀的分俎在乎顯示有福者必能同享，而善主持政事者，皆如此做去，由此亦見出政事的公平。是而爵賞得施，夫婦能別，政事能均，祭之禮制，已行之大半。最後，言及「長幼」、「上下」之倫：

> 凡賜爵，昭爲一，穆爲一，昭與昭齒，穆與穆齒，凡群有司皆以齒，此之謂「長幼有序」。夫祭有畀煇、胞、翟、闇者，惠下之道也。唯有德之君爲能行此，明足以見之，仁足以與之。畀之爲言與也，能以其餘畀其下者也。煇者，甲吏之賤者也；胞者，肉吏之賤者也；翟者，樂吏之賤者也；闇者，守門之賤者也。古者不使刑人守門。此四守者，吏之至賤者也。尸又至尊，以至尊既祭之末而不忘至賤，而以其餘畀之。是故明君在上，則竟内之民無凍餒者矣。此之謂上下之際。

船山注云：

> 「賜爵」，旅酬之爵，謂之「賜」者，發自皇尸則祖考之所賜也。「爲一」，爲一列，自相旅也。「齒」者，以兄弟爲先後，此同姓，不論爵而但以昭穆及齒也。「群有司皆以齒」，言異姓，自卿以至群有司雖以爵序，而爵同則序齒也。「畀」，賜也。賤者不得與於旅酬及餕，祭畢而以肉頒之也。「煇」，〈考工記〉作「韗軍（合字），」，「韗軍（合字）人爲皋陶」，皋陶者，鼓腔鼕（音ㄑㄧ丶，夜鼓）。「甲」者，樂器之郭腔，猶介蟲之甲也。「胞」與「庖」同。「翟」，〈喪禮〉謂之「狄人」，《周禮》謂之「夏采」，以其陳列樂器，故亦爲樂吏之屬。「闇」，守宮門者。「古者不使刑人守門」，蓋傳註家以釋闇爲吏之義。傳寫誤連正文。「古」，謂夏、殷時也。「明足以見之」者，達下之欲也。「仁足以與之」者，樂施不吝也。「明君」，仁知之君。上下相體而恩及之，民無凍餒，推此而順施之爾。〔註194〕

此「長幼」有序，「上下」之際，爲祭禮十倫最後二目，合前八目，即船

〔註194〕《禮記章句》卷二十五，頁17～18。《船山全書》第四冊，頁1161～1162。

山所云「統言祭禮之備」。至於賞賜爵祿，乃昭輩做一起，穆輩做一起，昭輩統合一起，而以年齡分上下；穆輩統合一起，亦以年齡分上下；若夫其他，即凡執事等群，亦皆以年齡爲次序，謂之「長幼有序」，亦知此「有序」者，乃祭典之排列，當非指家中長幼之次序。至於祭物，非主事者獨享，仍分給皮匠，屠夫，舞師，及守門者，此是普及下人之恩惠，亦只有賢德的君王能體認下情，其人有眼光，有肚量，才能惠澤群倫。而「畀」字的涵義即是「給與」，即將多餘之物給與下人。「煇」，則是裝鎧甲工匠的小工；翟，則是舞師中的小工；若「閽」，則是守門的小工；古代是不使受刑罰者看守門戶。因之，祭祀時，居此四微末之職務者，皆是執事中最低賤之人，而尸又爲祭祀中之最尊貴者，今者，最尊之人至祭祀末了，仍不忘最賤之人，且將多餘食物分送其人，乃知英明君王雖高高在上，國境之內，卻不致有受寒挨餓者，此即「上下之際」的意義。是「祭」者，不僅在祭禮之備，亦在政治之安定，爲人君者，因祭而事天治人，明倫敕紀，施仁政之道，並以孝道存心，使禮之義，順遂暢達，則「合幽明，親本始〔註195〕」。所謂「禮有五經，莫祭於禮」，舉尊而統卑，天下乃能大治。

〔註195〕《禮記章句》卷二十五，頁1。《船山全書》第四冊，頁1145。

第七章　名物通則

　　禮的名物，分列於三禮中，較為人稱道者，厥為《儀禮》。孔德成嘗謂：
「《儀禮》一書，為我國先秦有關禮制、社會習俗，重要而對於敘述最詳盡的
一部書。〔註1〕」其實，不但《儀禮》如此，即《禮記》亦如此。只以《禮記》
為雜文散列，所敘稍零碎，然對禮俗的綜述，仍若乎《儀禮》，皆就先秦禮制、
社會習俗有所傳述，此為二書之所同。

　　船山注《禮記》，所以就〈章句〉以解，意在因一字一句盡得禮儀的涵義，
故於名物制度之辨析，亦依鄭注、孔疏為基礎，而作適當的判別，雖無圖文
以證，但文解間，名物輪廓亦已溢然而出，故〈章句〉之作，縱不乏批判他
家之說，大抵在詁訓間著筆，與著述他書確有別異。

　　至於《禮記》篇章，攸關名物者仍多，欲一一縷述，委實不易，而尋其
較常見者，則為服制、飲食、宮室、車馬、武備、旗幟、玉瑞、樂舞、喪葬
等等。以車馬、武備、旗幟、玉瑞之製，《周禮》所述已詳，《禮記》通篇，
僅偶載之，皆屬綴章，無關全局，是暫不言敘，至若「喪葬」之說，雖本書
〈喪禮通則〉已述，然以「喪制」為《禮記》主體，其細目仍值詳說，故再
闢一節以為論敘。因之，就其相關者歸類，則「衣服、飲食」為一；「宮室、
樂舞」為一；「喪葬」為一，分節並論，依《禮記》篇章綜輯以述。使「禮儀
名物」有所闡揚，期豁顯船山詁訓之微意。

〔註1〕孔德成《儀禮復原研究叢刊》序。

第一節 「服制飲食」說

「服制」說，可分布帛、色采、冠冕、衣裳、韍舄、服制等述之。「飲食」說，可分飲食、酒漿、膳牲、薦羞、器皿等述之。說述如下：

一、服制說

（一）布帛

麻織之總名曰「布」，絲織之總名曰「帛」。

《禮記・禮運》云：「治其麻絲，以爲布帛。」船山注云：「宮室衣食各創其制，人乃別於禽獸。〔註2〕」以衣食之有否創制，爲人禽之別。而「布帛」者，《說文・巾部》載：「布，枲織也。」段玉裁注：「其艸曰枲、曰萉，析其皮曰枲；屋下治之曰麻；緝而績之曰緶、曰縷、曰纑；織而成之曰布。〔註3〕」又注：「帛者，繒也。」帛與繒均爲絲織品的總名。古人常用之布，其細者爲十五升，其次爲十升，七升之布則爲徒隸所服。〈雜記上〉云：「朝服十五升，去其半而總，加灰錫也。」船山注云：「八十縷爲升，朝服之布，其經凡千二百縷，其細可知，如其縷之細而減之六百縷以終幅，則爲總，細而疏也。總則治其縷而不治其布，若以灰澡之如今世洗白者，則爲錫衰之布。〔註4〕」「升」是「總」字，八十縷爲一總。船山注云「八十縷爲升」，即「八十縷爲總」。而「錫衰」者，即總麻再加灰而作，使之柔滑，爲大弔喪所穿。合而言之，朝服爲一千二百縷織成的細布，若減其半，剩六百縷所織成，即爲總麻；倘以石灰製成柔滑總麻，即爲錫衰，是十五升的朝服爲最細的布所織成。

再者，帛亦有「縞素」及「染織」之說。未經染練者，曰「縞」，曰「素」；染絲而織者即謂之「織」。《禮記・玉藻》載：「縞冠玄武。」又載：「縞冠素紕。」船山注云：「縞，白生絹也。〔註5〕」孔穎達疏：「縞是生絹而近吉。〔註6〕」《禮記・雜記》云：「玄端一，朝服一，素積一。」船山注云：「玄端，玄衣朱裳，齊服也。朝服，玄端素裳。」又云：「素裳，是朝服。……皆絲衣。〔註7〕」則「縞素」爲未染之素絲，亦「帛」之稱。然絲亦有染而織者，此帛

〔註2〕《禮記章句》卷九，頁9。《船山全書》第四冊，頁543。
〔註3〕段玉裁《說文解字注》七篇下，巾部。頁362。
〔註4〕《禮記章句》卷二十，頁18。《船山全書》第四冊，頁978。
〔註5〕《禮記章句》卷十三，頁13。《船山全書》第四冊，頁789。
〔註6〕《十三經注疏・禮記》第二十九，頁551。
〔註7〕《禮記章句》卷二十，頁7。《船山全書》第四冊，頁987。

之貴品。《禮記・玉藻》云：「士不衣織。無君者不貳采。」船山注云：「織，染絲織之，今之紵絲也。士衣繪，已織而後染，若今之紬綃然。無君，謂士大夫，士去國者，始奔素衣，素裳，三月玄端，玄裳，不服黃裳，雜裳，以表憂閔。〔註8〕」則繪爲已織而染，即後所謂之「錦」，若行禮時，則帛貴于錦。

（二）色采

古以青、赤、白、黑、黃爲正色；以綠、紅、碧、紫、騮黃爲間色。《禮記・玉藻》云：「衣正色，裳間色。」船山注云：「謂冕服，玄上纁下也。纁者，赤間黑色。」孔穎達引皇侃說：「正謂青、赤、黃、白、黑，五方正色也。不正謂五方間色也。綠、紅、碧、紫、騮黃是也。〔註9〕」紫爲間色，賤；朱爲正色，貴。惟春秋時已盛行紫。此爲衣裳之色，即「大帶」亦有此色。〈玉藻〉載「大夫大帶四寸。雜帶，君朱綠，大夫玄華，士緇。」船山注云：「大夫者，自大夫上達天子也。雜，謂辟也。君，兼天子、諸侯而言。朱綠，帶朱綠，紳綠緣也。華，黃也。玄黃，外玄內黃也。緇，外內皆緇也。」則帶之色，朱、綠、黃、黑、深黑皆俱之。衣帶相合，顯鮮明采邑。

衣色如此，朝政亦以色分，古即以夏尚黑，殷尚白，周尚赤爲三統。後代亦沿用前代之禮制。此《禮記・檀弓上》所謂：「夏后氏尚黑，大事斂用昏，戎事乘驪，牲用玄。殷人尚白，大事斂用日中，戎事乘翰，牲用白。周人尚赤，大事斂用日出，戎事乘騵，牲用騂。」船山注云：「大事，謂喪事。斂，兼大小斂而言。昏，日落，宇色黑。驪，黑馬，戎事齊力而此尚色者，天子之革路也。日中，宇尚白。翰，白鳥羽，馬色如之也。日出，宇色赤。騵，今之棗騮。騂，黃牛帶赤色也。」〔註10〕然此僅示時代之所尚，後代亦有沿用前代之制者。如周人以素冠、素衣、素韠作爲喪服的練服即是。

（三）冠冕

「冠」，古禮帽的總稱。涵「冕、弁、冠」三者。《禮記・玉藻》云：「天子玉藻，十有二旒，前後邃延，龍卷以祭。」船山注云：「玉，琢玉珠。藻，《周禮》作繅，雜采組也。玉藻，藻而貫玉，繫於冕上版。十有二旒，前後皆然，每旒十有二玉。延，版上覆巾，玄表纁裏，前後垂。邃，深也。孔氏以叔孫通所制漢冕放之，延廣八寸，長尺六寸，下垂深長，故曰邃延也。龍

〔註8〕　《禮記章句》卷十三，頁1。《船山全書》第四冊，頁742。
〔註9〕　《十三經注疏・禮記》第二十九，頁552。
〔註10〕　《禮記章句》卷三，頁13～14。《船山全書》第四冊，頁143～144。

－307－

卷，衰冕九章，龍爲之首。祭者，祭宗廟也。宗廟之祭，以昭世守，故盛飾焉。〔註11〕」「冕」，爲首服之最尊者，有延，武者，前有旒。天子冕十二旒，旒十二玉，延廣八寸，長尺六寸，下垂深長，即船山所解之「邃延」。再以衰冕九章，以龍爲首，是爲「龍卷」，此天子冠冕之狀。

《周禮・夏官・弁師》云：「掌王之五冕，皆玄冕，朱裏，延，紐；五采繅十有二就；皆五采玉十有二；玉笄，朱紘。」孔廣森云：「經言五冕皆五采繅十二就，則王之冕無不十二旒者矣。〔註12〕」則天子玉藻十有二旒，即十有二玉，而貫珠於藻，繫於冕上版。天子以下，冕玉依次而減，即諸侯之冕九旒、九玉；卿、上大夫七旒、七玉；大夫五旒、五玉，等等。至於天子視朝，偶亦不以冠冕而戴之以「皮弁」。〈玉藻〉云：「皮弁以日視朝。」船山注云：「皮弁者，以白鹿皮爲冠，象上古也。玉之皮弁，會五采玉瑲，用玉十有二。日視朝，常朝於內朝也。視朝以治人，服愈降，故不冕。」此「朝於內朝」，服愈降，是不用冕，而戴之以皮弁。

（四）衣裳

名爲「衣裳」者，上曰衣，下曰裳。古之服，衣與裳有分者，亦有連者。男子的禮服，衣與裳分；燕居而衣裳連者，謂之深衣。婦之禮服及燕居之服，則衣裳相連。連於領者謂之「襟」，襟有二式，一曰交領，亦稱衽，今稱旁襟；一曰直領，今稱對襟。〔註13〕

謂衣裳者，《禮記》未細說，《儀禮・喪服・記》則云：「衣二尺有二寸。」言自領至腰爲二尺有二寸長，衣寬未言，應爲兩幅，四尺四寸。又云：「衣帶下尺。」鄭玄注：「衣帶下尺者，要也。廣尺，足以掩裳上際也。」古人裳在內，衣在外。衣長二尺二寸，僅及于腰，故再加一尺，以掩裳之上際。裳之外，連于衣兩旁者曰「衽」，長二尺五寸，形如燕尾，以掩裳際。《禮記・深衣》云：「續衽鉤邊。」船山注云：「續，屬也。衽，在裳旁者，屬連之，前後不殊也。蓋凡裳之制前後各殊，旁有兩衽，深衣則縫合之，相續而四圍周合也。邊，續衽所縫合之縫也。既合縫之，又覆縫之，謂之鉤邊，以居體旁，勞而易綻，務令密緻也。」〔註14〕於「要縫半下」句，船山注云：「要者，衣

〔註11〕《禮記章句》卷十三，頁2。《船山全書》第四冊，頁724。
〔註12〕孔廣森《經學卮言》卷二。
〔註13〕錢玄《三禮通論》頁94。
〔註14〕《禮記章句》卷三十九，頁3。《船山全書》第四冊，頁1439。

裳相銜之處，當人腰，故謂之『要』。縫，謂縫合成衣而其廣然也。下，裳下齊也。此與〈玉藻〉『縫齊倍要』之義同，要縫七尺二寸，下齊丈四尺四寸也。衣四幅，幅各二尺二寸，凡八尺八寸，細縫與領旁之襞積去四寸餘爲兩袂者，每幅三寸，實去一尺六寸，得七尺二寸。而裳之十二幅斜裁之，狹頭八寸，除縫二寸，實得六寸，十二其六爲七尺二寸，與衣相等，便連縫也。其下齊則用斜裁之廣頭一尺四寸，除縫二寸，實得一尺二寸，十二其一尺二寸爲丈四尺四寸，倍其下以便步趨。〔註15〕」此爲衣服縫合之廣度。

　　若旁襟之交領，對襟之直領，則《禮記・深衣》云：「袂圜以應規，曲袷如矩，以應方。負繩及踝以應直，下齊如權以應平。」船山注云：「袂圜者，（衣各合字，衣之邊。）二尺二寸，袪尺二寸，漸削之以至於袪，其中爲偃月如半規，至袂而後斂之也。曲袷，交領也。裳前後各六幅，左襟掩右，兩襟相交，曲領自如矩之方也。負，背縫也。踝，裳下齊所被之處也。衣二裳六，其縫皆當中，雖廣狹不等而背縫如繩，自領直達於下齊也。下齊者，裳下緝也。十二幅之長相等，而在旁者斜攝而短，在中者直垂而長，然其衣之則兩旁起處適與中長垂者均齊，如權衡之平矣。〔註16〕」船山云「袷」爲曲領，蓋即鄭注之「交領」，古爲方領，故交領當有其寬方之形。其式當爲左襟兩幅，右襟一幅，左襟掩于右襟之上，故右襟亦稱「裏襟」。襟上繫帶結于右腋下，即右衽之謂。交領又分兩式：一爲左襟自領口斜直而下；一爲左襟在領口曲折作方形，此即「曲袷如矩」之謂。

　　再者，一般常服均爲右衽，死者之服則爲左衽，外族亦有左衽者。《禮記・喪大記》云：「小斂、大斂，祭服不倒，皆左衽，結絞不紐。」船山注云：「大斂喪服不倒，謂士也。左衽不紐，異於生也。結絞，實結之。紐，爲活屈。〔註17〕」此同於《論語・憲問》云：「微管仲，吾其被髮左衽矣。」邢昺疏：「夷狄之人披髮左衽。」「衽」即爲「襟」。次者，常見之禮服衣裳皆爲正色，燕居之服則衣爲正色，裳爲間色。如前所舉《禮記・玉藻》「衣正色，裳間色。」船山引鄭注謂冕服爲「玄上纁下。〔註18〕」清黃以周《禮書通故》則謂：「凡禮服衣裳皆用正色。三入曰纁，非間色也。衣正色，裳間色，指燕居之服言。《詩・邶風・綠衣》刺妾上僭，夫人失位，曰『綠衣黃裳』，謂黃宜爲衣，綠

〔註15〕　《禮記章句》卷三十九，頁3。《船山全書》第四冊，頁1439。
〔註16〕　《禮記章句》卷三十九，頁4～5。《船山全書》第四冊，頁1440～1441。
〔註17〕　《禮記章句》卷二十二，頁26。《船山全書》第四冊，頁1066。
〔註18〕　《禮記章句》卷十三，頁17。《船山全書》第四冊，頁743。

宜爲裳，此衣正裳間之說也。〔註19〕」。此黃說當可補船山、鄭注之述。

又者，行禮之服：裘之外有褐衣，褐衣之外有上衣，袒上衣而見褐衣，此爲多日服裘之制。四時均有褐衣，褐衣亦稱中衣。《禮記‧玉藻》云：「君衣狐白裘，錦衣以褐之。」船山注云：「狐白，狐腋下白。錦，織帛有文章者，如今花樣是也。此言錦衣，蓋素錦。褐者，裘裛必以衣覆其上，乃更加禪衣而露其褐，若狐白裘、素錦衣則上加皮弁服，白相稱也。〔註20〕」《詩》云：「衣錦絅衣，裳錦絅裳。」知錦衣上復有一衣，以天子狐白衣言，其上乃覆有皮弁之服，而裘衣外又覆褐衣，褐衣外有覆皮弁之上衣，此爲天子服制之常型。

至於單衣而無裏者曰「絅」，亦曰「禪」；有裏而無著者曰「褶」；內著纊者曰「繭」；著縕者約「袍」。纊爲絲綿，縕爲亂麻。《禮記‧玉藻》云：「纊爲繭；縕爲袍；禪爲絅；帛爲褶。」船山注云：「皆謂裛衣也。纊，綿也。以綿著袷衣之中謂之繭。縕，枲者也。斷枲揉之著袷衣，謂之袍。禪，衣無裏者。帛，徒爲袷衣而無著。〔註21〕」《論語‧子罕》云：「衣敝縕袍」。何晏《論語集解》引孔安國言：「縕，枲著」。此「枲著」即大麻之服。若《禮記‧玉藻》鄭注謂：「縕，謂今纊及舊絮也。〔註22〕」《儀禮‧士喪禮》鄭注又云：「著，充之以絮也。」則鄭說有值商榷。

（五）韍爲

「韍」爲古時以韋皮製成用以蔽膝的喪服，所置爲裳之外。初文作「市」，《詩》作「芾」；亦謂之「韠」，謂之「韐」。《說文‧市部》云：「市，韠也。上古衣蔽前而已，市以象之，天子朱市，諸侯赤市，卿大夫蔥衡。从巾，象連帶之形。韍，篆文『市』，从韋，从犮。俗作紱。〔註23〕」《詩‧小雅‧采菽》云：「赤市在股，邪幅在下。」毛傳：「芾，大古蔽膝之象也。」又《說文‧韋部》：「韠，韍也。」與「市」互訓。《儀禮‧士冠禮》：「爵弁服、纁裳、純衣、緇帶、韎韐。」鄭注：「韎韐，縕韍也。士縕韍而幽衡，合韋爲之，士染以茅蒐，因以名焉。」由上所言，則「韍」與冕服相配，名「韍」；育弁服、

〔註19〕黃以周《禮書通故》衣服二。

〔註20〕《禮記章句》卷十三，頁19。《船山全書》第四冊，頁745。

〔註21〕《禮記章句》卷十三，頁17。《船山全書》第四冊，頁743。

〔註22〕《十三經注疏‧禮記》第二十九，頁553。

〔註23〕段玉裁《說文解字注‧七篇下‧巾部》頁362。

冠服相配，名「韠」，名異實同。

「韠」之形制，詳于《禮記》〈玉藻〉及〈雜記〉二篇。〈玉藻〉云：「韠，君朱，大夫素，士爵韋，圓、殺、直。天子直；公侯前後方；大夫前方，後挫角；士前後正。韠下廣二尺，上廣一尺，長三尺，其以韋爲之，必象裳色。」船山注云：「韠，蔽膝也，其制以熟皮之，著於衣裳之外，大帶之下，垂當前中，上分三裂，中爲頸，兩旁爲肩，肩隔革帶以繫佩，佩兩旁垂而韠當中也。大古未有衣服，但以皮革蔽其前後，後王示不忘古，去其後而留其前以爲飾焉。韠色視裳，此所言者，玄端服之韠也。君，兼天子、諸侯而言。爵，赤而微黑，如爵頭色。韋者，合上下言之，接用韋也。」又云：「圓、殺、直，言其制凡三等不同也。上下皆方，無圓、殺也。上近革帶者謂之『後』，下與紳齊者謂之『前』。公、侯、伯、兼伯、子、男而言。方，殺也。謂去上下欲盡之處五寸即斜殺之，四角向裏而猶然方也。挫角，圓也。謂既殺而又去其殺際之角，使圓也。正，或直或方也。天子之士直，諸侯之士方，士賤，不嫌與君同也。」又云：「再言『韠』者，衍文。上，即後也。一尺之廣，裂而爲三，中頸五寸，兩肩各二寸，裂處空各五分，兩空凡一寸。革帶之博與韠肩之廣同，其色亦視韠，以繫韠佩，結繫於後，其約不垂。〔註24〕」是知「韠」者，大夫所用爲素韠，士所用爲赤而微黑之韠，姐以皮做之。韠的式樣有三：天子的韠，上下皆直，四角垂直無圓殺；公侯伯子男的韠，上下皆方，四角內切向裡，折去其角；大夫的韠下兩角內切，上面是圓角；士的韠爲上下皆正。

《禮記·雜記下》亦云：「韠長三尺，下廣二尺，上廣一尺，會去上五寸，紕以爵韋六寸，不至下五寸，純以素，紃以五采。」船山注云：「詳『韠』制也。與〈玉藻〉互記之。韠長三尺，下博上狹，以漸殺也。會者，韠一幅，至上裂而爲三，中爲頸，兩旁爲肩，會當三裂之處而橫緣之。去上五寸者，去頸肩之端五寸，所謂其頸五寸也。緣在旁曰『紕』。以爵韋者，士韠也。君朱紕，大夫素紕。六寸，以博言，表裏各三寸，凡用爵韋六寸也。至下五寸，凡紕二尺，下五寸不紕，與上會去之數相配也。純，下緣也。紕所不至則純之。素，生帛也。紃，組也，在緣縫間巡繞爲飾，唯紕間有之。〔註25〕」比較〈雜記〉所言，則古人所用蔽膝，長三尺，下寬二尺，上寬一尺。上邊打

〔註24〕《禮記章句》卷十三，頁 20～21。《船山全書》第四冊，頁 750～751
〔註25〕《禮記章句》卷二十一，頁 43。《船山全書》第四冊，頁 1040。

－311－

圍帶所用之「會」，距上端五寸；兩旁所用爵韋爲六寸，距下端五寸，用白絹滾邊，帶子即以五色絲編織。由此知〈玉藻〉、〈雜記〉所用「韍」、「韠」皆以革爲之，上狹下寬，兩邊及下邊均有緣邊，此其大略。

至於「舃」之作，《禮記》無專文說述，《禮記・雜記上》僅載「大夫卜宅與葬日，有司麻衣、布衰、布帶。因喪屨，緇布冠不蕤；占者皮弁。」船山「喪屨」，以「疏屨」爲言，未詳說。若《周禮》則有陳義。《周禮・天官・屨人》云：「掌王及后之服屨。爲赤舃、黑舃。……。素屨、葛屨。」鄭注：「複下曰舃，禪下曰屨。〔註26〕」則「舃」爲複底，「屨」爲單底。此「舃」、「屨」之分，總合而言，仍爲「鞋」之種別。

（六）服制

古之禮服，大別爲冕服、弁服、冠服。〔註27〕依服制所示，冕服又分爲六，弁服分爲三，冠服分爲二。

《禮記・郊特牲》云：「祭之日，王被袞以象天。戴冕，璪十有二旒，則天數也。」船山注云：「袞，九章服，取象於〈乾〉之用九也。十二爲天數者，天有十二次也。」又云：「按《周禮》：王大裘冕無旒，以祀上帝。〔註28〕」則「冕」者，乃古祭天之服。故《禮記・玉藻》云：「玄端而朝日於東門之外，聽朔於南門之外。」鄭注云：「端，當爲『冕』字之誤也。玄衣而冕，冕服之下。朝日，春分之時也。東門、南門，皆謂國門也。〔註29〕」船山則直云「玄端」爲「玄冕」。云：「玄冕，玄衣而冕，裳無文，唯衣刺黻。大夫玄冕三旒。天子雖玄冕，仍有十有二旒。朝日，春分迎日於東，出而祭之也。東門，國門。聽朔者，月朔日以特牲告於大廟而頒一月之政也。南門，雉門。每月之政，懸於象魏，象魏在兩觀之間，雉門之外，所謂外朝也。朝日、聽朔，皆以欽天行政，放其卑服。玄冕者，王者之下冕也。〔註30〕」則古天子朝日、春分皆迎日於東方而祭之。聽朔，即每月朔日祭於太廟，而頒一月之政，均大事，故服冕服。若爲視朝之日，則天子服皮弁，諸侯、卿大夫分別服各色冕服，朝聘天子及助祭。

〔註26〕《十三經注疏・周禮》頁130。
〔註27〕錢玄《三禮通論》頁112。
〔註28〕《禮記章句》卷十一，頁21。《船山全書》第四冊，頁641。
〔註29〕《十三經注疏・禮記》頁543。
〔註30〕《禮記章句》卷十一，頁3～4。《船山全書》第四冊，頁724～725。

天子而外，諸侯視朔，其君臣亦同服皮弁服。《禮記‧玉藻》引孔子云：
「朝服而朝，卒朔然後服之。」船山注云：「朝，謂內朝也。卒朔，視朔禮畢
也。視朔必皮弁服；禮畢乃更朝服視朝於內朝。時或以朝服視朔，故夫子申
明之。〔註31〕」是服皮弁者，在朝聘之相尊敬。再以「冠服」言，即《大戴
禮》所謂「天子擬焉。」此擬焉者，即玄冠、皮弁、袞冕之謂。即《禮記‧
玉藻》所云：

> 始冠緇布冠，自諸侯下達，冠而敝之可也。玄冠朱組纓，天子之冠
> 也。緇布冠繢緌，諸侯之冠也。玄冠丹組纓，諸侯之齊冠也。玄冠
> 綦組纓，士之齊冠也。

船山注云：

> 下達，達於士也。諸侯終喪，以士服見天子，故始冠與士通，加繢
> 緌而已，其再加則皮弁、朝服、素韠，三加則玄冕。天子始冠以玄
> 冠朱組纓，再加皮弁，三加袞冕，《大戴禮》所謂『天子擬焉』者是
> 已。繢，采也。緌，亦纓也，自其下垂者謂之緌。丹，亦朱也。綦，
> 雜采，亦繢也。言天子以諸侯之齊冠爲始冠，諸侯之始冠其纓如士
> 之齊冠也。不言大夫者，大夫與士同。〔註32〕

按冠制所示，冠制是以緇布冠爲始，自諸侯以下至士人皆如此。而玄色
的冠配以朱色的冠帶，爲天子之冠。緇布冠加采色冠帶，爲諸侯之冠。玄色
的冠，配以赤色冠帶，即適合諸侯齊祭時所待。玄色之冠配以蒼艾色冠帶，
即適合士人齊祭時所戴。再者，〈玉藻〉又云：

> 縞冠玄武，子姓之冠也。縞冠素紕，既祥之冠也。垂緌五寸，惰游
> 之士也。玄冠縞武，不齒之服也。居冠屬武，自天子下達。

船山注云：

> 縞，白生絹也。武，冠下卷圍額際者，橫裁之，其上直者爲冠身。
> 姓，孫也。祖父有服，子孫無服，或雖有服而已除，從尊者之側不
> 敢純吉，則武吉而冠凶以居約。素，熟絹也。紕，緣冠兩旁及武下
> 也。既祥，爲禫（除父母喪服）月。垂緌五寸，其冠亦縞，縞冠無
> 緌，此獨加緌，亦非凶服，爲罰冠也。「惰游之士」，《周禮》所謂「罷
> 民」也。收之圜土，三年之中，著此縞素之冠；三年之後，雖出圜

〔註31〕《禮記章句》卷十三，頁18。《船山全書》第四冊，頁744。
〔註32〕《禮記章句》卷十三，頁13。《船山全書》第四冊，頁739。

土，諸身不尺，則爲易玄冠而縞武，綾亦縞焉。凡此冠、武異色，
非凶即罪。若燕居之觀，冠、武相連屬，自天子至於庶人無以異也。
〔註33〕

此謂祖父輩居喪有其服，子孫無服或已除服者，即戴白絹之冠，配一玄
色冠卷，意在取上白下玄半凶半吉之謂。孝子除首服後，即待白絹冠，於冠
緣上加一白綾滾邊。惰遊不工作之人，冠制與上述同，惟冠帶僅五寸，使人
易辨罰冠者與平常人的不同。若犯罪的囚犯，其被釋後，則改待玄色之冠，
配用白絹冠卷，與平常人之冠亦不同，意謂此人爲人所輕視。平常人燕居時，
冠上亦皆不加裝飾，將冠上垂飾固定於冠卷兩旁，遇齊祭等事，始將之垂下，
此作法自天子至士人皆如此。故船山以「無以異」概之，蓋良有以也，亦知冠
者，有常人、惰者與罰者之異，然玄冠之戴，則自天子至士人是爲相同。總之，
玄冠者，爲玄端之稱，其爲士人常著之禮服，燕居及祭祀時，皆可穿之。

二、飲食說

古之飲食，大略分爲「食」、「飲」、「膳」、「羞」四類。《周禮・天官・膳
夫》云：「掌王之食、飲、膳、羞。」鄭注：「食，飯也。飲，酒漿也。膳，
牲肉也。羞，有滋味者，凡養之具，大略有四。〔註34〕」四者中，飲與食歸
一類；膳與羞可歸一類。而飲食又稱「飯食」及「酒飲」；膳羞又稱「膳牲」
及「薦羞」。

（一）飯食

飯食即穀食，亦謂之齋盛，所指爲黍稷稻梁之屬。《禮記・月令》云：「天
子居青陽大廟，……，食麥與羊，其器疏以達。」船山注云：「青陽大廟，謂
是東鄉正中之室。〔註35〕」又云「天子居明堂大廟，……，食菽與雞，其器
高以麤。」船山注云：「明堂大廟，謂是南鄉正中之室。〔註36〕」又云「其日
戊己，……，食稷與牛，其器圜以閎。〔註37〕」又云：「天子居玄堂大廟，……，
食黍與彘，其器閎以奄。」船山注云：「玄堂大廟，謂是北鄉正中室。〔註38〕」

〔註33〕《禮記章句》卷十三，頁13。《船山全書》第四冊，頁739。
〔註34〕《十三經注疏・周禮》頁57。
〔註35〕《禮記章句》卷六，頁14。《船山全書》第四冊，頁384。
〔註36〕《禮記章句》卷六，頁32。《船山全書》第四冊，頁402。
〔註37〕《禮記章句》卷六，頁40。《船山全書》第四冊，頁414。
〔註38〕《禮記章句》卷六，頁65。《船山全書》第四冊，頁441。

則「麥」、「菽」、「黍」、「稷」乃至於「麻」者，皆五穀之稱。

　　穀食之中「稷」與「黍」爲最古之主糧。《詩經》中言「黍、稷」者，分見於〈周頌〉、〈魯頌〉、〈大雅〉、〈小雅〉及〈王風〉、〈魏風〉、〈唐風〉、〈曹風〉、〈豳風〉等，其爲遍及於黃河流域。《詩・大雅・生民》云：「茀（音ㄈㄨˊ，治理。）厥豐草，種之黃茂。」毛傳：「黃，嘉穀也。」孔穎達疏：「穀之黃色者，唯黍、稷耳。黍、稷，穀之善者，故云：『黃，嘉穀也。』凡食禮均以黍稷爲正饌。〔註39〕」以「稷」言，即今之稻穀。稷爲五穀之長，故田正之官稱爲「稷」，穀神亦稱「稷」神。而「黍」者，爲禾屬而黏者，以大暑而種，故謂之黍。黍既爲主食，又可爲酒。自來「稷、黍」兩穀，多淆亂莫辨。其初乃誤以稷爲梁。《詩・豳風・七月》云：「十月納禾稼，黍稷重穋，禾麻菽麥。」毛傳：「後孰曰種，先孰曰穋。」則《詩》所舉「黍、稷、禾、麻、菽、麥」六種，禾即粟，亦即梁。如「稷」爲「梁」，則《詩》自不當言「稷」又言「禾」，則知「稷」不同於「梁」。《禮記・月令》云：「孟春行夏令，……，首種不入。」船山注云：「首種，稷也。〔註40〕」說爲自鄭注而來，但未只明「稷」爲何屬。程瑤田則謂：「舊說首種爲稷。今以北方諸穀播種先後考之，高梁爲先，粟次之，黍又次之。然則首重者高梁也。〔註41〕」惟此說法是否正確，仍待考證。若船山則解「稷」青梁，所說似更具可信度。

《禮記・內則》云：

　　　　飯：黍、稷、稻、梁、白黍、黃梁、（禾焦合字）。

船山注云：

　　　　黍，黃梁，一名丹梁，今俗謂之泰州紅。「稷」，青梁也，穀穗有毛而粒青，細於黃白梁，粟之蚤成者也。梁，白梁，穀徧長，穗大多毛。白黍，一名芑，差白於丹黍。黃梁，穀粒大於白梁，今俗謂之「竹根黃」。「稻」，熟穫而生舂之。「（禾焦合字）」，生穫而蒸熟乃舂之也。或稻或（禾焦合字），因其便爾。凡飯之屬六，皆敦實也，舊以爲諸侯之常食。〔註42〕

　　然則「稷」非「黍」，亦非「高梁」，而爲梁種之「青梁」，船山之解，頗有醍醐灌頂之效。至於《禮記》記農作物尚有「梟」者，亦爲「麻」種之屬。

〔註39〕《十三經注疏・詩經》頁593。
〔註40〕《禮記章句》卷六，頁12～13。《船山全書》第四冊，頁382～3823。
〔註41〕程瑤田《九穀考》。
〔註42〕《禮記章句》卷十二，頁21。《船山全書》第四冊，頁689。

云「麻」者，爲總其名，其無實者曰「枲」，即雄麻；有實者曰「苴」，今俗呼「子麻」，苴之實曰「蕡」，即穀類中之「麻」，亦稱「籩實」。

（二）酒飲

「酒」用於飲，亦用於祭祀。《禮記・坊記》引孔子云：「七日戒，三日齊，承一人焉以爲尸，過之者趨走，以教敬也。醴酒在室，醍酒在堂，澄酒在下，示民不淫也。尸飲三，眾賓飲一，示民有上下也。因其酒肉，聚其宗族，以教民睦也。」所云「醴酒在室，醍酒在下，澄酒在下」者，船山注云：「醴，醴齊。醍酒，緹齊。澄酒，清酒。〔註 43〕」此爲齋祭之酒，又可作飲酒。

若夫行禮之時，醴酒又以「玄酒」爲之，亦名爲「上水」。《禮記・玉藻》云：「凡尊，必上玄酒。」又云：「皮弁以日視朝。遂以食，日中而馂，奏而食，日少牢，朔月大牢，五飲：上水、漿、酒、醴、酏。」五飲之中，水爲最上，其次是漿、酒、醴、酏。而上水即「玄酒」之謂，此以古未有酒醴，以水當酒之用，又以其色玄，故謂之「玄酒」。

再者，酒又與「鬯」合之，謂之「鬯酒」，或稱「秬鬯」。如再和以鬱金香之汁，即稱爲「鬱鬯」，乃以其芬香灌地降神，以爲祭祀及賓客行祼禮之用。《禮記・禮器》云：「諸侯相朝，灌用鬱鬯，無籩豆之薦。」船山注云：「獻用鬱鬯曰灌。鬱鬯者，以鬱人所貢（百草之英二百葉以爲鬱）、（香草一千二百葉以爲築），釀秬黍爲酒也。〔註 44〕」謂諸侯聘饗賓客，皆以鬱鬯爲之。是知以酒作爲宴飲，或作爲祭祀之用，皆古時風尚；時至今日，以酒爲飲者，反成交際應酬之道。

（三）膳牲

膳用六牲，爲牛、羊、豕、犬、鴈、魚。牛羊豕三牲，謂之大牢，亦謂之一牢；二牲曰少牢；一牲曰特。《儀禮・少牢饋食禮》用羊、豕；〈特牲饋食禮〉用豕；《禮記・郊特牲》則有牛及牛羊豕二者。

〈郊特牲〉首章云：「郊特牲，而社稷大牢。天子適諸侯，諸侯膳用犢；諸侯適天子，天子賜之禮大牢；貴誠之義也。故天子牲孕弗食也，祭帝弗用也。」船山注云：「禮，饗饋也。誠者，專慤無文之謂。天子牲，謂諸侯所奉

〔註 43〕《禮記章句》卷三十，頁 19。《船山全書》第四冊，頁 1231。
〔註 44〕《禮記章句》卷十，頁 9。《船山全書》第四冊，頁 587。

膳也。孕，已生犢者。」此謂祭天之禮用一牛，而社稷之祭則用牛羊豕三牲。天子至諸侯之國，諸侯奉食，只用一犢；諸侯朝見天子，天子賜宴則亦用牛羊豕三牲。爲表達至敬之心，故祭祀須專一。因之，天子不食懷孕的牛，祭祀上帝亦不用懷孕的牛。此爲「郊特牲」之義。至於祭祀用小牛，所重乃在專誠。即〈郊特牲〉所云：「於郊，故謂之郊。牲用騂，尚赤也。用犢，貴誠也。」船山注云：「郊於郊，別於祭地之於國中，地有分守，天道曠遠也。騂，黃赤色，今黃牛色帶赤者。尚赤，周道也。誠者，敬之至，不以豐大爲美。〔註45〕」此謂行禮在郊外，故名爲「郊」。祭祀用黃尺色小牛，是因周代崇尚赤色之故。而以小牛爲祭，則是珍視其誠一。合上之說，以牛爲牲，亦天子、諸侯太牢之祭。

（四）薦羞

薦羞品類較多，豆、籩之實，皆屬薦羞。《禮記・內則》所載膳羞，類別亦多。其「膳」之物若「膳：（月鄉合字）、臐、膮、牛炙；醢、牛胾；醢、牛膾、羊炙、羊胾；醢、豕炙；醢、豕胾；芥醬、魚膾；雉、兔、鶉、鷃。」船山注云：「膳，美食，蓋庶羞豆實也。牛臡曰（月鄉合字），羊臡曰臐，豕臡曰膮。三者皆煮肉，少汁，無菜和，故登豆也。炙，烙肉。胾，切熟肉爲大臠。醢有四品，雜用諸醢以和胾炙而食者。膾，細切肉，腥食也。芥醬，搗芥子末雜鹽釀之。鶉，鵪鶉。鷃，莊子所謂斥鷃，黃雀也。雉兔鶉鷃皆腊也。〔註46〕」其「羞」之物，若「羞：糗、餌、粉、酏食。……。」船山注云：「羞，進也，謂加進豆籩之實也。糗，炒米粉。粉，炒豆屑。合蒸曰餌，今之餻也。餅之曰餈。餌餈既熟，以糗粉傅之，令不黏手，便舉持，此加籩之實也。酏食糝食，二者加豆之實也。……。〔註47〕」此爲薦羞之物，然以類別繁多，如「濡」法之「濡豚、濡雞、濡魚」；「膾」法之「用蔥、用芥、用醢」等，僅能舉一二詞以證，他則於〈內則〉中詳載，亦知古人於食之羞蒐羅廣涯。

再以烹煮之法，亦古人所重，今之所謂「食神」者，亦古善於餐食之膳夫。《禮記・內則》云：「淳熬：煎醢加于陸稻上，沃之以膏，曰淳熬。淳母：煎醢加于黍食上，沃之以膏，曰淳母。」船山注云：「淳，亦沃也。熬，亦煎

〔註45〕　《禮記章句》卷十，頁19。《船山全書》第四冊，頁639。
〔註46〕　《禮記章句》卷十二，頁22。《船山全書》第四冊，頁690。
〔註47〕　《禮記章句》卷十二，頁23。《船山全書》第四冊，頁691。

也。煎醢者，以膏炒醢也。陸稻，陸種之稻，今閩、粵有之。沃，炸也，以陸稻粉爲饗，煎醢爲其餡而以膏炸之，令熟可食也。淳母之母，謂之母者，未詳。〔註48〕」此爲煎、炸之法。又如「炮」法：「炮：取豚若將，刲之刳之，實棗于其腹中，編萑以苴之，塗之以謹塗，炮之；塗皆乾，擘之，濯手以摩之，去其皽（音ㄓㄢˇ，膚上薄膜。），爲蹈粉溲溲之以爲酏，以付豚，煎諸膏，膏必滅之；鉅鑊湯，以小鼎薌脯於其中，使其湯毋滅鼎，三日三夜無絕火，而後調之以醯醢。」船山注云：「炮，燒也。將，牡羊也。刲，殺也。刳，破腹去藏也。萑，亂草。苴，包也。謹塗，赤黏泥也。擘，手除塗也。濯手以摩，乘熱而拭之也。皽，膚上垢皮。溲，糟瀝也。溲，揉和也。付，塗其上也。以溲和稻粉，如爲酏食之法，塗傅豚上而炸之，勿使焦灼也。獨言豚者，以羊大，須切爲大脯以裹酏，不全煎也。滅，漫其上而沒之也。鑊，釜也。湯，煮沸湯也。前言付豚，此言薌脯，互文。羊脯亦付，煎豚亦薌也。薌，用蘇荏和之也。納煎肉於小鼎，置之鉅鑊湯中溫頓之也。湯不滅鼎，不使湯入鼎也。三日三夜，溫微火而旋添鑊水，需其糜也。炮豚，炮羊，八珍之一，以炮煎法同，故合記之。〔註49〕」「淳」、「炮」外，尚有「擣珍」之法，即取牛羊麋鹿之背脊肉，捶擣之，去其筋，煮熟，加之和之。亦有「漬」法，即取新鮮牛肉片，浸于酒內一日，加佐料而食之。亦有「熬」法，即將牛、羊或麋之肉擣爛，以桂皮、生薑、鹽淹過，加醬而食之；或將肉晾乾，擣軟後再食。亦有「肝膋」之法，即取犬之肝，外加犬之網油，於火上烤，食時不加香草。

以上之法，即薦羞「八珍」之說，船山統作結論云：「此章言造八珍與羞豆之法，……。夫古人以之爲珍而奉之將其愛敬者，於此極矣。自今觀之，則下肆之所鬻，田野之所供，食農人而飽役夫者，亦此物焉。古人豈不能窮山海之品，極修治之精，以蘄乎至美哉？而以爲苟可以適口而養生，則愛敬於斯盡而養道於斯成，君子事人之道盡矣。〔註50〕」因食而盡愛敬，斯道爲善。

（五）器皿

服制、飲食之外，器皿亦古人生活重要器物。蓋無器物，則食不得其食，物亦不能盡其用。故器皿於飲食之間，爲一緊要物品。若其用途，仍以「述

〔註48〕 《禮記章句》卷十二，頁34。《船山全書》第四冊，頁702。

〔註49〕 《禮記章句》卷十二，頁35。《船山全書》第四冊，頁703。

〔註50〕 《禮記章句》卷十二，頁38。《船山全書》第四冊，頁706。

飯」、「酒飲」、「牲羞」之器爲多。

《禮記》全書，所載器皿，雖不若《周禮》、《儀禮》豐實，然所載以之述飯、酒飲、牲羞之器，於〈禮器〉、〈明堂位〉、〈郊特牲〉等篇中亦見之，茲舉其物證以爲言說。

以盛飯之器言：《禮記・喪大記》云：「食粥於盛不盥，食於篹者盥。食菜以醯醬。始食肉者先食乾肉，始飲酒者先飲醴酒。」船山注云：「盛，杯盂之屬。不盥者，歠不污手也。篹，筥也，織竹爲之。古人飯以手，故盥之，言爲食故盥，非求潔清致飾也。〔註51〕」「盛」，爲杯盂，即碗之謂。以意言之，即用碗盛著稀飯，捧著喝即不用洗手，用手從飯器中抓乾飯吃，即須洗手。待吃蔬菜時，即先用醋醬醃漬，始吃肉時，先吃乾肉；始喝酒時，先喝甜酒。

又以盛酒之器言：《禮記・禮器》云：「宗廟之祭，貴者獻以爵，賤者獻以散；尊者舉觶，卑者舉角；五獻之尊，門外缶，門內壺，君尊瓦甒。」船山注云：「獻尸爲貴，獻賓長兄弟祝佐食爲賤。舉，舉酬也。尊者，賓長長兄弟。卑者，眾有司。爵，容一升；散，五升；觶，三升；角，四升。五獻，子、男相饗之禮，舉子、男以統公、侯也。壺，容一升。瓦甒，所謂瓦大也，容五斗。缶，未聞，當倍壺，容二石也。君尊，兩君所酌之尊。門內酌諸臣之尊，門外酌士旅食者。〔註52〕」既云宗廟之祭，則主人以小杯獻尸，佐者則用大杯以獻。尸入，舉奠觶，亦是小杯；尸酢主人，則用角，角是大杯。至於子男飲宴，最大的酒缶置於門外，較大的酒壺則置於門內，若主客互酬即用最小之酒器。則一升之爵，二升之觚，三升之觶，四升之角，五升之散，皆古之飲酒器。而爵之容量最小，若壺則大於石，小於缶。又「君尊」者，乃子男所用之酒尊；而「瓦甒」即船山引〈燕禮〉所云「瓦大」者，其容五斗。知酒器於春秋戰國之際，頗見盛況。

再以牲羞器言：烹牲之器曰鑊，亦曰釜，曰鬵，皆爲大鍋。如《詩・檜風・匪風》所云：「誰能烹魚，溉之釜鬵。」毛傳云：「鬵，釜屬〔註53〕」可證。再以盛牲禮之器曰鼎，商、周時均作盛器之用，形制雖多，不外圓鼎、方鼎二者，且行於殷商及西周初期。〔註54〕鼎之外，亦有「俎豆」及「籩」，

<hr />

〔註51〕《禮記章句》卷二十二，頁 19～20。《船山全書》第四冊，頁 1059～1060。
〔註52〕《禮記章句》卷十，頁 11。《船山全書》第四冊，頁 587。
〔註53〕《十三經注疏・詩經》頁 265。
〔註54〕錢玄《三禮通論》頁 150。

「俎」爲承載牲體之器，即所稱之「刀俎」；「豆」爲濡物之器；而「籩」者，則爲盛乾物之器。凡陳饌，鼎、俎多奇數，籩、豆多偶數。鼎俎《禮記·郊特牲》云：「鼎俎奇而籩豆偶，陰陽之義也。」船山注云：「鼎有牢鼎、有陪鼎；牢鼎或九、或七、或五、或三，陪鼎或三、或一。俎如鼎，一鼎而一俎也。籩，盛果餌脯鮑者。豆，盛菹醢，自四至百二十，皆偶也。陰陽者，天一地二，天三地四，天五地六，天七地八，天九地十，陽奇而施，陰偶而受也。鼎俎爲主，籩豆爲從。〔註55〕」所謂「牢鼎、陪鼎」之義，依《儀禮·聘禮》所載，凡牛一、羊二、豕三、魚四、腊五、腸胃六、膚七、鮮魚八、鮮腊九，是鼎九，爲牢鼎，其數奇。而（月鄉合字）一也、臐二也、膮班也，爲陪鼎，其數亦奇。而「籩豆偶者」，依《禮記·禮器》所載，則天子之豆二十有六，諸公十有六，諸侯十有二，上大夫八，下大夫六。是按船山之意，則「鼎俎奇而籩豆偶」者，乃指酒席陳設的鼎和俎，或九或七或五，皆爲單數；而籩豆，或二十六或十六或十二，皆爲複數，所取在合於陰陽之義。以上所云，蓋器皿之大概。

總之，若服制，若飯食，若酒飲，乃至膳牲、薦羞、器皿之作，雖爲適身適口而養生，而其實乃以此服制、、飲食施之於政而奉之於長，則能行其愛敬之養；愛敬之養成，乃即船山所云「君子事人之道盡矣。」之謂。

第二節　「宮室樂舞」說

言「宮室」者，必與屋舍建築有關。《禮記》述及宮室者較鮮，《周禮》《儀禮》論及建築名稱者即多。以《周禮》《儀禮》建築名稱言，則以「宮室」所言，則「都城」、「寢廟」、「堂序」、「庠塾」、「璧癰」爲主要；《禮記》所述，則〈明堂位〉、〈王制〉言宮室寢廟較具體。而「樂舞」所言，則《周禮》、《儀禮》所載居多；若《禮記》則見〈樂記〉、〈明堂位〉〈內則〉篇章。說述如下：

一、宮室

（一）都城寢廟

殷、周時代，自天子至諸侯皆有都城，所轄範圍，則天子都城方九里，諸侯大者都城亦九里，其次七里，再其次五里，三里。如《周禮·考工記·

〔註55〕《禮記章句》卷十一，頁29。《船山全書》第四冊，頁649。

匠人》云：「匠人營國，方九里。」「營國」，謂營王都。又《周禮·春官·典命》云：「上公九命爲伯，其國家……皆以九爲節。侯伯七命，其國家……皆以七爲節。子男五命，其國家……皆以五爲節。」鄭注：「國家，國之所居，謂城方也。公之城蓋方九里，宮方九百步。侯伯之城蓋方七里，宮方七百步。子男之城蓋方五里，宮方五百步。〔註56〕」《周禮·考工記》以天子都城方九里，而〈典命〉又以大國都城方九里，則古籍所載，周天子與大國之都，約爲九里，其次爲五里，其次爲三里，爲有據可循。

以都城設計言，則天子都城有十二門，城內有九經路，九緯路，路廣容九軌。都城之中，設立王宮，其面積則天子及大國方三里，小者方一里，築城圍之，稱中城。天子之中城稱「周城」，諸侯稱「軒城」。此周城、軒城爲古之「大廟」，即所謂之「明堂」，亦施政之所。《禮記·明堂位》云：「大廟，天子明堂。庫門，天子皋門。雉門，天子應門。振木鐸於朝，天子之政也。」船山注云：「明堂，天子大廟之堂。今魯大廟之崇廣如之。天子五門，外爲皋門，次庫門，次雉門，次應門，次路門。諸侯唯庫、雉、路三門，崇廣亦降於天子。魯雖三門，而庫門之制如皋門，雉門之制如應門。天子雉門外設兩觀，爲象魏懸法於上，而遒人振木鐸以徇眾，象魏之下爲外朝。魯設兩觀，徇木鐸，皆擬天子矣。政，謂布政之所。〔註57〕」船山釋「明堂」，謂天子周城有五門，此同於鄭注引鄭司農云：「王有五門，外曰皋門，二曰雉門，三曰庫門，四曰應門，五曰路門。〔註58〕」諸侯則爲軒城三門，即雉門、庫門與路門。而大夫、士爲二門，即廟門、寢門之外，又有外門，亦稱大門。天子諸侯宮門皆有豪門，天子庫門兩旁有雙闕，亦稱兩觀，縣象魏。諸侯之雉門上設一闕，亦即一觀，縣象魏。「象魏」者，《淮南子·本經訓》云：「魏闕之高。」高誘注：「門闕高崇魏魏然。」是象魏爲崇高巍然之貌。

再者，言「闕」，則闕上有屏，而刻雲氣蟲獸爲飾。《禮記·明堂位》云：「山節、藻梲、復廟、重檐、刮楹、達鄉、反坫出尊、崇坫康圭、疏屏，天子廟飾也。」船山注云：「復廟，謂下柱平檐如井闌，上復施柱起脊檐也。重檐，四周檐下更立廊屋、起卑檐，以蔽飄雨也，刮楹，斷檐柱令方也。當門爲鄉。大廟，宮啓四門，四達於廟。……。出尊，出而覆尊也。諸侯之反坫，

〔註56〕《十三經注疏·周禮》頁321。
〔註57〕《禮記章句》卷十四，頁7～8。《船山全書》第四冊，頁779～780。
〔註58〕《十三經注疏》《周禮·天官·閽人》頁114。

但置反爵，而尊在兩楹之間，天子則尊於序，反坫廣長出而檐覆尊也。崇坫，於坫上又甃爲臺。康，亢也，安置也。諸侯受玉則藏之，天子則爲重坫以奠之，人君相見必於廟中，故尊圭之坫皆廟制。屛，樹門外。疏者，雕刻玲瓏，後世所謂『罘罳』。〔註59〕」達鄉之「鄉」，《爾雅・釋宮》云：「兩階間曰鄉」，爲夾戶之窗。而「坫」者，築土爲之，在兩楹之間，獻酬既畢，還爵於坫上，在酒尊之南，故稱「反坫出尊」。若其義則魯廟建築，有山形斗拱，有雕飾圖案的短柱；有雙層的廟宇，複疊的屋檐；有刮光的楹柱及敞亮的大窗；還爵有坫，置於酒尊之南；又有高起的坫，用以頒放大圭，還有刻鏤通花的屛風。皆爲天子大廟內的裝飾。此爲都城魏闕之飾。

再以「路寢」言，其中城之內，路寢在其中，左爲宗廟，右爲社、稷；前爲三廟，後爲三社。若天子六寢，諸侯有三寢。路寢爲正寢，其餘爲燕寢。王后有六宮。寢之東爲宗廟：天子七廟，諸侯五廟，大夫三廟，士一廟，庶人無廟，祭于寢。《禮記・王制》云：

> 天子七廟，三昭三穆與大祖之廟七。諸侯五廟，二昭二穆與大祖之廟而五。大夫三廟，一昭一穆與大祖之廟而三。士一廟。庶人祭于寢。

船山注云：

> 七廟，以劉歆、王肅之說爲正，自禰而上，凡祭六世。其周文、武世室，殷之三宗，魯之魯公、武公，不在七廟之數，非常制也。三昭班穆，以漸而遷，昭常爲昭，穆常爲穆，朱子所謂「昭者祔，穆者不遷；穆者祔，昭者不動」是已。天子之大祖，始受命之君，於周則后稷也。諸侯之大祖，始封之君也。唯三恪之後則以始有天下者爲大祖，始封之君亦從昭穆而遷也。大夫，兼天子諸侯卿大夫之稱。大夫之有大祖，周之季世，大夫世官，僭立其始爲大夫者，如魯季友、仲遂之類，非古制也。〈祭法〉：「大夫三廟，曰考廟，曰王考廟，曰皇考廟。」於禮爲正。士，舊說爲諸侯之上士、中士，亦據〈祭法〉『適士二廟』而言。然下士無祿田不祭，則〈祭法〉「官師」者，亦中士，非下士也。庶人薦而不祭，言祭者，記者之誤。寢，適寢也。〔註60〕

〔註59〕《禮記章句》卷十四，頁8。《船山全書》第四冊，頁780。
〔註60〕《禮記章句》卷五，頁27～28。《船山全書》第四冊，頁323～324。

船山所言，是併宗法與廟寢爲一。至於寢之西則爲「社稷」，社爲土神，稷爲穀神。周遭則設壇，樹木，築矮牆以爲防護。合而言之，由天子都城之立，至寢廟之設，其制皆在維護王者之尊嚴。

（二）堂序房室

都城之內有寢廟，寢廟正中則有堂。階上、室外爲堂。堂之築，以爲設席行禮之用，《論語・先進》云：「由也升堂矣，未入於室也。」皇侃疏云：「窗戶之外曰堂，窗戶之內曰室。」劉寶楠《論語正義》則引〈聘禮〉疏云：「後楣以南曰堂，堂凡四架；前楣與棟之間爲南北堂之中」，則後楣北爲堂與室矣。〔註61〕至於「寢」制，則人君爲居室及左右房，大夫和士則居東房西室，無西房。其「廟」制，則自天子至于士，均居中室，有東西房。東房半以北，有北階。房有戶，室有戶有牖，凡有東西房及侍者，室則牖西而戶東；東房之戶，偏西；西房之戶，偏東。凡東房、西室者：室則牖東而戶西，房之戶偏西。牖戶之間謂之扆，其處設斧扆，即屏風，爲堂上尊者及賓客之位。而堂上東西之中，謂之楹間；堂上南北之中，謂之中堂；堂上隔東西堂之牆曰「序」；序之外，謂之東堂、西堂。東西房與東西堂之間爲東西夾；室之西南隅謂之「奧」；室之西北隅謂之「屋漏」；室之東北隅謂之「宦」；其名稱，一見於《爾雅・釋宮》，又見於《儀禮》〈聘禮〉及〈士喪禮〉。

而室之中，則謂之「中霤」；中霤即中室。《禮記・月令》云：「其日戊己，……。其祀中霤，祭先心。」船山注云：「中霤之祀，於室中西南隅牖下。古者穴居，方中開霤，取牖爲霤之象而祀焉。〔註62〕」則「中霤」居室中西南隅牖之下，所謂「方中開霤」當爲開「天窗」而言。再以「室」說，室爲宮室之始，又爲宮室之主。《禮記・玉藻》云：「君子之居恆當戶，寢恆東首。」船山注云：「君子，有德者之稱。居，燕坐也。當戶，鄉明也。東首者，燕寢南嚮，衽席必橫設之，以避不祥，戶東牖西，東首當戶，亦如晝坐，且鄉牖以知曙也。〔註63〕」若此「恆當戶」之「戶」，即「室戶」之謂。而王國維〈明堂廟寢通考〉辨「宮室」說，即謂：「宮室惡乎始乎！《易傳》曰：『上古穴居而野處，後世聖人易之以宮。』穴居者，穿土而居其中，野處則復土於地而居之。《詩》所謂『陶復陶穴』是也。（《說文》覆地室也）當是之時，唯有

〔註61〕劉寶楠《論語正義・先進》第十一，頁453。
〔註62〕《禮記章句》卷六，頁40～41。《船山全書》第四冊，頁414～415。
〔註63〕《禮記章句》卷十三，頁6。《船山全書》第四冊，頁730。

室而已，而堂與房無有也。初爲宮室時亦然。故室者，宮室之始也，後世彌文，而擴其外而爲堂，擴其旁而爲房；或更擴堂之左右而爲箱爲夾爲个。（三者異名同實）然堂後及左右房間之正室，必名之曰室，此名之不可易者也。故通言之，則宮謂之室，室謂之宮。析言之，則所謂室者，必指堂後之正室，而堂也房也廂也，均不得蒙此名也。《說文》：『室，實也。』以堂非人所常處，而室則無不實也。晝居於是，（〈玉藻〉：君子之居，恒當戶，戶謂戶室也。）夜息於是，賓客於是。（〈曲禮〉時人入戶，視必下。又戶外有二屨，言聞則入，皆謂室戶。）其在庶人之祭於寢者，則詔祝於是，筵尸於是，其用如斯其重也。後庭前堂，左右有房，有戶牖以達於堂，有側戶以達於房，有向以啓於庭，東北隅謂之宧，東南隅謂之窔，西南隅謂之奧，西北隅謂之屋漏，其名如斯其備也。故室者，又宮室之主也，明乎室爲宮室之始及宮室之主，而古宮室之制始可得而言焉。〔註64〕」王氏之說，可謂總結「堂序宮室」之論。

（三）辟廱明堂

「辟廱」、「明堂」分屬不同宮室。前者爲學校之制，後者爲宗廟之制。以「辟廱」者，古太學之謂。以四周環水如壁，故有此稱。若其名爲「頖宮」者，乃諸侯學宮之稱，或以北半面無水，而有此說。

《禮記・王制》云：

> 天子命之教，然後爲學。小學在公宮南之左，大學在郊。天子曰辟廱，諸侯曰頖宮。

船山注云：

> 諸侯之世子以下八歲而入小學，故學在公宮東南，以息幼也。十五而入大學，則學在郊，以遊其志也。未賜之教者，欲學則就天子之學。郊，因國之小大爲近遠。百里之國，二十里爲郊；七十里之國，九里內爲郊；五十里之國，三十里內爲郊。「辟廱」、「頖宮」，周天子子及魯侯班（頒）政教之宮。引水環之，即所謂「澤宮」者是也，饗射設樂及戎祀莅誓則於是。辟，壁也。頖，本作泮。廱、泮皆水名。辟廱，引廱水環宮，圓如壁也。頖宮者，泮水環宮也。〔註65〕

船山云「辟廱」之「辟」爲「壁」，壁爲圓形，中有孔。「廱」則未解。

〔註64〕王國維《觀堂集林》卷第三，頁 123～124。
〔註65〕《禮記章句》卷五，頁 18～19。《船山全書》第四冊，頁 316～317。

鄭注則謂：「辟，明也。廱，和也。〔註66〕」「明和」者，軒敞明亮之謂，亦政教之所。「頖」即「泮」，是「頖宮」，亦作「泮宮」。《說文·水部》：「泮，諸侯鄉射之宮，西南爲水，東北爲牆。」是泮爲本字。或說魯有泮水，築宮於上，以爲教化，因稱「泮宮」，又稱「頖宮」。

而「明堂」者，亦古帝王宣明政教之所，前已述及，今再補充。《禮記·月令》所云：東曰青陽，西曰總章，南曰明堂，北曰玄堂，中曰太廟，皆明堂之稱，而天子者，「居明堂右个」。船山注云：「明堂右个，謂是南鄉西偏室。〔註67〕」是爲天子南鄉而施政之處。《禮記·明堂位》云：「昔者周公朝諸侯於明堂之位。」船山注云：「朝，謂序其朝位也。明堂，大廟之堂，堂基去地高九尺，廣九筵，深七筵，筵九尺，前爲階，旁闢四門。古者天子必於大廟見諸侯，而路寢乃以聽政，廟在庫門之內，於路寢爲左，廟堂南鄉，諸侯四面立焉。〔註68〕」以「路寢」稱明堂，則此明堂，當在寢宮之郊。此《大戴禮記·明堂位》云：「明堂者所以明諸侯尊卑，外水曰辟雍。」又云：「周時德澤洽和，蒿茂大以爲宮柱，名蒿宮也，此天子之路寢也。不齊不居其屋。」由「不齊不居其居」，知「明堂」爲「天子之路寢」，而「辟雍」者，爲明堂外之環水，故昔以明堂稱路寢，又稱辟雍，其實仍有所異。

船山云「明堂」廣筵九尺，一筵九尺，九九八十一尺，是爲廣袤。故以呂不韋謂「明堂」爲纖小者，乃妄而不當，是以特爲駁斥。〈明堂位〉章旨云：「自呂不韋之興，沿流至漢，謂天子國之南立一十二月頒政之宮，曰明堂，公玉帶之徒又以邪說文之，而上圓下方九室十二庭纖妄之制出，不特規模瑣屑，同於兒戲，遷徙避就，等於師巫，且令匠者無所施其結構，小道害正，莫有如此之甚者也。」頒政之在廣在闊，規爲九室十二庭，是爲纖狹，與「明堂」之義，顯有相違，故船山直言「小道害正」，良有以也。

二、樂舞

「樂」在殷、周之際，不僅爲藝術表現，亦具政教作用。樂器、樂舞所示，一爲顯現和諧，一爲顯現道德，教化之義甚爲明確。《禮記·樂記》云：

> 是故樂，在宗廟之中，君臣上下聽之，則莫不敬；在族長鄉里之中，長幼同聽之，則莫不和順；在閨門之內，父子兄弟同聽之，則莫不

〔註66〕《十三經注疏·禮記》卷十二，頁236。
〔註67〕《禮記章句》卷六，頁32～33。《船山全書》第四冊，頁408～409。
〔註68〕《禮記章句》卷十四，頁2。《船山全書》第四冊，頁774。

和親。故樂者，審一以定和，比物以飾節，節奏合以成文，所以合
和父子君臣，附親萬民也，是以先王立樂之方也。

船山注云：

> 樂，謂〈雅〉、〈頌〉之樂。宗廟之中，祭之事也。上，堂上之賓、
> 尸。下，堂下之有司。族長者，百家爲族，合於其長之室，謂鄉飲
> 酒也。閨，室中。閨門之內，肄習之事也。「敬、順、親」皆言和者，
> 本其心之和平以成三者之德，所謂善賓也。「一」，人聲也，八音皆
> 依人聲爲準，審人聲之和，則八音皆從此定也。比，合也。物，謂
> 「金、石、絲、竹、匏、土、革、木」之器。飾節，謂以八音輔成
> 人聲之節也。文，樂之章也。〔註69〕

是「樂」行於宗廟之中，使君臣和敬；行於族長鄉里之中，使長幼和順；
行於閨門之內，使父子兄弟和順，即船山所云「本其心之和平以成三者之德」，
乃所謂之「善心」。推而廣之，則：

> 故聽其〈雅〉、〈頌〉之聲，志意得廣焉；執其干戚，習其俯仰詘伸，
> 容貌得莊焉；行其綴兆，要其節奏，行列得正焉，進退得齊焉。故
> 樂者，天地之命，中和之紀，人情之所不能免也。

船山注云：

> 心所期嚮曰志；念所發起曰意。廣，謂擴充於義理而不爲物欲所拘
> 也。要，合也。言行乎綴兆之時，疾徐周折皆樂聲之抑揚相符也。
> 天地之命，人之性也。樂自和生而與禮相互成，故爲「中和之紀」。
> 紀，統也，性有其則而因情以發，情所必發，樂由之生，若其以至
> 於命而致中和者，則先王立樂之盡善者爲之也。〔註70〕

「情之所發」，雖樂由之生，然必有其器，有其樂舞，才能「疾徐周折」，
與「樂聲之抑揚相符」。否則無樂器，無樂舞，其疾徐周折仍無由彰顯。至於
樂器、樂舞於古樂之中，各有所表，宜分別言述。

（一）樂器

古之樂器，就出土器物言，不出「打擊樂器」、「管樂器」及「弦樂器」
三者。

以打擊樂器言，如：鐃、鉦、鐘、鎛、鐸、磬、鼓等。「鐃」，爲較早之

〔註69〕《禮記章句》卷十九，頁66～67。《船山全書》第四冊，頁953～954。
〔註70〕《禮記章句》卷十九，頁66～67。《船山全書》第四冊，頁953～954。

打擊樂器，形於殷商，狀如鈴，稍大，口部呈弧形，體短，體闊大於體高。執柄，口向上，持槌擊之，用於軍中。「鉦」，亦打擊樂器。狀如鐃，形較長，有較粗管狀之柄，通入鉦體腔內。「鐘」，爲周代主要打擊樂器，亦稱「鍾」，本字爲「鐘」。形制與鐃、鉦相似，體非正圓，作合瓦形。鐘口兩惻有銳角，名「欒」，又名「銑」；兩銑之間下緣名「于」，于上名「鼓」，鼓之中部名「隧」，爲打擊之處。鼓上名「鉦」，有鐘帶分鉦爲縱三橫四，成十二格，鐘帶名「篆」。篆間有鐘乳突出，名「枚」，枚亦名「景」，每格三枚，共三十六枚。鉦上爲鐘頂，橢圓形，名「舞」；鐘頂上有柄，名「甬」，甬端平正，名「衡」；甬之近下部份有半環，名「幹」，或鑄成獸狀，亦稱「旋蟲」；半環貫一正環，用以懸於虡。若「鎛」者，形制與鐘相同，但體特大，作樂時擊鎛以示節奏。而「鐸」，爲撞擊樂器，形如甬鐘，而體較小，下口呈凹弧形；頂部有長方形內空之銎，用以納木柄；腔內有舌，搖之作聲。鐸之舌有銅與木二種、銅舌謂之「金鐸」，用於軍事、田獵；木舌謂之「木鐸」，用於政教。若「磬」者，亦打擊樂器。磬體分股、鼓兩部，成 135 度鈍角形。股略缺，短而輕；鼓略狹，長而重。股、鼓間有孔可懸掛、懸掛時，股上翹，鼓下垂，以鼓作爲敲擊之處。而「編鐘」、「編磬」，則大小鐘、磬依次編懸於一虡者謂之。其數少者三枚，多者十六枚。凡僅有編磬者，謂之堵；鐘一堵、磬一堵，二者合之謂肆。至「鼓」者，又稱革樂，或爲打擊樂器中一大類。依裝置不同，分足鼓、楹鼓、縣鼓三類。而一般所持的小鼓，又稱爲「鞉」，其軍小鼓則稱鼖。〔註71〕

　　《禮記‧樂記》云：「鐘、鼓、管、磬、羽、籥、干、戚、樂之器也。」船山注云：「籥，舞者所執吹者也。《詩》云：『左手執籥。』〔註72〕」又：「樂者，非謂黃鐘、大呂、弦歌、干揚也，樂之末節也，故童者舞之。」船山注云：「黃鐘，陽律之長。大呂，陰律之長，舉其長以該十二律，謂音中律呂之節也。揚，鉞也，即所玉戚也。〔註73〕」又：「聖人作爲鞉、鼓、（木空合字）、楬、壎、篪，此六者，德音之音也。然後鐘、磬、竽、瑟以和之，干、戚、旄、狄以舞之。此所以祭先王之廟也。」船山注云：「鞉，小鼓，兩旁有耳，搖而自擊。（木空合字）」，柷也。楬，崌敔也。壎，燒土爲之，大如鵝卵，六

〔註71〕參見錢玄《三禮通論》頁 261～274。
〔註72〕《禮記章句》卷十九，頁 19～20。《船山全書》第四冊，頁 905～906。
〔註73〕《禮記章句》卷十九，頁 47～48。《船山全書》第四冊，頁 934～935。

孔。篪，如笛，七孔。六者皆以爲樂之節，唯雅樂用，淫樂無能用也。竽，編三十六管，橫吹之。〔註74〕」則〈樂記〉所載、船山所注，則打擊樂器爲宗廟所常用者，當爲黃鐘、大呂、鼓、鞉、鐘、磬等，其餘爲橫吹之管樂器及弦樂器。至於「鐘、磬」亦有其置設之架。《禮記・明堂位》云：「夏后氏之龍簨虡，殷之崇牙，周之璧翣。」船山注云：「縣鐘磬之架，橫者曰簨，字或作筍，植者曰虡。龍，刻爲龍形也。崇牙，於簨上設大板，刻爲齟齬，以繫鐘磬之紘。樹羽，垂五采羽葆於簨端，如流蘇然。〔註75〕」此皆樂器外飾之作，亦見古人製作之精巧。

然則「鐘、磬、鼓、鼙」合以致樂，其意當在振作士氣。《禮記・樂記》則言「鐘磬鼓鼙」打擊樂器外，又舉「絲竹竽笙簫管」之管樂及弦樂之器。且云：

> 鐘聲鏗，鏗以立號，號以立，橫以立武，君子聽鐘聲則司武臣。石聲磬，磬以立辨，辨以致死，君子聽磬聲則思封疆之臣。絲聲哀，哀以立廉，廉以立志，君子聽竽笙簫管之聲則思畜聚之臣。鼓鼙之聲讙，讙以立動，動以進眾，君子聽鼓鼙之聲則思將帥之臣。君子之聽音，非聽其鏗鎗而已也，彼亦有所合之也。

船山注云：

> 鏗，搖空琅然之聲。立，猶生也。號者，呼召之意。橫，氣作充滿也。武臣，勇士。石，磬也。聲磬、「磬以」之「磬」，與「罄」同，盡也，音聲即止，無餘聲也。「辨」，響寂有界而不侵也。「哀」，清警也。「廉」，亦清也。「志義」，事君無二心。「濫」者，音長引如水之流濫也。「會」，委曲會合也。「鼙」，小鼓有柄者。「讙」與「喧」同，囂闐也。將帥，武臣之長，司進退者也，「合之」，謂合其心也。
>
> 〔註76〕

樂器敲擊，因聲而感，感而遂動。由實體之物，借動作之要，發聲音之響，而生心靈之撼，「樂」之感人乃深。此如鐘聲鏗鏗然，可以號召群眾，群眾聽聞號召之聲即興奮，興奮即可建武功。是以君子聽鐘聲自然聯想起雄赳赳的部下。石磬之聲硜硜然，聽來極感責任分明，責任分明即能生死以之。

〔註74〕《禮記章句》卷十九，頁52。《船山全書》第四冊，頁940。
〔註75〕《禮記章句》卷十四，頁13。《船山全書》第四冊，頁785。
〔註76〕《禮記章句》卷十九，頁53～54。《船山全書》第四冊，頁940～941。

是以君子聽聞磬聲自然聯想起爲保衛國土而犧牲的部下。鼓樂之聲哀怨，可以使人正直，正直則有志節。是以君子聽聞琴瑟之聲自然聯想起有志節的部下。管樂之聲收斂，有聚合之意味，聚合則能安撫群眾。是以君子聽聞簫管之聲自然聯想起能安撫群眾的部下。鼓鼙之聲喧鬧，可以使人激動，激動即可促進群眾。是以君子聽聞鼓鼙之聲自然聯想起統率群眾的部下。總之，君子之聽音樂，並非只欣賞鏗鏘的聲音。而是從震動的聲音中引發無限的聯想。

　　打擊樂器有其器有其聲，亦有其感。即管樂器亦如此。如上述之「塤」，爲管樂器最原始之一種，以陶爲之，大如鵝卵。銳上平底，上有吹孔，旁有按音孔，按音孔數不等，由一孔至七孔，音孔越多，發出的越聲亦越多。「籥、笛、簫、篪」四者，「籥」與「笛」均爲竹製器中較早的樂器，「籥」二孔而短，「笛」五孔，均直吹。「篪」爲橫吹之竹製樂器，有七孔或八孔之製，長一尺四寸，吹孔突起，又名「翹」。「簫」，編小管爲之，由低音之長管至高音之短管列。大者以二十三管編成名「言」；小者以十六管編成，名「筊」。簫亦名籟，又名「參差」。秦漢所吹的簫爲排簫，後世則爲單管直吹的排簫。而「竽、笙」二者，爲集長短之管於匏內，管端置簧片，發音與直接以口唇吹奏之笛不同。竽，三十六管；笙，十三管。《禮記・明堂位》云：「垂之和鐘，叔之離磬，女媧之笙簧。」以上樂器，船山未再就「鐘、磬、笙簧」一一抒解，只云：「三者皆用古人之制爲之，非必古器也。〔註77〕」蓋疑此古樂器已非舜之垂（共工）、叔（無句，始作磬者。）、女媧（風姓）所作。至於樂器之載，則《周禮・春官》〈笙師〉及〈小師〉篇均述之，可資考證。

　　弦樂器較常見者爲「瑟、琴、箏、筑」四者。「瑟、琴」產生年代較打擊樂器及管樂器爲後，約春秋、戰國之時。「瑟」，二十七弦，大瑟長八尺一寸；小瑟長七尺二寸。琴小於瑟，初爲五弦，長三尺六寸六分。《禮記・明堂位》云：「拊搏、玉磬、揩、擊、大琴、大瑟、中琴、小瑟，四代之樂器也。」船山注云：「拊搏，以韋爲之，如小鼓，充之以穅，築地作聲。揩，與戛同。擊，搗柷也，大琴，大瑟，未聞。世傳古瑟五十絃，帝以其太悲，分之爲二十五絃，其此類與？〔註78〕」船山云「世傳古瑟五十絃」，或受流傳李商隱〈無題〉詩作「錦瑟無端五十絃」影響，而以「未聞」及「其此類與」言述，則對未知之事不隨意論斷，亦見治學之「眞誠」。

〔註77〕　《禮記章句》卷十四，頁 13。《船山全書》第四冊，頁 785。
〔註78〕　《禮記章句》卷十四，頁 11。《船山全書》第四冊，頁 783。

瑟、琴之外，若箏、筑亦流行於戰國之時，二樂器外形相似，都在竹體上張弦而成。箏、筑弦數均較瑟少，初爲五弦，後增至十二弦。箏，用手彈，即時稱之「彈箏」，流行於秦；筑，用竹尺擊弦，即時稱之「擊筑」，流行於齊。〔註79〕

（二）舞蹈

舞有大舞、小舞之別。小舞據《周禮・樂師》依所執舞具之不同，分爲帗舞、羽舞、皇舞、旄舞、干舞、人舞六種。依性質所宜，用於不同場合，又分文舞、武舞二種。《禮記・內則》所述之「勺舞」、「象舞」，均爲小舞之文舞，船山則以「勺舞」爲文舞，「象舞」爲武舞。

〈內則〉云：「十有三年，學樂誦詩，舞勺；成童，舞象，學射御。」船山注云：「勺，文舞。成童十五以上。象，武舞。〔註80〕」鄭注：「先學勺，後學象，文武之次也。〔註81〕」而《禮記・明堂位》云：「升歌〈清廟〉，下管〈象〉；朱干玉戚，冕而舞〈大武〉。」船山注云：「升歌，堂上之歌。下，堂下也。管，笙奏。象，〈周頌・武〉之篇。〔註82〕」鄭注：「象，謂〈周頌・武〉也。〔註83〕」船山承鄭注，言「勺」爲文舞，「象」爲武舞，然爲〈周頌〉之「武」，則爲「大武」。孔穎達疏則持不同之見，引熊安生云，謂：「用干戈之小舞也。」以其年尚幼，故習文武之小舞也。〔註84〕」以「象舞」爲小舞。然則「象舞」究爲小舞，亦或大舞？王國維〈說勺舞象舞〉即有所辨析，謂：「周一代之大舞，曰『大武』；其小舞曰『勺』、曰『象』。〈內則〉十有三年學樂，誦詩，舞勺，成童舞象。鄭注：『先學勺，後學象，文武之次也。』疏引熊安生云：『勺，籥也。』言十三之時，學此舞籥之文舞也。又云：『象，謂用干戈之小舞也。是勺與象皆小舞，與大武、大夏之爲大武者不同。』然漢人皆以勺與象與大武爲一。燕〈禮記〉『若舞則勺。』注：『勺，〈頌〉篇告成大武之樂歌也。』又〈明堂位〉下『管象』注曰：『象，謂周頌武也。』及以勺爲酌，象爲武，皆大武之一成。《白虎通・禮樂篇》周樂曰大武、象，周公之樂曰酌，合曰大武。周公曰酌者，言周公輔成王，能斟酌文武之道而成

〔註79〕 參見錢玄《三禮通論》261～280。
〔註80〕 《禮記章句》卷十二，48。《船山全書》第四冊，頁718。
〔註81〕 《十三經注疏・禮記》卷第三十一，頁578。
〔註82〕 《禮記章句》卷十四，頁5～6。《船山全書》第四冊，頁777～778。
〔註83〕 《十三經注疏・禮記》卷第二十八，頁538。
〔註84〕 同上，頁539。

之也。武王曰象者，象太平而作樂，示已太平也。合曰大武者，天下始樂周之征伐行武云云，是亦以勺與象皆大武之一節也。《呂氏春秋·古樂篇》：武王即位，以六師伐殷，六師未至，以銳兵克之於牧野，歸乃薦俘馘於京大室，乃命周公作爲大武，成王立，殷民反。王命周公踐伐之，商人服象爲虐於東夷，周公遂以師逐之，至於江南，乃爲三象以嘉其德，此雖別武與象爲二，又以象爲周公之樂，與《白虎通》說正，然以三象爲繼大武而作，又以象爲周公南征之事，正與〈樂記〉大武四成而南國是疆，五成而分周公左召公右，及武亂皆坐周召之治相合，疑武王之六成本是大舞，周人不必全用之，取其弟（第）二成用之謂之武；取其弟三成謂之勺，取其四成五成六成用之謂之三象。故《白虎通》謂酌、象合曰『大武』，而鄭君注禮亦以武象爲一也。然謂武亦有象名則可，謂《詩序》之象舞與禮下管所奏之象即大武之一節則不可。《詩序》『維清，奏象舞也。』以武奏大武也例之。象舞當用維清之詩，而維清之詩。自詠文王之文德，與〈清廟〉維天之命爲類，則禮之升歌與〈清廟〉下管象者，自當下管維清，不當管武宿夜以下六篇也。且禮言升歌、清廟、下管象者，皆繼以大武。管與舞不同時，自不得同一詩。《左傳》見舞象、箾、南籥者，見舞大武者，是大武之外又自有象舞，且與南籥連言，自係文舞與武之爲武舞有別，維清之所奏，與升歌清廟後之所管，內則之所舞，自當爲文舞之象，非武舞之象也。二者同名異實，後世往往相淆，故略論之。〔註85〕」則此「象舞」者，非「大武」之舞，而爲「大武」外之象舞，是而爲文舞而不爲武舞，其爲武舞之「象」者，與文舞之「象」，當爲同名而異實，是船山所言、鄭注所述之「武舞」，或有差誤，以是王氏特爲辨正，且以「後世往往相淆，故略論之。」證得〈內則〉之「象舞」，非爲武舞，乃爲小舞之文舞。

　　至於小舞人數，則因等級不同而異。天子八佾，八佾即八行。小舞之行列乘方行，行數即是每行人數，八佾則爲八八六十四人。若諸侯六佾，即三十六人；大夫四佾，即十六人；士二佾，即四人，依次遞減。

　　再以大舞說。《周禮·春官·大司樂》載：大舞有六代之舞，即雲門大卷、大咸、大韶、大夏、大濩、大武。各舞皆有樂章。「雲門大卷」爲黃帝之樂；「大咸」爲「堯」之樂；「大韶」爲舜之樂；「大夏」爲禹之樂；「大濩」爲湯樂，而「大武」則爲武樂。〔註86〕《禮記·樂記》亦載：「大章，章之也。咸

〔註85〕王國維《觀堂集林》卷二，〈說勺舞象舞〉，頁109～111。
〔註86〕《十三經注疏·周禮·春官·大司樂》鄭注，頁338。

池，備矣。韶，繼也。夏，大也。殷周之樂盡矣。」船山注云：「〈大章〉，堯樂名，言章明其德也。〈咸池〉，黃帝樂名，『池』之為言施也。言德咸備而施之溥也。〈韶〉，舜樂名，謂紹繼堯治。〈夏〉，禹樂名，言功被四海。殷、周之樂，謂〈大濩〉、〈大武〉也，兼文德武功而盡之。〔註87〕」惟周代以前的大舞，其內容及所配樂章已不可考，若周之「大武」舞，舞分六成，「成」猶今戲劇之分場，與小舞之純舞者有別。

《禮記‧樂記》云：

> 賓牟賈侍坐於孔子，孔子，曰：「夫〈武〉之備戒之已久，何也？」對曰：「病不得其眾也。」「詠歎之，淫液之，何也。」對曰：「恐不逮事也。」「發揚蹈厲之已蚤，何也？」對曰：「及時事也。」「〈武〉坐致右憲左，何也？」對曰：「非〈武〉坐也。」「聲淫及商，何也？」對曰：「非〈武〉音也。」子：「若非〈武〉音，則何音也？」對曰：「有司失其傳也。若非有司失其傳，則武王之志荒矣。」子：「唯。丘之聞諸萇弘，亦若吾子之言。是也。」賓牟賈起，免席而請曰：「夫〈武〉之備戒之已久，則既聞命矣，敢問遲之遲而又久，何也？」子曰：「居，吾語女。夫樂者，象成者也。總干而山立，武王之事也；發揚蹈厲，大公之志也；〈武〉亂皆坐，周、召之志也。」

船山注云：

> 「賓牟」，姓，「賈」名。「武」，大武之樂，周公所作，以象武王發紂之功也。備戒，謂初作樂時擊鼓警眾。病，憂也。憂不得眾者，以臣伐君，事出非常，志難卒喻，故丁寧之也。「詠歌」，歌音長引也。淫液〔泹〕，音若歔羨然。恐不逮事者，聖人之心果於撥亂，不欲留師而黷武也。〈武〉坐，〈武〉舞之坐法。致，膝及地。憲與軒同，起也，謂左足軒起為迅捷之容也。聲淫，聲之淫，謂餘音，猶後世樂府之有豔也。及，流及偏勝也。商，西方金音，殺伐之聲也。有司，樂官。志荒，謂逞志黷武，非聖人不得已而用兵以救民之意。言〈武〉音則〈武〉坐可知。「唯」，急然之詞。萇弘，周之賢大夫。再言「是也」者，深可之也。「聞命」，謂夫子許可其言。「遲之遲」者，謂每奏皆不遽舞，立於綴，若重有所需待也。「又久」，每立皆良久也。既欲及時而逮事，乃復遲久而

〔註87〕 《禮記章句》卷十九，頁29～30。《船山全書》第四冊，頁916～917。

不遽，故「賈」疑之。「象成」，謂合終始而昭其成功，故不可以
一節論，必合觀之乃知其精意。「總」，持也。「干」，盾也。制若
今之燕尾牌然。山立，巋立也，於舞綴間，一人冕而總干，巋立
而不與眾動也。亂，終也。皆坐者，每成之終，皆坐後退也。居
中御動，武王之事，君道也。果毅致武，大公之，將道也。安定
以文，周、召之治，相道也。〔註88〕

　　賓牟賈起身離席，向孔子請教，云：「何以〈武舞〉要備戒如此之久！又
何以演員要站立舞臺不動如此之久！」孔子告訴賓牟賈：「樂舞在模彷過去的
事蹟。」武王伐紂，原意在用武德克服紂王的殘暴，並不以殺伐目的。所以
戲的開始，演員們都只持盾站立不動；而忽然發揚蹈厲進之投入戰爭，卻是
姜太公之意。且而〈武〉舞末章結束，全體演員齊坐，即武功告成之表示，
意謂周公旦、召公奭同時輔政且建立文治之格局。由前後對話、動作、演員
的排列，場景的設計，知此為幕劇的展露。由起始的「總干山立」，進而「發
揚蹈厲」的昂揚鬥志，終而〈武〉亂皆坐，一氣呵成，大舞之分場顯然可見。
再者，〈大武〉亦有場景的分段分幕。〈樂記〉承上段云：

　　且夫〈武〉始而北出，再成而滅商，三成而南，四成而南國是疆，
　　五成而分，周公左、召公右，六成復綴以崇天子。夾振之以駟伐，
　　盛威於中國也，分夾而進，事蚤濟也；冕而總干，久立於綴，以待
　　諸侯之至也。

船山注云：

　　「始」，第一成也。「成」者，一奏之終，如今院本之齣然。「北出」
　　者，紂都河北，周自「雒」北渡以伐之也。「南」，象還師南濟歸周
　　也。疆，理也。南國，「江、漢、汝、墳」間之侯國。周公分治陝西，
　　召公分治陝東，云「左」、「右」者，面北而言之也。「復綴」，復始
　　成之舞位。「崇天子」，環繞總干山立者，象四方之尊奉武王也。「夾」，
　　複行也。「振」，振鐸。駟與四同。一擊一刺為「伐」。列為夾行，鐸
　　聲振則四向擊刺，象播威聲於天下也。「進」，舞者前進也。部分夾
　　隊，進而不亂，象牧野之事，陳而不戰，整師徐行，功已成也。「總
　　干」者，久立於綴，然後進伐交作，象期八百國之師，靜俟其至也。
　　此節備言〈武〉舞之象，以補賓牟賈問之未及，見樂必統論其成而

<hr />

〔註88〕《禮記章句》卷十九，頁56～57。《船山全書》第四冊，頁943～944。

後易象皆通。唯「久立於綴」則正答所問，故終言之。〔註89〕

以場景設計說：武舞隊形有所變化。首自原位向北進行，至孟津會合諸侯後，爲第一幕；軍隊東進，打垮商紂，爲第二幕；君王領兵向南，爲第三幕；南方諸國皆稱臣且收入國界，爲第四幕：軍分二隊，一由周公統治左邊國土，一由召公統治右邊國土，爲第五幕；至第六幕，演員皆回返崗位，意謂天下諸侯齊集京師，崇呼天子萬歲。此六幕中，有時爲排列雙行，搖晃鈴鐸調節擊刺動作，顯示周人以武力征服中國。有時又顯現軍隊分開二列行進，顯示武功已然成就，由周公、召公分治中國。至於最初之場景，有站立原位載歌載舞不移動者，意在表示等待諸侯的會師。本段的確是戲劇的寫法，由一至六幕，劇幕排列演練，人物編排，時間起迄，都是精心設計，鑄爲古之閎闊豪壯大舞劇作，確是殊然。故王國維特贊云：「六篇（成）語意相承，不獨爲一詩之證，其次序亦較然矣。〔註90〕」可謂周浹切當。

第三節 「喪葬」說

「喪葬」之說，已於本書第六章〈禮儀通則〉中概敘之，惟所敘爲「喪祭」之禮，於喪葬之具則述之未多。此但有其禮，有其儀，而無其用具，難免遺珠之缺。故本節仍再就喪葬細目之「殮具」、「棺槨」、及「墓葬」形式，依《禮記》所敘，作一整理補充，庶更能譜知古人「愼終」之義。

一、殮具

「殮」同「斂」，「殮具」同「斂具」。有「角柶」、「飯含」、「含玉」、「夷盤」等具。「殮」有「小殮」、「大殮」。爲死者穿衣稱「小殮」，屍身入棺稱「大殮」。

小殮之前，用角牲、楔齒，使可飯含。角柶平時用爲扱醴，楔齒時，將角柶中部彎曲，以彎曲處插入屍口。〔註91〕《禮記・喪大記》云：

> 始死，遷尸於牀。幠用斂衾，去死衣。小臣楔齒用角柶，綴足用燕
> 几。君、大夫、士一也。

〔註89〕《禮記章句》卷十九，頁57～58。《船山全書》第四冊，頁944～945。
〔註90〕王國維《觀堂集林》卷二，〈周大武樂章考〉，頁108。
〔註91〕錢玄《三禮通論》頁287。

船山注云：

> 死時在北牖下，廢牀，今更於南牖下設牀，遷尸於上，死事始也。「憮」，覆也。「斂衾」，小斂之衾，權用之，襲乃徹，更爲斂用也。「死衣」，死時所易朝服也。去而裸之，待浴也。小臣，正君之服位者，大夫權設其官，「子路使門人爲臣」是已。士則御者攝。楔，拄也，拄之勿令合，使受飯含。「柶」，長六寸，兩頭屈曲出兩吻外，角爲之，取其滑易也。「綴」，襯而拘之，使勿辟戾，可受履也。「燕几」，燕居之几，仄之使几足拘兩足，御者坐持之。「君、大夫、士一」者，安尸事質，不容異也。〔註92〕

「角柶」，爲角質的匙，長兩頭屈曲。而「楔，拄也，拄之勿令合，使受飯含。」者，乃以死後要用珠玉米貝方在死者口中行含禮，恐其牙關緊閉，故於僵硬前以角柶撐著。至於「安尸事質，不容異也。」謂君、大夫、士始死時，所用喪具皆一致。

再以「飯含」，可分「飯」與「含」兩事。天子、諸侯、大夫的飯，用米和以碎玉，含則用玉。士則飯用米，含用貝。《禮記・雜記下》云：「鑿巾以飯，公羊賈爲之也。」船山注云：「公羊複姓，賈名。巾，覆面帛。大夫以上，賓爲之飯，則以巾覆面，當口鑿之，以遠賓之憎惡。士親飯而鑿巾，則子憎其親矣。苟欲僭大夫之禮以尊其親，而不知其陷於大惡也。廢杖、鑿巾，皆記魯禮之失。〔註93〕」「飯含」之禮，須揭開覆於死者臉上之巾，而公羊賈因怕見死者狀貌的怖慄，是以用巾覆死者的臉，此是「以巾鑿面」。然飯時，在其當口處剪開巾以納「含」，爲大夫之禮，若士者，於飯時必揭巾，今公羊賈爲士，不揭巾，反覆巾，則爲失禮，失禮者，必如船山所云：「欲僭大夫之禮以尊其親，而不知其陷於大惡也。」至於「含玉」，已括於「飯含」中；「夷盤」，則爲承冰於盤（槃），置於尸牀下。

次者，死者沐浴後，有「掩」、「瑱」、「幎目」之設。「掩」，用以裹首，代冠束髮，以白綢爲之。「瑱」，原爲古婦女掛於耳之玉飾，爲死者故，則不用玉及象牙，而以綿絮塞耳。其覆於面者有「幎目」，乃以黑繒爲表，紅繒爲裏，充以絮。此於《儀禮・士喪禮》皆有陳述，而大陸《文物》所刊〈江陵馬磚一號墓所見葬俗略述〉所指洛陽中州路發掘東周墓所見，即爲「掩、瑱、

〔註92〕《禮記章句》卷二十二，頁3。《船山全書》第四冊，頁1042。
〔註93〕《禮記章句》卷二十一，頁12。《船山全書》第四冊，頁1008。

幀目」之實況〔註94〕。次者，尸穿衣後，有決、握之設。決與生時射禮所用基本相同，生時之「決」用象骨，尸則用棘木；「握」亦稱握手，以黑色布爲表，紅色布爲裏，內充綿絮，長一尺二寸，寬五寸，握設於左手。此於《儀禮・士喪禮》及〈既夕禮・記〉中見之。

又有「冒」、「絞」者。「冒」，用以韜尸，形如直囊，分上下兩部份；上曰質，向下套；下曰殺，向上套。兩邊安帶連結。《禮記・雜記下》云：

> 冒者何也？所以揜形也。自襲以至小斂不設冒則形，是以襲而后設冒也。

船山注云：

> 冒，韜尸者，製若直囊，凡二，上曰質，下曰殺，先以殺韜足而上，後以質韜首而下，齊於手。自襲至斂，爲日不一，容色變異，將見於形，孝子不忍其親或爲人所憎惡，故以此揜之。此先王之禮所以曲盡人情而求其心之安也。〔註95〕

小斂用「冒」，原因在掩蔽死者形體。如替死者穿好衣服，至小斂時，再用布袋將屍首套之，否則其形體仍甚可怖，是以「襲」後又覆之以「冒」，正如船山所言：「孝子不忍其親或爲人所憎惡，故以此揜之。」所重則在曲盡人情而求孝子心之所安適。

若夫小斂、大斂均用絞。絞爲紮緊尸體所裏的衣帶。此「絞」者，小斂之絞，橫三縱一；大斂之絞，橫五縱三。《禮記・喪大記》云：「小斂布絞，縮者一，橫者三。」船山注云：「絞，既斂而束其外者，其制用布廣終幅，析其末爲三，裏衣衾而約結之。縮，直也。自首至足周圍約之，長如身之二有半。橫者三，首一，足一，胸一，長六尺六寸，周於身。縮在下，橫在上，束之固也。〔註96〕」則小斂之絞用全幅，析其末爲三，便於打結。而「大斂」者，同篇又云：「大斂布絞，縮者三，橫者五，布紟二衾。」船山注云：「大斂衣多則益闊而長，故絞縮三橫五，其長亦當倍於小斂之絞矣。紟，單被。衾，有裏。二衾，一覆之，一承之。『紟』則周圍約之也。〔註97〕」又者：「絞、紟如朝服。絞一幅爲三，不辟。紟五幅，無紞。」船山注云：「絞紟如朝服者，

〔註94〕 參見錢玄《三禮通論》頁290所引，《江陵馬磚一號墓所見喪俗略述》，載《文物》1982年10期。

〔註95〕 《禮記章句》卷二十一，頁13。《船山全書》第四冊，頁1009。

〔註96〕 《禮記章句》卷二十二，頁22。《船山全書》第四冊，頁1062。

〔註97〕 《禮記章句》卷二十二，頁23。《船山全書》第四冊，頁1063。

用布之細十五升也。絞一幅爲三，析其末也。不辟，中不裂也。此通小斂、大斂之絞言之。紞，衾當頭處，用組爲識別首足者，紟雖似衾而非以覆體，故不用紞也。〔註98〕」此云小斂時，穿衣、覆衾之後用以紮緊屍體的布條，爲直一橫三，其長六尺寸。大斂時，用以紮緊屍首的布條，則爲直三橫五，並加兩條單被。再者，布條和單被質地同朝服一般，大斂所用布條爲一幅布裁成三條，末端不必裁開。若單被則用五幅布併成，但不用釘上絲帶。

　　總合以上所言，蓋即「角柶」以下至「冒」、「絞」之況，亦古者「斂具」之大略。

二、棺槨

　　謂之「棺槨」者，棺以藏尸，亦稱爲「柩」。棺木的外套曰槨。《禮記・曲禮下》云：「在牀曰尸，在棺曰柩。」而棺槨之制，在天子爲五棺二槨；諸侯爲四棺一槨；大夫爲二棺一槨，士爲一棺一槨；庶人則一棺無槨。

　　《禮記・檀弓上》云：「天子之棺四重。水兕革棺被之，其厚三寸。杝棺一，梓棺二，四者皆周。棺束，縮二，衡三。衽，每束一。柏椁以端，長六尺。」船山注云：「四重，言親身之棺上加四也，凡五矣。諸公三重，侯二重，大夫一重，士一重。兕，野牛，有水產者、陸產者。用水兕者，取其耐濕也。被，蒙也，中以木爲質，而表裏皆以革蒙之。厚三寸者，其本質也。此重次親身之棺，下三重以次向外。杝，椵木。杝棺，所謂椑也。梓棺二，內曰屬，外曰大棺。周，上下四圍皆匝也。言周者，別於椁之形，如井闌。有四圍，無上下。束，以革條約棺，古不用釘鉸也。縮，直也。每重皆五束之。衽，以木爲小腰形，鉗合底蓋，每當束際，加一衽焉。端，頭也，謂以柏木近者爲椁。長，謂餘出棺外，每頭三尺，合之凡長六尺也。〔註99〕」至於「四重」者，孫希旦亦云：「一物爲一重，四物則四重也，此與數席之重數同。水兕革棺，蓋以木爲幹，以水牛兕牛之皮，爲之表裏，合之而其厚三也。被之者，言其最在內而被體也。二牛之皮，堅而耐淫，故用之以爲親身之棺。杝棺，即椑也。以杝爲之。梓棺，謂屬大棺，皆以梓木爲之。四者皆周，言其皆并有底蓋也。上言四重，下言四者，此一物爲一重明矣。〈喪大記〉曰：大棺八寸，屬六寸，椑四寸。上大夫大棺八寸，屬六寸；下大夫棺六寸，屬六寸，

〔註98〕《禮記章句》卷二十二，頁23。《船山全書》第四冊，頁1063。
〔註99〕《禮記章句》卷三，頁82～83。《船山全書》第四，頁212～213。

士棺六寸，是大棺皆以二寸爲差。天子大棺宜一尺，并屬六寸椑四寸，水兕革棺三寸，凡厚二尺三寸也。〔註100〕」則同爲「天子」之棺，船山本鄭玄之意謂親身之棺外，另加四重，合爲五重。孫希旦則謂內棺即蒙以水兕革，實際爲四重。然五重、四重皆大概之數，時代越後，棺椁重數反越多，考古學家於北京豐臺大葆臺發掘之西漢燕王旦墓，甚至爲五棺二椁者。〔註101〕

至於謂水、兕之革棺，所指乃木板外包水牛、兕牛之格。而柂棺亦稱「椑棺」，爲內棺之謂。《禮記‧檀弓上》云：「君即位而爲椑，歲一漆之，藏焉。」船山注云：「君，國君也，國君則天子可知。椑，親身之柂棺也。歲一漆，示未成，且益固也。藏者，實物其中不虛也。大夫以下力雖有餘不預治棺者，諸侯有守國，大夫無守家，不懷土而即安也。〔註102〕」此「君」即諸侯。謂諸侯一即位，即做好內棺，每年油漆一次，棺內擺置物品，不令空虛。

又者，大棺及「屬」，以梓木爲之。大棺爲在外之棺，「屬」爲中間之棺。棺之厚薄，因爵位不同而有差異。《禮記‧喪大記》云：「君大棺八寸，屬六寸，椑四寸。上大夫大棺八寸，屬六寸。下大夫大棺六寸，屬四寸。士棺六寸。」船山注云：「『屬』之爲言合也，與棺合也。『椑』之爲言附也，附於身也。皆棺內小棺也。大棺最在外，『屬』次之，『椑』周於身。大棺、屬用梓，椑用柂。八寸、六寸、四寸，皆言其厚也。大夫無椑，士無屬。〔註103〕」若棺之設，則「君裏棺用朱綠，用雜金鐕。大夫裏棺用玄綠，用牛骨鐕。士不綠。」船山注云：「裏棺，比繒黏著棺內爲飾，唯親身之棺有之。朱綠者，朱貼四方，率貼四角。玄綠者，玄貼四方。不綠，則並角亦玄也。鐕，釘也。所以合兩牆及底者。雜金，銅範黃金也。士亦用牛骨。〔註104〕」又云：「君蓋用漆，三衽三束。大夫蓋用漆，二衽二束。士蓋不用漆，二衽二束。」船山注云：「用漆，塗合蓋牆相接之縫。衽，以木爲小要形，鍼合蓋牆，今俗謂之錠子。束，用韋，當衽際束固之。〔註105〕」又云：「君、大夫鬊爪實於綠中，士埋之。」船山注云：「鬊，亂髮。爪，手足甲。皆平生櫛剔之餘者，以小囊

〔註100〕孫希旦《禮記集解》卷九，頁212。
〔註101〕參見錢玄《三禮通論》頁297，所引《大葆臺西漢木槨墓發掘報告》，《文物》1977年6期。
〔註102〕《禮記章句》卷三，頁77～78。《船山全書》第四冊，頁207～208。
〔註103〕《禮記章句》卷二十二，頁39。《船山全書》第四冊，頁1079。
〔註104〕《禮記章句》卷二十二，頁39～40。《船山全書》第四冊，頁1079～1080。
〔註105〕《禮記章句》卷二十二，頁40。《船山全書》第四冊，頁1080。

盛與俱藏，全而歸之之義也。綠，棺四角以綠飾處。埋者，置之棺外。〔註106〕」
此中「君裏棺用朱綠」之「綠」，船山無解，即鄭注亦無說。而「君大夫鬐爪
于綠中」，船山則依鄭注謂：「綠當爲角，聲之誤也；角中，謂棺內四隅也。」
孔疏則云：「本經中『綠』字，定本皆作琢，琢謂鑽琢朱繪貼於棺也。……。
大夫裏棺用玄綠者，四面玄，四角綠。」則綠作「角」，作「琢」，意有多種。
《說文·衣部》謂：「弔（衣部），棺中縑裏，讀若雕。」段玉裁注云：「〈喪
大記〉，君裏棺用朱綠，用雜金鐕，大夫裏棺用玄綠，用牛骨鐕，士不綠。古
本三綠皆正作弔（衣部）。」以綠當作「弔（衣部）」文最得當。朱駿聲《說
文通訓定聲》云：「今蘇俗製裘，通曰弔（衣部），不知非吉語。」則弔（衣
部）是「棺中縑裏」，類似後世製裘之裏囊。整體言之，則諸侯之棺三重：大
棺八寸厚，第二重之「屬」六寸厚，最內裏親身之「椑」四寸厚；大夫棺兩
重，上大夫大棺八寸厚，「屬」六寸厚；下大夫大棺六寸厚，屬四寸厚；士僅
大棺，六寸厚。諸侯裏棺用朱色縑襯，以金屬釘子釘住；大夫裏棺用玄色縑
襯，以牛骨釘子釘住；士之棺無襯裏。諸侯棺蓋、棺牆接縫以漆塗合，每邊
有三處接筍，再以三條皮帶綑住；大夫棺蓋、棺牆接縫，亦以漆塗合，但每
邊僅二接筍，用二條皮帶束住；士不用漆，每邊亦有二處接筍，用二條皮帶
綑住。君與大夫遺留之頭髮及指甲，即填於襯裏囊中；士之棺無襯裏，故埋
掉了事。

以上爲古之棺制，若椁（槨）制，則爲通常之木槨，爲以方木平放四周
疊成，上下有底蓋。有在木槨之外，以石堆疊成之石槨；亦有以松柏製成的
棺槨。《禮記·喪大記》云：「君松椁。大夫柏椁。士雜木椁。棺椁之間，君
容祝，大夫容壺，士容甒。君裏椁，虞筐。大夫不裏椁。士不虞筐。」船山
注云：「椁，如井蘭（欄），周於棺外，上加抗木。君松，用心。雜木，凡木
皆可爲之。北方地高，無蒸溽，不生蟻，故松及雜木可用，而松爲貴，非南
土所宜也。棺椁之間，藏器於棺椁之間，因之以爲廣狹也。樂器之屬，柷爲
大；尊罍之屬，壺爲大；籩豆之屬，甒爲大。裏椁，猶前章之言裏棺，以繒
黏椁裏爲飾也。虞，慮也，治也。筐，椁外也。虞筐，謂沐浴其外，使平滑
美澤也。〔註107〕」船山云「君松，用心」，蓋即最高級的槨，稱「黃腸題湊」。
亦即以一尺見方的柏木，截成六尺爲一段，堆疊四周。柏木心黃色，故曰「黃

〔註106〕《禮記章句》卷二十二，頁40。《船山全書》第四冊，頁1080。
〔註107〕《禮記章句》卷二十二，頁45。《船山全書》第四冊，頁1085。

腸」；木頭均向內，故稱「題湊」。黃腸題湊，行於春秋，盛於戰國。

棺椁之外，亦有棺飾，如褚，如荒等。以素錦加於棺上、四周，作為襯裏，稱為「褚」；棺飾上下二部份，上曰柳，下曰牆；柳為覆於棺木木框，形如龜甲，蒙布於柳之上，稱為「荒」。另有「帷」，及「紐」、「帶」者。在棺前、兩旁之牆，蒙之以布，稱為「帷」；君帷畫龍，曰「龍帷」。帷旁用六根小紅帶將上部的「荒」和下部的「帷」相結連，稱為「紐」。再者，以六根紅綢聯結柳與棺木之革束，使柳牢固，稱為「戴」；以六根紅綢，一頭繫於棺木之革束，一頭露於帷外，執之，防柩傾側，稱為「披」。若夫棺的兩側有「翣」，其形如扇。以木為框，寬三尺，高二尺四寸；上有二角，戴以圭璧，有垂綏，包以白布，畫各樣圖形，柄長五，疢車行，使人執翣以障車，葬則樹於壙。天子八翣，諸侯六，大夫四，士二。葬時，矜飾及翣均葬於壙內。以上為棺椁之大略，載《禮記・喪大記》中，以前已言述，不再贅敘。

又者，仍有「輴」及「柩車」之設。天子、諸侯禮殯用「輴」；載柩至祖廟亦用「輴」。輴上之周稱為「轅」。天子輴之轅畫龍，稱為「龍輴」。《禮記・檀弓上》云：「天子之殯也，菆塗龍輴以椁，加斧於椁上，畢塗屋。天子之禮也。」船山注云：「菆，猶欑也，謂棺外以木四欑之也。塗，以堊堇塗菆之隙，令密固也。輴，庳輪車。龍輴，畫轅為龍也。以輴車載棺者，防有卒虞，即可發引也。以椁者，加椁菆木之外，上斂下廣，四注如屋也。斧，黼也，次繡絹為黼文，加於菆椁之上。而菆椁則畢塗之，為火備也。天子之禮，明諸侯所不得用，以正時君之僭也。〔註108〕」「菆」猶「欑」，「欑」即「叢」之意。言天子之殯：柩的四周圍住叢木，塗滿白堊，載柩車的轅上畫龍形，外面加椁，椁邊施張繡有黑白斧文的文幕，幕上做成屋頂的樣貌，整體圖飾，即天子殯禮的制度。

〈檀弓上〉所記如此，即〈喪大記〉亦有此說。《禮記・喪大記》云：「君葬用輴，四綍二碑，御棺用羽葆。大夫葬用輴，二綍二碑，御棺用茅。士葬用國車，二綍無碑，比出宮，御棺用功布。」船山注云：「輴、輇，皆載柩之車，其差未詳，皆庳輪用人挽者。綍，繫棺絭（大繩索）也。在殯曰綍，在道曰引，至壙又曰綍，一也。碑，桓楹也。植木於壙之下，木端橫貫交叉之，木以懸綍，走之下棺者也。四綍，每碑二綍，交於四出桓上。御棺，以指麾為進止緩急之節也。羽葆，如旌首，而上以五色羽張之。二綍二碑，碑無桓，

〔註108〕《禮記章句》卷三，頁83～84。《船山全書》第四冊，頁214～215。

－340－

鑿孔走綍，蓋尊卑之差。棺有大小，有輕重，窆有難易，故尊者碑綍多也。茅，旗也。《春秋傳》『前茅慮無。』士用綍而無碑，於上旁橫木枕之而漸紓其綍以下也。功布，裁大功之布，以竿揭之，爲節識也。比，及也。唯宮在道則用之，及窆，執綍者面壙視其下，不用之蟻。有碑者，則負綍於肩，背壙下，待旌旗以知疾徐，所以異爾。〔註109〕」此謂諸侯以輴車下葬，下窆時配以四條引繩及二座安置轆轤的碑，用頭上插羽毛之竿指揮棺木的進止緩急。大夫用輇車下葬，配以二條引繩及二座安置轆轤的碑，並以旗子指揮棺木的進止緩急。士用國車下葬，以二條繩索牽引，不用安置之碑，啓靈至印宮，即裁一塊大功之布掛在竿頭指揮送葬行列。下窆之時，皆背著碑拉引繩。諸侯下窆時，先用大木頭橫貫於束棺皮帶下，次將引繩繫於橫木兩端；大夫、士直接將繩繫於皮帶。諸侯下窆時，因送葬之人多，主事者須先宣布禁止喧譁，之後順應鼓聲下棺；大夫下棺時，主事者亦須先宣布停止哭泣；士下窆時，因送葬之人少，相互勸告止住哭聲即可。以上爲由「輴」至窆葬情況。

次者，古人於柩車亦有講究。載柩之車曰「柩車」，亦稱蜃車、輇、輴車。天子、諸侯、大夫及士皆用之。車狀如牀，有四周；下有前後軸，以無輻之輇爲輪。輇徑三尺三寸，前有二轅，轅上所縛橫木曰「輅」，用以繫引繩，人輓以行。柩車前繫綍，亦謂之引。天子六綍，諸侯四綍，輓者五百人；大夫二綍，輓者三百人；士二綍，由弔者輓。車旁有「披」，天子、諸侯左右共六披，執者共十二人；大夫、士左右共四披，執者共八人。

《禮記・雜記下》云：「升正柩，諸侯執綍五百人，四綍，皆銜枚；司馬執鐸，左八人，右八人；匠人執羽葆御柩。大夫之喪，其升正柩也，執引者三百人；執鐸者左右各四百人，御柩以茅。」船山注云：「升，謂朝祖而升階也。正柩，厝棺於廟兩楹之間，以待發也。朝祖謂行葬之始事，其後之墓，皆仍此而爲之爾。綍，牽柩車繩，廟中謂之綍，道路謂之引，其實一耳。互言之。枚，如箸，銜之，有繩結項中，以止讙囂者。司馬，兩司馬，二十五人長也。執鐸者，振之，夾柩以令眾進止也。匠人，冬官司空之屬，主棺事及窆者。葆，形如蓋，雜五色鳥羽爲之。御柩，以爲升降左右之節也。大夫之執鐸者，亦其家司馬之屬。茅之爲明也，所以明示人之觀瞻，謂旗幟也。《春秋傳》曰：『前茅慮無』。〔註110〕」船山謂「茅」爲「明」，「明」爲動詞。而

〔註109〕《禮記章句》卷二十二，頁43～44。《船山全書》第四冊，頁1083～1084。
〔註110〕《禮記章句》卷二十一，頁28～29。《船山全書》第四冊，頁1024～1025。

《春秋》「前茅慮無」的「茅」卻爲名詞，前後詞性不甚一致。蓋以《左傳・宣十二年》有「茅絰」之說〔註111〕，其「茅」爲結茅以作標記，是爲名詞。王引之《經義述聞》《春秋公羊傳》「茅旌」條，則謂：「茅當讀爲『旄』。旄，正字也，茅，借字也。蓋旌之飾或以羽，或以旄。《春官・司常》『析羽爲旌。』《爾雅》注：『旄首曰旌。』李巡注曰：『旄牛尾箸竿首。』（見邶風干旄正義）是也。其用旄者，則謂之旄旌也。〔註112〕」是以「旄」爲「茅」較可通。故合而言之，當指諸侯出殯，朝祖廟祭拜之後，因之抬起靈柩，牽挽柩車者五百人，用四根大繩輓車，執綍（紼）者皆以布帶繃住口，不作聲。司馬執鈴鐸，左右各八人，警告行人迴避。匠人執幢幡護衛靈柩而行。大夫之喪，其升正柩，牽挽引繩者三百人，執鈴鐸者，左右各四人，並以旄（亦有云茅）護衛靈柩而行。此爲柩車之況。

三、墓葬

墓葬方式：諸侯、大夫、士及庶民皆爲豎穴式；天子爲隧道式。《禮記・王制》云：「庶人縣封，葬不爲雨止，不封，不樹。」船山注云：「縣窆者，不爲羨道，當穴上以繩縣而下之也。不爲雨止者，士以上皆有避雨之次，《春秋》：『雨不克葬』，『日中而克葬。』，庶人無次，雖雨，葬也。封，兆域也。樹，天子松，諸侯柏，大夫栗，士槐，庶人無之。〔註113〕」是「縣封」即「縣窆」，縣定者至卑，不得引紼下棺，而庶人禮儀少，雖雨猶葬，知「縣定」爲豎穴式墓葬。諸侯至庶人爲豎穴之葬，若天子則爲隧道式之葬。即棺自隧道入壙，與豎穴事葬之由壙上縣棺而下不同。然以禮書未詳述，故略有闕耳，

再以「墓」之名，以墓後有封樹，故有「丘墓」、「冢墓」及「墳塋」之稱，天子之墓則稱「陵」。《禮記・檀弓上》引國子高云：「葬也者，藏也。藏也者，欲人之弗得見也。是故衣足以飾身，棺周於衣，椁周於棺，土周於椁，反壤樹之哉！」船山注云：「周者，足以蔽之而止也。壤，塋兆也。古之葬者，不封不樹，以骨肉歸於土，因其自然而不爲虛設。後世始爲塋兆而封樹之。孝子之情無已而不忍忘，先王亦因之益。若夫欲人之弗知而隱沒以秘之。則自非得罪幸免而斂怨於人者，亦奚必以此爲慮乎？齊求崔杼之墓而戮其君，

〔註111〕《十三經注疏・左傳》頁399。
〔註112〕王引之《經義述聞》卷二十四，頁582。
〔註113〕《禮記章句》卷五，頁26～27。《船山全書》第四冊，頁324～325。

唯其爲崔杼也。子高矯之，而以私意窺古人之用心，不亦誣乎！嬴政錮三泉，
曹操爲疑冢，皆此等之啓也。〔註114〕」國子高即成子高，成是其諡。其人尙
儉，以爲人死葬，意在埋藏不見，不當反植樹以爲標誌。故謂衣衾足以遮身
體，內棺足以圍衣衾，外椁足以圍內棺，墓壙足以納外椁，如此足矣，何必
定要在墓地上植樹？船山則深不以爲然，故駁之謂：「孝子之情無已而不忍
忘。」既不忍忘，則封樹有何不可！而不封不樹者，則「自非得罪幸免而斂
罪於人者，亦奚必以此爲慮乎？」是以若弒君之崔杼，若嬴政，若曹操，莫
非斂怨於人，是以錮三泉設疑冢，否則孝心不忘，當植樹以記之，亦非謂之
儉，此必子高之矯情，故船山以「不亦誣乎」斥之。然則「封樹」，亦先王因
之者，仍爲必要。又者，孔門之例亦如是。

《禮記・檀弓上》云：

> 孔子之喪，有自燕來觀者，舍於子夏氏。子夏曰：「聖人之葬人與！
> 人之葬聖人也，子何觀焉？昔者夫子言之曰：『吾見封之若堂者矣，
> 見若坊者矣，見若覆夏屋者矣，見若斧者矣。從若斧者矣。從若斧
> 者焉。馬鬣封之謂也。今一日而三斬板，而已封，尚行夫子之志乎
> 哉！』」

船山注云：

> 舍，館。氏，家也。孔子卒，時伯魚已沒，子思幼，弟子治其事，
> 故子夏答以謙辭，言不足爲法也。堂，屋基。若堂者，方廣而卑也。
> 坊，堤也。若坊者，縱長而橫狹。屋兩出簷曰「夏屋」。「若夏屋」
> 者，廣而中起脊，前後垂也。「若斧」者，直長而上銳也。唯若斧者
> 事易功約而與棺壙之形相當，故夫子謂當從之，「馬鬣封」者，子夏
> 以俗名釋之。古者馬必剪鬣，簇起向上，故若斧者，時俗謂之「馬
> 鬣封」。「斬板」，謂升板更築則斬其約板之繩，凡築三板也。一日而
> 封以成，功約易竟也。尚，庶幾也。〔註115〕

築土爲墳即「封」。封有若堂之說，一說像堂四方而高，此鄭玄所持；一
說像屋基方廣而卑，此船山所持。若斧者，船山謂「直長而上銳」，此種封法
最省事。至於「三斬板」，即連做三次之謂。依鄭玄說，乃板高二尺，長六尺。
因馬鬣封下廣上銳，斜面雖有三板（六尺）長，垂直高度則約四尺。依《檀

〔註114〕《禮記章句》卷三，頁 74～75。《船山全書》第四冊，頁 204～205。
〔註115〕《禮記章句》卷三，頁 75～76。《船山全書》第四冊，頁 205～206。

弓》之說，爲辦孔子喪事時，有友朋自遠處之燕國來參與葬禮，寄住在子夏家裏。子夏謂其人：「僅普通人葬聖人，而非聖人之葬人，何必從遠處來觀禮？」此爲語談之言。要緊者，在子夏聽聞夫子之語：所見築墳成四方而高的如堂屋之狀；所見的狹長如堤防之狀；所見的寬廣卑下飛出兩簷，如夏代屋頂之狀；所見直長上銳如斧形之狀。夫子所贊，則如斧形之簡便，而斧形的墳，一如俗間所謂之馬鬣封。今爲夫子築，一日之內，換三次斜面的板，將墳築成。此即夫子的心意。而斜面之板，其垂直高度，則爲四尺，蓋即《檀弓上》所稱：「孔子既得合葬於防。曰：『吾聞之，古也墓而不墳。今丘也東西南北之人也，不可以弗識也。』於是封之，崇四尺。」「崇四尺」者，亦鄭注所云「周之士制」之謂。

再以喪葬亦有隨葬之物，其爲備而不用的明器，或爲生時所用的器物，或爲生時祭祀所用的禮器。《禮記·檀弓上》引原思與曾子之問答云：

> 仲憲言於曾子曰：「夏后氏用明器，示明無知也。殷人用祭器，示民有知也。周人兼用之，示民疑也。」曾子：「其不然乎！其不然乎！夫明器，鬼器也；祭器，人器也。夫古之人胡爲而死其親乎？」

船山注云：

> 仲憲，原思也。言者，自述其見之辭。無知，謂死者神合於漠，不與生同知覺。有知，謂形萎而神不亡，知覺同於生也。謂死者無知而無所用，故用「明器」。爲死者爲有知而可以生人之用事之，故用「祭器」。疑者。疑其若有若無也。按士喪禮無祭器，而此言「周人兼用」者，或大夫以上之禮。「鬼器」，謂爲死者特設之也。「人器」，孝子以己所用者奉其親也。二者皆以盡孝子不已之心耳。若死者之不復能用生人之器，則其理甚明，必不容疑其爲有知矣。古之人豈忍致其親於死乎？親誠已死，欲致之生而固不可得也。如仲憲之説，則殷人以死者爲有知，將同於近世釋氏之言，而謂周人疑之，則周之先王亦未曉然於生死屈伸之義矣，故曾子重非之。〔註116〕

夏代用不堪使用的明器，使人了解死者沒有知覺；殷人則用可以使用的祭器，使人知死者仍有知覺；周人兼用明器和祭器，表示疑惑不定的態度。此夏、商、周用器不同。惟殷以以爲人死仍有知覺，周人以爲人死或知或不知，船山則以爲殷人近釋氏，周人未曉生死之義，皆非。而以夏代之用明器，

〔註116〕《禮記章句》卷三，頁63～64。《船山全書》第四冊，頁193～194。

示人之死不知覺爲是。若曾子則以「明器」爲鬼魂特設的器皿，祭器爲孝子以所用器皿奉祭先人神靈，皆爲盡孝之心，非存在的事實，一定要求其有知無知，即落於下陷之義，此曾子非之，船山亦以爲非是，而以「死者之不復能用生人之器，則其理甚明。」又「必不容疑其爲有知矣。」作結，態度最爲肯定。乃知夏商周三代，於明器、祭器及其他隨葬物皆甚珍重，而禮有別耳。

次者，又有「遣車」，亦稱鸞車，爲隨葬之明器。車較平時乘車爲小。其中載苞牲，使人舉之而至墓，入壙。《禮記・檀弓下》云：「君之適長殤，車三乘。公之庶長殤，車一乘。大夫之適長殤，車一乘。」船山注云：「公，亦君也。五等諸侯之通稱。年十六至十九爲長殤。車，遣車，形制如車而小，載奠牲肉以送死者，置於椁內。諸侯之子成人而未立爲世子，則車五乘，自此以下，降殺以兩。凡言庶者，自適長子皆是，不問其母之貴賤矣。中、下殤無遣車，不成喪也，無車包其奠肉。〔註117〕」是「遣車」當如船山所注，形制如車而小，爲載奠牲肉以送死者。

遣車之外，又有「輴」者，爲殯車之裝飾，置於椁之四隅，而以疏布爲蓋，作爲四周有物之障蔽。《禮記・雜記上》記諸侯之喪云：「其輴有裧，緇布裳帷，素錦以爲屋，而行。」船山注云：「輴，載柩之車飾也。若未大斂，載尸亦然，用赤色帛爲覆，張之車上。裧，四旁垂下如殯也。裳帷，附柩之帷，下垂如裳。屋，綴裳帷上，附棺而覆之，其制，內施屋帷，外加裧輴，裧露帷之半。素錦，白縛也。行，歸返國也，必盡飾，忌人之惡見之也。諸侯尊，尤加華美。〔註118〕」諸侯之「輴」，以赤布覆之，大夫、士之「輴」，覆以白布。此如：「大夫、士死於道，則升其乘車之左轂，以其綏復；如於館死，則其復如於家。大夫以布爲輴而行，至於家而說輴，載以輲車，入自門，至於阼階下而說車，舉自阼階，升適所殯。士輴，葦席以爲屋，蒲席以爲裳帷。」船山注云：「布，白布，輲車，無輻，合大木爲輪，崇減乘車之半，卑而安也。大夫裳帷用布，屋亦用錦，與諸侯同。諸侯之載亦用輲車，至於阼階之下而說車，舉自阼階，皆與大夫同，錯互記之。又士輴之輴，亦用白布，與大夫同，內飾異耳。葦，荻之大者。〔註119〕」「輲車」者，即輇車。《說文》

〔註117〕《禮記章句》卷三，頁1。《船山全書》第四冊，頁219。
〔註118〕《禮記章句》卷二十，頁1～2。《船山全書》第四冊，頁961～962。
〔註119〕《禮記章句》卷二十，頁2～3。《船山全書》第四冊，頁962～963。

云：「有輻曰輪，無輻曰輇。」輇車即整塊圓輪之車。此謂大夫或士，死於路上，則登其乘車之左轂（車輪中心穿軸之圓木），用死者引手繩以招魂。如其人死客館，則依死家中情形行招魂之禮。大夫喪車用未染之布爲飾，而載之以行。至家中，除去喪車外飾，另換輇車，運至門內阼階之下，之後，將小斂之尸從阼階抬至停尸之所，再行大斂。士亦用未染之布爲飾，以葦草的蓆子作覆蓋，以蒲草製的席子作裳帷。以上則「遣車」、「輇」之意，蓋爲明晰。

再者，棺椁之間，隨葬物仍多。與遣車相配者如俑之「象人」，或結草爲人、馬之芻靈；及死者生前食用器物，若盥洗器皿、食物、兵器、樂器、燕居所用之物，等等，不勝枚舉，有如前所述之「明器」、「祭器」，皆用於對死者之追悼與繫念。所謂「孝思不匱」，當爲活者對往生者因物興感而有無限哀思之謂。

第八章　船山禮學衍義總結

　　整體而論，船山禮學可用「人文化成」以歸之。溯其源頭，當自周公之制禮作樂而來。以周公的制禮作樂，使禮樂因之制度化，是以就深層意義說，人文之化成，即因禮樂的制度化而有所樹立。

　　人文化成之所立，旨要即在乎「仁」，此「仁」自周以來，即爲禮教之所宗，如孔子所慨歎「郁郁乎文哉，吾從周。」從周者，乃在從「克己復禮」之仁。由是「禮者，仁也。」禮之謂仁，是爲應然的條件。因之，禮與仁當具統一性，仁亦謂之禮，在觀念上，禮、仁可爲一致。即以《論語》、《孟子》、《禮記》而言，所述皆「仁者，人也」之說。以仁即禮，禮亦爲人之自身，是禮樂也者，即孕蓄內在的涵蘊。而自漢董仲舒提出「獨尊儒術」之後，儒學意義即具形態化，周公之「制禮作樂」被充份引申，而賦予帝王用術得意義，以是禮樂制度提昇爲與政治制度同格。在這政治、倫理相互嬗變中，禮反被視爲貴賤等級秩序的衡量。禮之表彰，禮所涵的藝術、信仰、價值，相對地被弱化；與禮并生之樂，價值系統因之沖淡，存留者，即爲樂舞之作的態度，傳承中的《樂經》乃不知所蹤。六經稱五經。至於後來，宋之周敦頤以「禮者，理也」作爲命題；程朱以降，「禮即天理」成定格，「禮」融入宇宙論、本體論中，而與道德論、人性論、人生論，乃至人格修養論、社會政治論合爲一統，引申而爲「理學」、「氣學」，禮樂之義即衍爲形上之思。

　　若夫船山《禮記章句》，是有別其《易傳》之說，不必僅止形上之申論，而爲所作禮學的沉思；亦即形上申論外，又爲形下之器的詮釋，在禮學的鑽研上，合形上、形下爲一冶，於理學氣學之外，又爲詁訓的詮解，此爲船山踰越他人之處，亦跳脫王學束縛之處。然船山之能踰越他人，且跳脫王學的

束縛，除各篇旨要詮釋外，所重即禮所堅持的人禽之辨及禮內涵的本末相貫，如謂船山於禮有所沉思，則所思必爲人禽之辨義與禮之本末相貫，蓋必如此，此禮才能由形上落實爲形下，又由形下申衍爲形上之哲思理念。故而作爲通篇的歸結，且以仁、禮之體現作爲人文化成的紐帶，則「人禽之辨」與禮之「本末相貫」義，當爲本章旨要所在，蓋必由此二者，乃能知曉船山《章句》之本義，亦才能見出船山理義與訓解間之大要。再者，依古禮今用的原則，研究船山禮學除肯定義理、詁訓外，其價值、貢獻及時代意義的瞭解，實未可忽略，是以本論文仍按此三要義，依節分述，庶於總結之際，對船山禮論，能作通盤的鳥瞰。

第一節　禮之歸結在人禽之辨

「禮」，有其理，亦有其實踐。謂禮即理者，船山於《禮記・曲禮》以下各篇已逐一闡釋；謂禮以之實踐者，亦於〈曲禮〉以下各篇逐一詮解。若禮者，爲維持社會秩序而行以規矩，旨要應爲不變，然船山言禮，並非只重秩序之抒解，內在當更具深層之義，此義即禮之設，是否即人、禽之別！蓋以人有知，禽獸亦有知；人有生之欲，禽獸亦有生之欲。如其無異，則人與禽獸即無由判別，謂「理」、謂「實踐」，乃至謂仁即禮之道，亦不必言說，然此當非船山禮學之意。蓋以船山思想亦順孟子脈絡而下，孟子言義言禮，所重即「涵天理道德之實，而直爲人所以異於禽獸之符誌。〔註1〕」則「禮」是爲涵天理道德之實，此「實」者，必人所以異於禽獸的符誌，亦人與禽獸之判別。此「判別」即（一）禮乃人與禽獸之分殊。（二）禮乃人道本質之維繫。分述如下：

一、禮乃人禽之分殊

禽獸有心能語，亦有生之欲，然無禮以規約，故其行流於泛濫；以其泛濫，故無節制，無倫類，亦無理則，是以殊別於人。《禮記・曲禮上》云：

> 鸚鵡能言，不離飛鳥。猩猩能言，不離禽獸。今人而無禮，雖能言，不亦禽獸之心乎？夫唯禽獸無禮，故父子聚麀。是故聖人作爲禮以教人，使人以有禮知自別於禽獸。

〔註1〕曾昭旭《王船山哲學・船山之經學》，頁124。

船山注云：

> 在野曰「獸」，見獲曰「禽」。《易》：「田無禽」，《御法》：「逐禽左」，
> 皆謂獸也。鹿牝曰「麀」。「作爲」者，因人心自有之制而品節之爲
> 章程也。天之生人，甘食悅色，幾與物同。仁義智信之心，人得其
> 全，而物亦得一曲。其爲人所獨有而鳥獸之所必無者，禮而已矣。
> 故禮者，人道也，禮隱於心而不能著，則仁義智信之心雖或偶發，
> 亦因天機之乍動，與虎狼之父子、蜂蟻之君臣無別，而道毀矣。君
> 子遭時之不造，禮教墮，文物圯，人將胥淪於禽獸，如之何其不懼
> 也。〔註2〕

人之爲人，如無道德仁義之心，其亦同於禽獸之心。試想鸚鵡能言，猩
猩能語，所缺者，即在道德仁義之心，蓋以不知倫類之維繫，無法建立整體
社會規約的秩序。古聖人出，依道德仁義所制定的規範，即踰越禽獸之上，
而爲人遵循的準則。若人遵準則而行，則異於禽獸；反之，必與禽獸無別。
故船山言「禮」，開宗名義即點出：「禮者，人道也。」禮必與「仁義智信」
之心相合，乃能發而中節，才能盡君臣、父子、夫婦之節。否則，無此心，
則虎狼相爲父子，蜂蟻相爲君臣，如何能行其節，此即所謂之「人道毀矣」。
再者，如〈郊特牲〉亦云：

> 執摯以相見，敬章別也。男女有別，然後父子親，父子親然後義生，
> 義生然後禮作，禮作然後萬物安。無別無義，禽獸之道也。

船山注云：

> 執摯，謂親迎奠鴈也。敬，慎也。章，明也。禮以章之，非禮不合，
> 則確然一本而父子親矣。仁不昧而後義生，禮以行義者也。物，事
> 也。安，定也。無別，則仁無自以生而義亦不立矣。不言禮者，禮
> 者禽獸之，不待言也。「禽獸之道」者，謂夷狄知有母而不知誰爲其
> 父，雖得天下，立法治民與禽獸同。〔註3〕

「仁不昧而後義生，禮以行義者也。」是仁義禮，禮義仁，彼此相生，
亦彼此相成。言禮，則仁義生；非禮，則仁義亡。人之與禽獸之別幾希，其
「希」者，在乎仁義之禮而已。故禮者，人之所本。禮者，爲人；非禮者，
入禽獸之流。是夷狄知有母而不知誰爲其父，此之謂「亂」，亂者與禽獸奚擇！

〔註2〕《禮記章句》卷一，頁7～8。《船山全書》第四冊，頁17～18。
〔註3〕《禮記章句》卷十一，頁37。《船山全書》第四冊，頁657。

又者，禮以合文質，只重質而不文，則流於「野」，任質滅文，則落於夷狄之道。〔註4〕〈檀弓下〉載：

> 有子與子游立，見孺子慕者。有子謂子游曰：「予壹不知夫喪之踊也，予欲去之久矣。情在於斯，其是也夫。」子游曰：「禮有微情者，有以故興物者。有直情而徑行者，戎狄之道也。」

船山注云：

> 見，偶見之，孺子母相失，慕泣而踊。壹，一向也。哀者有不必欲踊者矣，故有子疑其贅。其是，猶言以此。微，猶約也，情有甚而約之使勿過也。故者，已然之謂。興，起；物，事也，謂人之所固有而已然者，興起其事以著之也。踊生於哀之固有，以故興之也，踊而有節，則以微其情也。直，率也。徑行，行不由道，不興不微，任情作報，是徑行也。因哀者有不必欲踊者，遂任人之或踊或不踊，而不以一成之節，任質滅文，戎狄之道矣。

「以故興物」，為藉外在事物引發心裏情感：「直情徑行」，為將情緒直率地表現於行為上。以其「直率」，故易失節制。而禮者，因節制而合矩度，無矩度而宣洩跳踊，情緒即為之失控，失控者，即謂之「野」，是為任質滅文，此船山以為與戎狄無異。至於禮之所以與禽獸之別異，亦在教化之施，在位者施其教化，風行草偃，則霑育所及，民乃向善。《禮記・孔子閒居》云：「孔子閒居，子夏侍。子夏曰：「敢問《詩》云『凱弟君子，民之父母』，何如斯可謂民之父母矣？」孔子：「夫民之父母乎！必達於禮樂之原，以致五至，而行三無，以橫行於天下，四方有敗，必先知之。此之謂民之父母矣。」孔子以「五至三無」之治者，為民父母。若五至，即志之至，詩亦至；詩之至，禮亦至；禮之至，樂亦志；樂之至，哀亦至，是哀樂相生亦相成。船山注云：「人君以四海萬民為一體，經綸密運，邇不泄，遠不忘，志之至也。乃於其所志之中，道全德備，通乎情理而咸盡，故自其得好惡之正者則至乎詩矣，自其盡節文之宣者則至乎禮矣，自其調萬物之和者則至乎樂矣，自其極惻怛之隱者則至乎哀矣。凡此四者之德，並行互致，交攝於所志之中，無不盡善。凡先王敦詩陳禮作樂飾哀之大用傳為至教者，其事雖賾，而大本所由和同敦化者皆自此而出。〔註5〕」又云：「樂非侈物，則和樂之中，惻怛不昧，或值

〔註4〕 《禮記章句》卷四，頁29～30。《船山全書》第四冊，頁247～248。
〔註5〕 《禮記章句》卷二十九，頁2。《船山全書》第四冊，頁1204。

其哀，哀可生而不相奪也；哀非喪志，則悲戚之當，心理交得，逮其爲樂，樂可生而不復滯也，而詩與禮之交成者愈可知矣。」是人與禽獸之分，在人之「敦詩陳禮作樂飾哀之大用傳爲至教」，敦詩而陳禮，陳禮而作樂，作樂而抒胸中所感所念，一發爲喜樂，一發爲惻怛，則情思有所寄，意念有所託，其交於胸中者，即「函之爲志而御氣以周乎群動天地之間」，此爲人之所本，若禽獸者，則萬萬不能。

至所謂「三無」者，前雖曾引述，其意仍待乎發揮，茲再記之。孔子曰：無聲之樂，無體之禮，無服之喪，此之謂三無。」船山注云：「君子中和惻怛之德周遍流行，無間斷，雖聲容緣飾因事而隆，而盛於有者不息於無，故文有所替而德無不逮，其以酬酢有於日用之間者，無非此也。〔註6〕」「中和」爲大本，亦爲達道。君子致中和，則惻怛之德周遍流行，緣事興感，其之於人，並親其所親，愛其所愛，即日用云爲，無不本乎眞情眞性，使仁之禮，盡其善；亦使禮之仁，盡其行，善行相融，則志乃能御氣而群動天地，進之關懷群倫，此即孔子所謂「民之父母」，然此「民之父母」者，蓋唯人乃能擔之。

二、禮乃人道本質之維繫

禮有人禽之辨義，其所維繫者，乃爲人的價值，此即「人道」之所本。以仁之禮言，爲人者，存乎敬；爲敬者，存乎禮；爲禮者，必其仁者。是仁者人也，盡仁之義，即盡人道，亦《中庸》所云「踐形知性」之謂。

此「踐形知性」《禮記·曲禮》表現極爲切當。〈曲禮〉云：「毋不敬，儼若思，安定辭，安民哉！」船山注云：「毋不敬，大小眾寡之不敢慢，動而愼也。儼若思，未有思而端嚴凝志若有所思，靜而存也。安，審處其當也。循事察，必得其安，而後定之以爲辭說，言而信諸心也。〔註7〕」動而愼，靜而存，循事察理，得其所安，是爲踐形；合「敬，思、安」三者，則爲「知性」。踐形知性，在正心修身，正心修身之本，即在於「禮」。故「修身踐言，謂之善行，行修言道，禮之質也。」船山注云：「道，順也。能修其身以踐其言，則行修矣。所言者皆可修之於身，則言順矣。〔註8〕」道之謂順，謂君子無不可對人言者，君子無不可言，言必忠信，言忠信，行篤敬，則無處不可去，其道乃能行。是以謂「行修言道，禮之質也。」易言之，禮之質，則行修言

〔註6〕《禮記章句》卷二十九，頁3。《船山全書》第四冊，頁1205。
〔註7〕《禮記章句》卷一，頁2。《船山全書》第四冊，頁12。
〔註8〕《禮記章句》卷一，頁5。《船山全書》第四冊，頁15。

道，行修爲踐形，言道爲知性。禮者，乃在其中。再者，〈曲禮〉又云：

> 道德仁義，非禮不成。教訓正俗，非禮不備。分爭辨訟，非禮不決。
> 君臣、上下、父子、兄弟，非禮不定。宦學事師，非禮不親。班朝
> 治軍，莅官行法，非禮威嚴不行。禱祠祭祀，供給鬼神，非禮不誠
> 不莊。是以君子恭敬、撙節、退讓以明禮。

船山注云：

> 在理曰道，在心曰德。仁者，愛之體。義者，心之制。禮以顯其用，
> 而道德仁義乃成乎事矣。設科以督正之曰教。啓釋其所未通曰訓。
> 教訓斯民以正俗者，以爲善去惡爲大綱，而非示之以禮，則不能隨
> 事而授之秩敘，以備乎善也。上，官長。下，貳屬。游學曰「宦」。
> 親者，親其師友。班朝，序朝位也。禱，祈也。祠，辭也；謂告祭
> 也。地祇曰祭，天神曰祀。供，薦；給，備物；謂宗廟饋食之祭。
> 誠，盡其心也。莊，飭其事也。恭，神之肅也。敬，心之慎也。撙，
> 酌也。節，制也。退，自抑也。讓，遜於人也。禮著於儀文度數，
> 而非有恭敬之心，撙節之度、退讓之容，則禮意不顯。君子爲禮之
> 無往不重，而必著明其大用，使人皆喻其生心而不容已，故內外交
> 敬，俾禮意因儀文以著，而禮達乎天下矣。〔註9〕

禮著於儀文度數，儀文度數因禮以行。然禮之行，必得有恭敬的心，撙
節之度，與退讓之容，禮才能顯。無其恭敬，無其撙節，亦無其退讓，要禮
有所行，畢竟困難。而禮之要，在顯其用，雖有仁心，禮無所用，仁心亦無
由發展。此即道德仁義，非禮不成；教訓正俗，非禮不成；乃至分爭辨訟、
五倫關係、宦學事師、班朝治軍、莅官行法、禱祠祭祀，等，皆禮之爲，亦
禮之用，必有其用之道理，有其用之踐義，爲人之道，才能彰顯，「踐形知性」
之境域才能伸延，是「禮」爲人道之本質，當無疑議。

第二節 禮之本末相貫

以《禮記》本書言，雖內容複雜，有時章節錯次，但船山之注解，卻能
從複雜的次序中釐出一條鮮明的路徑。《禮記章句》篇所言，皆在人心的發微，
人心正則毋不正；人心安，則毋不安。是禮者，在於「端正人心」，此爲必然

〔註9〕《禮記章句》卷一，頁6～7。《船山全書》第四冊，頁16～17。

的條件。故云「人禽之辨」，云「人道本質」，基本上，乃求人心之所安，如人心不安，則上自君臣，下至庶民，皆無所定，其「亂」者，乃必隨之而生，國不國、家不家，一切皆無秩序，國之不危，恐甚困難。是以「禮」之重要，可以想知，而必云禮者，即在求禮之本末相貫，禮之本末未相貫，則禮說只是分散，亦只徒具虛文，禮即不得其「理」，更無庸談「踐履」，人心又何能安適！以是知理解禮之本末條貫甚爲緊要。

就《禮記》全書言，謂之「本末條貫」，仍須自二途徑以說：一爲通篇之作，篇目是否分類得宜；一爲本末之理義是否條貫銜接。如篇目分類得其所宜，則依類循讀，對《禮記》複雜篇目，即能由一篇目而系聯各章節，使前後脈絡一致，清楚明白各篇旨要；又可由船山各篇注解的申論，諳知「禮」內涵之義理，而得本末之條貫。茲分述如下：

一、禮記篇目分類

船山之《禮記章句》，只作章句義理及詁訓的析解注解，未就分類處作歸類，所注乃「取戴氏所記，疏其滯塞」；而其意則「人禽之辨，夷夏之分、君子小人之別，未嘗不三致意焉」。其人禽、夷夏、君子小人，乃至天子、庶民之分，本書各章中皆言述之。若「戴氏所記」，船山「疏其滯塞」，亦寄寓微言大義。惟於《禮記》篇章之區分，則尙闕微。而其實《鄭目錄》已就《禮記》篇章，依其性質，作一歸類；本文之所分釐，爲就鄭所歸類別，分類相合，而於船山《章句》有所裨補耳。

《禮記》四十九篇，因於內容複雜，故鄭玄《目錄》即曾加以歸類。而鄭之歸類，又據劉向《別錄》而來。依鄭之《目錄》所歸之類，計分爲八，即：「通論」、「制度」、「喪服」、「吉禮」、「祭禮」、「子法」、「樂記」、「明堂位」八者。

1. 以「通論」言：

所歸爲十六篇。計：檀弓上、檀弓下、禮運、玉藻、大傳、學記、經解、哀公問、仲尼燕居、孔子閒居、坊記、表記、緇衣、儒行、大學、中庸。

2. 以「制度」言：

所歸爲六篇。計：曲禮上、曲禮下、王制、禮器、少儀、深衣。

3. 以「喪服」言：

所歸爲十一篇。計：曾子問、喪服小記、雜記上、雜記下、喪大記、奔喪、問喪、服問、間傳、三年問、喪服四制。

4. 以「吉禮」言：

　　所歸爲七篇。計：投壺、冠義、昏義、鄉飲酒義、射義、燕義、聘義。

5. 以「祭禮」言：

　　所歸爲四篇。計：郊特牲、祭法、祭義、祭統。

6. 以「子法」言：

　　所歸爲二篇。計：文王世子、內則。

7. 以「樂記」言：

　　所歸則〈樂記〉一篇。

8. 以「明堂」言：

　　所歸爲二篇。又稱「明堂陰陽類」。計：月令、明堂位。

　　以上所分，計八類、四十九篇，悉依《鄭目錄》歸類。而《鄭目錄》又據劉向《別錄》分類。然後以時代久遠，分類是否得宜，待乎斟酌。是以就鄭之分類，王靜芝《經學通論》於《禮記》四十九篇分類，即提相異之見。茲錄如下：

　　（1）古人這種分類不能說沒有道理，因爲劉向、鄭玄的看法，是古人的看法。如〈喪服〉算作一類，〈樂記〉算作一類。儒家把喪事看作很大的事；而「樂」又是儒家認爲與禮並重的治天下之所用。但到了現代，古代的喪服式祇是歷史上的古代喪服考證的資料，不足以作任何行事的參考。

　　（2）〈樂記〉實是儒家對「樂」的看法的專論，應該屬於專論之類。像〈學記〉是儒家對教育的專論，而《別錄》單獨立〈樂記〉爲一類，可見當時劉向將「樂」歸入普通的「通論」類，祇好單成一類了。但〈樂記〉單成一類，其實並不甚合分類方法。

　　（3）〈冠義〉、〈昏義〉、〈鄉飲酒義〉等六篇，本是爲《儀禮》的〈士冠禮〉、〈士昏禮〉、〈鄉飲酒禮〉等篇所寫的傳注。《儀禮》的〈士冠禮〉、〈士昏禮〉等篇，才眞正是吉禮的經。《禮記》中凡言「義」的各篇，孔氏《正義》特別說明是記《儀禮》各篇之義的。《禮記》在《漢志》屬於「經」的次行，著錄「記」百三十一篇，特別標識是經的記。今《禮記》四十九篇，顯著屬「經的記」各篇，祇有此言「義」的六篇，自然應歸爲「經義類」，才名符其實。而劉向歸之於「吉禮」類，似乎與《儀禮》六篇平行，而無相屬的關係，似亦不妥。〔註10〕

〔註10〕王靜芝《經學通論下》第七篇，頁63～64。

　　歸納《鄭目錄》之闕，在：(1) 古喪服僅可作古之喪服考證資料，不足以作今之喪服行事的參考。(2)〈樂記〉不宜單獨立篇，應歸爲「通論」之類。(3)〈冠義〉、〈昏義〉、〈鄉飲酒義〉不宜視爲「經之記」，應歸爲「經義類」。此三點疑議之辨正，就《禮記》四十九篇言，堪稱合理。故王氏以「似亦不安」作《鄭目錄》之評判，殊有可信。

　　因之，《禮記》四十九篇，依今之學術潮流言，仍可重新歸納，此王氏即就《鄭目錄》之八類，拓而爲十類，即：經義類、專論類、通論類、政治制度類、禮節類、喪服類、祭祀類、議論類、名物類、掌故類，等十類。

1. 以「經義類」言：
　　所歸爲六篇。計：冠義、婚義、鄉飲酒義、射義、燕義、聘義。

2. 以「專論類」言：
　　所歸爲六篇。計：禮運、學記、樂記、經解、中庸、大學。

3. 以「通論類」言：
　　所歸爲六篇。計：儒行、檀弓上下、曾子問、大傳、哀公問、表記。

4. 以「政治制度」言：
　　所歸爲四篇。計：王制、月令、玉藻、明堂位。

5. 以「禮節類」言：
　　所歸爲四篇。計：曲禮上下、內則、少儀、投壺。

6. 以「喪服類」言：
　　所歸爲九篇。計：喪服小記、雜記上下、喪大記、奔喪、問喪、服問、間傳、三年問、喪服四制。

7. 以「祭祀類」言：
　　所歸爲四篇。計：郊特牲、祭法、祭義、祭統。

8. 以「議論類」言：
　　所歸爲四類。計：仲尼燕居、孔子閒居、坊記、緇衣。

9. 以「名物類」言：
　　所歸爲二篇。計：禮器、深衣。

10. 以「掌故類」言：
　　所歸僅一篇，爲文王世子。〔註11〕

　　如此分類，依王氏所說：(1) 爲了對於研究《禮記》時，檢閱的方便。(2)

〔註11〕王靜芝《經學通論下》第七篇，頁64～70。

這一種分法是個人的看法，當然不見得完全正確，不過爲了《別錄》的分類對今日研究《禮記》不甚合適，所以另作歸類。（2）如〈禮器〉本是記禮使成器，可歸入「通論」一類，但《禮記》之中，論禮的篇章已經很多，〈禮器〉這篇有記名物甚多的特點，所以與專記服式的〈深衣〉一篇歸在一類。（3）在每類每篇之下，注明參考前章某節，可以前後對照，檢出屬《禮記》第幾篇，於《別錄》屬那一類。〔註12〕

王氏以「每類每篇之下，注明參考前章某節。」且「前後對照」，作爲研究《禮記》篇章之檢視，此與本書第四章「船山《禮記章句》理義旨要論」之謀篇蓋爲相近，然本書所論，則以散式篇章，突顯以禮爲仁體的主軸，與鄭之目錄及王氏之分，是又不同。最大差異，乃在鄭及王說，只就篇章分類，本書所言，乃在「體、用」處立言。故以仁即禮之「體」，於《學庸》之外，乃舉〈禮運〉、〈禮器〉、〈曲禮〉、〈學記〉、〈坊記〉、〈表記〉、〈經解〉、〈玉藻〉、〈深衣〉諸篇立說；於其「用」則舉〈內則〉、〈喪服小記〉、〈大傳〉、〈少儀〉、〈雜記上〉、〈雜記下〉、〈喪大記〉、〈祭法〉、〈祭義〉、〈祭統〉、〈緇衣〉、〈奔喪〉、〈問喪〉、〈服問〉、〈三年問〉、〈冠義〉、〈昏義〉、〈鄉飲酒義〉、〈射義〉、〈燕義〉、〈聘義〉、〈喪服四制〉諸篇立說。所作則仁體禮用、人生儀節，終則人道之成。是以就篇章理義言，《禮記章句》論理旨要，與鄭目錄相較，或更能突顯《禮記》本末之相貫。

二、本末理義條貫之銜接

《鄭目錄》《禮記》篇章分類及王靜芝《禮記》篇章重新分類，對《禮記》之通貫性是有瞭解，而義理之深微則船山《章句》爲過之。至於《禮記》之通貫，依船山義理層次，乃可就「原始本末」及「條理統貫」以述之。

（一）原始本末

蓋以禮之本在天道之自然，而天道之自然必待人心而顯；故禮之本又在人的良心，於是天道人心，自上而下，本原乃爲一致。此《禮記・禮運》載言偃（子由）與孔子〈小康〉世之問答。孔子云：

> 是故夫禮，必本於天，殽於地，列於鬼神，達於喪、祭、射、御、
> 冠、昏、朝、聘，故聖人以禮示之，故天下國家可得而正也。

〔註12〕同上，頁71。

船山注云：

> 本者，原其理之所自出也。殼，效也。地載萬物，各得其所，禮之所取則也。《易》曰：「禮卑乎地。」列，猶參耦也。謂此理之屈伸變化，體物不遺，明則爲禮樂，幽則爲鬼神，參耦並建而成用也。達者，有本而推行皆通之謂。示之，謂教民也。此上三節，推上文之意而言三代聖人所以必謹於禮，非徒恃爲撥亂反治之權，實以天道人情、中和化育之德皆於禮顯之，故與生死之故、鬼神之情狀合其體撰，所以措之無不宜，施之無不正，雖當大道既隱之世而天理不亡於人者，藉此也。〔註13〕

　　禮順之於天，效之於地，通於往昔，亦施於未來，所表現者，即爲喪、祭、射、冠、婚、朝聘等禮儀。聖人以此禮儀以表天道人情，溥於天下國家，天下國家乃能條理有致。故知天道非遠，必人心之所發，人心之發，以喪、祭、射、冠、婚及朝聘之禮以行，則能上通天德而合於人情。此即船山所云：「三代聖人所以必謹於禮，非徒恃爲撥亂反治之權，實以天道人情、中和化育之德皆於禮顯之，故與生死之故、鬼神之情狀合其體撰，所以措之無不宜，施之無不正」之謂。再以此段落，唐君毅亦申論云：「此乃由禮之本于天地鬼神，再到其達于人之喪祭、射御之說法，亦是先順道墨諸家之重言天、與尊天事鬼，而更說到儒家所原重之人倫。……。然儒家之禮，自有事天之禮、祭地與鬼神之禮。禮之本雖在人心、人之生命，然出自人之心與生命之禮，固可及于天地鬼神。〔註14〕」則人之心與生命之體上通於天地鬼神，且由喪祭、射御上乎天地，進乎鬼神，乃即原始以要終之意。再者：

> 夫禮之初，始諸飲食，其燔黍捭豚，汙尊而抔飲，蕢桴而土鼓，猶若可以致其敬於鬼神。

船山注云：

> 燔黍，謂未有釜甑，燒石而加黍其上，炒以爲糗也。捭，裂也。裂豚肉而燔之也。汙尊，坎地蓄水。抔飲，手掬而飲。蕢，土。桴，所以擊鼓。土鼓，陶土爲腔而鞔之。今武陵人蒔稻，則丸泥擲瓦腔顙鼓以勸農人，其遺制也。此節言自後聖修火政以來，民知飲食則已知祭祀之禮，致敬於鬼神，一皆天道之所不容已，其所從來者遠，

〔註13〕《禮記章句》卷九，頁7。《船山全書》第四冊，頁541。
〔註14〕唐君毅《中國哲學原論・原道篇二》，頁100。

非三代之始制也。〔註15〕

最原始之禮儀，是從飲食行為開始。原始人對於飲食，只知將粟粒放置火中爆烤，並將小豚放置火中烤熟；知將地下挖一窟窿作為酒器，並用兩手掬水當酒杯喝之；亦知將生於水邊的蕢草紮成槌子築在地面，當作鼓樂來聽，生活方式如此簡樸，以為便能敬愛於鬼神；此即最初始的「祭禮」。而此祭禮，必非三代之始制，其所從來者遠，為修火政以來，民知飲食即已知祭祀之禮，是以致敬於鬼神，皆天道人情之自然，以非為外鑠，乃內心之不容已，是為禮之原始。又者，禮之初始，確為由飲食而通乎生死。〈禮運〉云：

> 及其死也，升屋而號，告曰：「皋某復」，然後飯腥而苴熟，故天望而地藏也。體魄則降，知氣在上，故死者北首，生者南鄉，皆從其初。

船山注云：

> 「皋」，呼聲。某，死者名。復稱名者，古禮質，無爵與字之別也。飯，實尸口。腥，生米也。苴，包也。謂包祖奠置壙中以送死。不言遣車者，亦古禮質也。孰與熟通，謂烹牲體也。天望，謂望天而復。地藏，謂藏苴以送之。魂，耳目口鼻含識之質。知，知覺運動之靈也。魂著於體，知憑於氣。人死則魄降，故養道藏之於地；知氣升，故望天而求神之復。北首，葬也。南鄉，鄉明而治。其理亦生陽死陰，望天藏地之義也。初，本始之理，所謂天之道而人之情也。〔註16〕

人死之時，生者即登上屋頂對天呼喊，所喊之語，即：「某人，你將回來啊！」至死者不能復生，生者即用未煮的稻米或貝殼塞注死者口中，埋葬時又送死者一些草葉包著的熟食，使死者不飢餓。如是，向天而招魂，在地而埋葬；肉體降入地下，靈魂飄於天上。且以北向為陰，南鄉為陽，故後世所行死者首朝北，而生者以南為尊，所行之禮，即原始時代流傳而下。船山謂「其理亦生陽死陰，望天地藏之義。」由對死者之敬，而顯生者之情，即為天道人情之本義。此故唐君亦申論云：「此謂禮乃與人之飲食俱始。人自知飲食之時，即同時有其致敬鬼神之心，故于親者之死，升屋而號，以生人之食饗死者，再使其北首望天，而藏身于地，因其知氣上于天、體魄降于地

〔註15〕 《禮記章句》卷九，頁10～11。《船山全書》第四冊，頁544～545。
〔註16〕 《禮記章句》卷九，頁9～10。《船山全書》第四冊，頁543～544。

也。〔註17〕」以是知葬祭之禮，初則與原始之人的飲食俱始，而人自始當非只求其個人之飲食，其于飲食之際，即存乎鬼神之念。人死而葬之，使其知氣魂逸天、體魄藏地，則死者所凝化之鬼神，當不離天地，天地亦皆存之于生者之念中。順應此道，則此祭喪之禮，固見生者與死者之人倫，亦依天地鬼神之存在而生始終之繫念。故若上段所言，謂「禮」者乃「本于天，殽于地，列于鬼神，達于喪祭」等等，知所謂古原始之人，其于飲食之際，即致敬乎鬼神、亦致敬乎葬死者，其禮之所發，皆原于本始之理，而爲眞實之情，此即前所謂「民知飲食則已知祭祀之禮，致敬於鬼神，一皆天道人情之所不容已」，最佳之詮釋。

（二）條理統貫

禮以治人之情爲務，其本在天，由人情而天道，所本乃爲一原，故承天道以治人情，實即導人情以返於本然。

故〈禮運〉云：「故人者，其天地之德，陰陽之交，鬼神之會，五行之秀氣也。」船山注云：「人之情皆性所發生之機，而性之所受則天地、陰陽、鬼神、五行之靈所降於形而充之以爲用者，是人情從原而言之，合一不間，而治人之情即以承天之道，固不得歧本末而二之矣。〔註18〕」人之存在，爲天地的創作，亦陰陽二氣交會之所產，其爲過去與未來的銜接，亦金木水火土元素最佳之結合。既爲天地之創作，則治人之情其爲承天之道，天道與人情不得歧本末爲二，則其必謂之條貫。以是知「合一不間」，乃船山論天道與人情之大旨，由此大旨，乃知「禮」之用，即通貫此本末而成一體者。然禮之能通貫本末，其基本則在人；而眞能通貫天道進之以治人情者，終極乃在人之心。是必肯定人性之善，人心之能，禮之用才不致落空；禮才能上通天地之德，與陰陽交，與鬼神會，而爲五行之秀氣。是〈禮運〉亦云：

人者，天地之心也，五行之端也，食味、別聲、被色而生者也。

船山注云：

心者，形氣之靈，理之所自顯也。端，猶萌也。被，施及也。謂施明於色而喻之也。天地之理，剛柔順健，升降交和，其同異翕闢訢合之際，觸感而靈，則神發而理著焉。此天地之心，人之所凝以爲性，而首出萬物者也。…萬物之生，莫不資於天地之大德與五行之

〔註17〕唐君毅《中國哲學原論・原道篇二》，頁101。
〔註18〕《禮記章句》卷九，頁27。《船山全書》第四冊，頁561。

化氣，而物之生也，非天地訢合靈善之至，故於五行之端偏至而不均，唯人則繼之者無不善，而五行之氣以均而得其秀焉。故其生也，於五行之化質，皆遇其故，以不昧其實，食而審於味，聽而辨於聲，視而喻其色，物莫能並焉。則天地之理因人以顯，而以發越天地五行之光輝，使其全體大用之無不著也。心凝爲性，性動爲情，情行於氣味聲色之間而好惡分焉，則人之情與天之道相承終始而不二，其可知矣。〔註19〕

　　人爲順自然法則而生者，故生長收藏，不斷運轉，而成講究口味，辨別聲音，服用彩色的動物。雖爲動物，然以「理」運作其間，卻能發越天地五行的光輝，充分表現人之爲人的價值脈絡，此價值脈絡，又由心凝爲性，由性動爲情，且識辨聲色氣味之好惡，亦即天道與人情之終始相承，而論其所本，則一在於「禮」。故〈禮運〉又云：

　　　　是故夫禮必本於大一，分而爲天地，轉而爲陰陽，變而爲四時，列而爲鬼神。其降曰命，其官於天也。

船山注云：

　　　　大，至也。至一者，理無不函，富有萬殊而極乎純者也。語其實則謂之誠，無所感而固存，四應而不倚，則謂之中，其存於人而爲萬善之所自生，則謂之仁；其行焉皆得而不相悖害，則謂之順，天之德，人之性而禮之縕也。分者，體之立也。轉者，氣之變合也。變者，運行之化也。列，序也，謂屈紳往來之序也。天地、陰陽、四時、鬼神，皆大一所函，函則必動，體有闔闢而天地定矣，氣有噓吸而陰陽運矣，變通相禪而四時成矣，由是而生化之幾出焉。伸以肇天下之有則神也，屈以歸固有之藏則鬼也，莫不彙合於大一之中以聽自然之推盪，而高卑之位，剛柔之德，生殺之血，幽明之效，皆於是而立，則禮之所本也。降曰命者，即所謂「殺以降命」，禮之秩敘也。官，效其職也，謂皆以效大一之動而著其能也。〔註20〕

又：

　　　　夫禮必本於天，動而之地，列而之事，變而從時，協於分藝。其居人也曰養，其行之以貨力、辭讓、飲食、冠昏、喪祭、射御、朝聘。

〔註19〕《禮記章句》卷九，頁30。《船山全書》第四冊，頁564。
〔註20〕《禮記章句》卷九，頁36～37。《船山全書》第四冊，569～570。

船山注云：

> 自其一理渾淪，闔焉闢焉，而清濁高下各奠其位，則天地固大一之
> 所分矣。而闔闢之朕，初無二幾，清者升則濁者自降，是大一之生
> 眾理者皆具於天，而地者其動之所成也。禮所自生，存中而發外，
> 因用而成體，其用者天之德，其成而爲則效地之能，是本於天而動
> 於地也。由是而事之序、時之宜，分藝之效，酬酢萬變而不窮，皆
> 以行其中和自然之節而爲仁之所自顯，斯一本而萬殊之實也。分者，
> 職所守。藝者，才所任也。居，存也。義者，人心之宜，禮之所自
> 建者也。存於中則爲義，天之則也，施於行則爲禮，動之文也。飲，
> 燕饗。食，饋食、公食。貨力、辭讓，則飲食、冠昏、覲問、射御
> 之所資以爲禮者也。〔註21〕

　　就禮之本於「天」，或本於「大一」二者。船山《全書》謂「禮本於天」；
舊說則謂「禮本於大一」；而船山之注又謂「天地固大一之所分」，故雖二說
並存，就形上理義言，仍取「大一」之說。如禮爲「大一」，則「大一」爲形
而上的原理，此原理依「分」、「轉」、「變」、「列」等不同，而表現爲「天地」、
「陰陽」、「四時」、「鬼神」等不同的事體。而「官於天也」之「官」，鄭注謂
「官」爲效法之「效」；船山則謂「效其職」之效。「居人以養」之「養」，船
山未言，鄭注以爲當是「義」之謂，則此「義」字，同「好義」之「義」乃
指理性的知解行爲。

　　因之，論及禮最高之原理，應出於大一至誠之理。此理之分，化而爲天
地，乃有具體的世界；因理之旋轉，而爲「陰陽」，乃有相對的現象；因理的
嬗變而爲四時，乃有消長的作用；因理之排列而爲過去及未來，乃有鬼神的
事務。是此原理之具體、消長，及過去、未來的衍化，皆可稱之謂「命」，此
命者，實即效法於天理。以是禮的原理必本於天，由此理的運行而顯示爲現
象界，從而排列成無數的事物；其消長的作用有如四時的遞嬗，然於遞嬗過
程中，其如十二律之旋轉爲宮一般，每一階段必契合於該階段的分際。此種
形而上之理，賦予人的理性，亦可以「義」字表述。如此，理性的實踐相伴
物質與精神的條件，即是財貨與勞力、恭敬與謙讓。推而言之，此精神與物
質的條件乃能並用於飲禮，食禮，冠禮，喪禮，祭禮，射禮，御禮，以及朝
覲、聘問等行爲上。此行爲可說是直接承自於天賦理性的行爲表現，即可稱

〔註21〕《禮記章句》卷九，頁37。《船山全書》第四冊，頁570。

之爲「禮義」。

> 故禮義也者，人之大端也。所以講信修睦而固人肌膚之會、筋骸之
> 束也，所以養生送死、事鬼神之大端也。所以達天道、順人情之大
> 竇也，故唯聖人爲知禮之不可以已也。故壞國、喪家、亡人，必先
> 去其禮。

船山注云：

> 人之大端，謂吉凶得失之主也。固者，操斂之，勿使放佚以耗其生也。
> 會，膝理。束，脈絡也。事鬼神，謂祭祀。竇者，天人之通也。亡人，
> 戕其生者。講信修睦，則爭亂息而無外患，固其肌膚之會，筋骸之束。
> 則淫佚遠而無內戕，喪亡之害免矣。禮原於天而爲生人之本，性之藏
> 而命之主也，得之者生，失之者死，天下國家以之而正，唯聖人知天
> 人之合於斯而不可斯須去，所爲繼天而育物也，〔註22〕

「肌膚之會」、「筋骸之束」爲譬喻語，言人類社會的關係皆依「有禮」以維繫，始不至於亂。而「禮」者，其爲出自理性的行爲，其爲嚴肅而講究秩序，故爲禮者，須本愛心照應周遭之人，使不至於離異。質而言之，所謂「禮義」，乃人所以爲人最基本的特徵。人類皆須講信修睦，使君臣父子長幼賢愚及諸色人等均團結一致，彼此生活，有如「肌膚之會」、「筋骸之束」一般。且而亦靠「有禮」來經營種種維持生活事業，並依禮料理死者身後的雜務，寄託精神信仰的行爲；亦即依禮來實踐天賦的理性，藉以疏通人類的感情。以是知，唯有聖人才知禮之不可廢。若夫壞國，身敗名裂之人，所以敗亡，皆由於毀滅禮的緣故。故而由正反立論及前後譬喻，則禮之原於天而爲生人之本，意義更爲明顯。因之終結之言，乃即：

> 禮也者，義之實也。協諸義而協，則禮雖先王未之有，可以義起也。
> 義者，藝之分，仁之節也。協於藝，講於仁，得之者強。仁者，義
> 之本也，順之體也，得之者尊。故治國不以禮，猶無耜而耕也。爲
> 禮不本於義，猶耕而弗種也。爲義而不講之以學，猶種而弗耨也。
> 講之以學而不合之以仁，猶耨而弗穫也。合之以仁而不安之以樂，
> 猶穫而弗食也。安之以樂而不達於順，猶食而弗肥也。

船山注云：

> 禮爲義之實，而禮亦緣義以起，義禮合一而不可離，故必陳義以爲

〔註22〕《禮記章句》卷九，頁38。《船山全書》第四冊，頁571。

種也。「藝」，學也。分，區別其宜也。節，則也。講，習也。強，
固也。義由學而精，而受則於仁，故必講學存仁，而義禮乃堅固也。
學以精義，而天德自然之符以施之事物而咸宜者，非仁不足以體之，
故仁爲義本。順者，樂之德也，樂爲順之用而仁則其體也。尊，崇
也，謂爲物所信從也。以上五節，反復推原聖王修德以行禮之本而
極之於仁。蓋仁者大一之縕，天地陰陽之和，人情大順之則，而爲
禮之所自運，以一篇之樞要也。……。無耜，則亦不耕矣。合，謂
內符於心也。弗穫，則非已有。弗食，不能利其用。弗肥，不能享
其成也。仁者順之體，禮立於至足，舉而措之以盡其用，則仁之利
溥矣。仁爲禮樂之合而天道人情之會也。〔註23〕

　　船山解「藝」爲「學」，鄭玄則解「藝」爲「才」。如就「義者，藝之分」
說，則鄭玄以「藝」爲「才」，所指乃天生之才能，依前後語句衡量，說法較
船山爲合宜。由是而謂之「禮」者，禮可說是理性的果實。因之，凡比照理
性法則與之相契合所表現的行爲方式，雖則此行爲方式往昔並未見，其理早
已存之，亦可依此理性法則以創作。又以「理性」是人類天賦的才分，所講
究即仁心的節次，凡事能依仁以行，剛強不屈，即無人與之抗衡。至於仁心，
一則爲理性之所據，一則又爲順達天理人情的具體表現；能合理性，又順天
理人情，則亦無人不敬服。由是亦知：治理國家如無禮以行，即如耕田之不
用農具。制禮而不涵意義，即如知耕田而不知播種。而知禮之義卻不加以說
明，即如知播種而不知耨草。且若僅說明禮之義，凡事卻不合仁愛，即如知
耨草卻無法收成。再以雖有仁愛之念，若凡事無法心安理得，即如收成卻享
受成果；又若凡事心安理得，卻無法表現得嫻熟自然，則雖享受成果，卻無
法得到健康。

　　由「禮也者，義之實也」，一路而下，用的層層遞進的寫法。而以「仁
者，義之本也，順之體也，得之者尊」，作爲段落的主軸。此爲「禮、義、
仁」一體之貫串，亦「仁、義、禮」體系的統貫。故船山云「禮爲義之實」，
而禮之起，緣義而來。禮行，義亦行；義行，禮必至。是以謂「義禮合一，
而不可離。」又者，禮所涵之理性，蓋爲人天賦的才性，其爲「天得自然之
符」以施之事物而咸宜，則非「仁」無以體之，故「仁」爲「義」之本；而
「義禮合一」，是「仁」又爲「禮」之本。歸而言之，則「仁」爲「義禮」

〔註23〕《禮記章句》卷九，頁39～41。《船山全書》第四冊，頁572～574。

之本。順此仁體，舉而措之，以盡其用，則必如船山所言「仁之利溥矣。」仁之利普及眾人，乃能順「禮樂之合」，而會通天道人情，此必「條理統貫」之極致。

第三節　船山禮學之價值意涵

　　作為研究者而言，所重當在「研究動機」、「研究方法」、「研究目的」及「研究成果」。以《船山禮學》之作言，謂「研究動機」者，乃在因船山論禮之精要而興發撰作的認知；謂「研究方法」者，乃在通篇的歸納、比較，進之分析、演繹，意在由綜合、分析中，釐出船山論禮的脈絡；謂「研究目的」者，乃在由詁訓、義理的兼併論述，提出與其他論者思想相異處，進之顯現船山禮學的切當深邃。而「禮儀」之敘、「通則」之說，乃至「名物」之述，皆就禮之實以論，使「禮」者，於禮之外，乃有其具體的規範。至若「人禽」、「夷夏」辨義；以仁為體之本末條貫，皆因「禮」而有所發抒。是而船山《禮記章句》，毋寧為禮之思想與節文的體現。然學者研究船山禮學，偏於義理者較多，有如近之《王船山禮學思想研究》〔註24〕，或《王夫之的四書學思想》〔註25〕，或《王船山美學基礎》〔註26〕等作，皆義理思想之抒論，於禮節文之所述則闕微，故本書之作，概以「義理析論」，「訓詁為要」，是為別於他人而自立綱領者，所謂「壁立萬仞」，「各領風雅」，其此之謂。

　　至若謂「研究成果」者，則基本上，仍如船山《禮記章句序》孔子之言，所謂：「復禮為仁，大哉禮乎！天道之所藏而人道之所顯也。〔註27〕」「天道所藏」而「人道所顯」，用今語言之，乃即天理存之於人，而人的精神價值表顯於外所成就的種種事業。質言之，人所具之健順五常之理，即是天理；故天理者，存之於人心。而人心所發表顯於外的成就事業，即是天道的流行。以是知「天道之本然」與「在人之天道」，其本不二，而其用則無窮。因之，就「其本不二」、「其用無窮」二者而言，則船山禮學所呈現的價值，其義有二：（一）為發見於物而物皆德之象。（二）為敬天祀祖而通乎鬼神。分述如下：

〔註24〕陳力祥《王船山禮學研究》，四川巴蜀書社，2008 年 12 月。
〔註25〕季蒙《王夫之的四書學思想》，廣東高等教育出版社，2005 年，5 月。
〔註26〕韓振華《王船山美學基礎》，四川巴蜀書社，2008 年 12 月。
〔註27〕船山《禮記章句序》，《船山全書》第四冊，頁 7。

一、發見於物而物皆德之象

　　船山云〈禮器〉旨要，有形上之道與形下之器之別。以「形而上者道也，禮之本也；形而下者器也，道之撰也。禮所爲即事物而著其典，則以各適其用也。〔註28〕」是即事物而著其典，以各適其用，當即禮所顯之價值，亦禮發於物之象，然此「象」者，必皆合其德，象才有味。故《禮記·禮器》首章即云：

　　　　禮器，是故大備。大備，盛德也。

船山注云：

　　　　器有大有小，有精有粗，有厚有薄，有貴有賤，各順其則，以成萬
　　　　物之能而利生人之用，故合以成章而大備焉。其所能備眾善，而大
　　　　小相容，精粗相益，厚薄相資，貴賤相治而不相悖害者，皆原於德
　　　　之盛也。〔註29〕

　　禮的功用在於「完備」，功用完備即是德性最高的表現。以是「器」物有大小、精粗、厚薄，貴賤，乃至優劣；但彼此能相容、相益、相資且不相悖害，則器之製合其尺度，順其準則，即能成萬物之能而利人生之用，此即「完備」之謂，此「完備」者，其原皆在於德之盛。是德盛而溥之器，器之盛容即煥然大備。又禮有多有少，有大有小，有高有低，有文有素，多少、大小、高低，文素，合而爲之，德盛即在其中。

（1）以禮之「多少」者，如〈禮器〉所云：

　　　　禮有以多爲貴者。天子七廟，諸侯五，大夫三，士一；天子之豆二
　　　　十有六，諸公十有六，諸侯十有二，上大夫八，下大夫六，諸侯七
　　　　介、七牢；大夫五介、五牢；天子之席五重，諸侯之席三重，大夫
　　　　再重；天子崩，七月而葬，五重八翣，諸侯五月而葬，三重六翣，
　　　　大夫三月而葬，再重四翣；此以多爲貴也。

船山注云：

　　　　廟，中、下士也。適士二廟，舉一廟而言者，取「降殺以兩」之義
　　　　也。豆，正羞之豆；天子朔食、諸侯大夫覲禮而受食，設之醢果者
　　　　也。豆之多寡，俎、籩視之。介、牢之數，諸侯朝於天子及自相朝
　　　　迎饌之禮也。公九介、九牢，子男五介、五牢，公之大夫七介、七

<hr>

〔註28〕《禮記章句》卷十，頁1。《船山全書》第四冊，頁579。
〔註29〕《禮記章句》卷十，頁1。《船山全書》第四冊，頁579。

牢，子男之大夫三介、三牢。此言「七」、言「五」者，侯伯君臣之
禮舉中以概上下也。席五重，六席；三重，四席；再重，三席。天
子莞筵，次席各二，諸侯蒲筵、莞席各二，大夫蒲席一、莞席二。……。
〔註30〕

以禮的文理為例，有的以多為貴。譬如天子的祖廟有七所，諸侯只有五
所；大夫三所，士一所。又：天子飯食有二十六道荣，公爵十六，諸侯十二，
上大夫八，下大夫六。又：諸侯出門，有七位副官先行傳話，其招待賓客有
七席葷菜。大夫只有五位副官、五席葷菜。又：天子的坐席有五重，諸侯三，
大夫二。又：天子崩，七月而葬，茵席抗木各有七層，障扇有八種。諸侯五
月而葬，三重六翣；大夫三月而葬，二重四翣。依此規定，即知禮文是有以
「多」為貴者。〈禮器〉又云：

> 禮之以多為貴者，以其外心者也。德發揚詡萬物，大理物博，如此
> 則得不以多為貴乎？故君子樂其發也。

船山注云：

> 以，用也，外心，謂游心觀物，以極德之著也。揚，興也。詡，動。
> 大理，條理之大也。物，備物也。樂，樂而欲之也。發者，備盛德
> 之形容也。蓋天下之物與君子之德，其理一也。德之盛者，發見於
> 物而物皆其德之象，誠外其心以觀其發，凡萬物之所自揚詡、條理
> 不昧、極乎博大者，無非至仁大義之所顯，則備其德者用其物，不
> 可得而殺也。君子見百昌眾美之榮以勸成吾德之盛，斯樂用之而不
> 厭矣。〔註31〕

禮之以多為貴者，皆內心以外的展現。蓋以王者之德發揚光大，且普及
萬物，其所統治的事物亦極廣博，則以貴為天子而富有四海之人，其行為儀
節安能不以多為貴？為君子者，即樂見其所表現於外的事物。合此上下兩段
觀之，則必如船山所言：「天下之物與君子之德，其理一也。」亦即君子見百
物眾美之榮，而勸己德之盛亦必若此；且「德之盛者，發見於物而物皆其德
之象。」則郊祀、大饗、尊爵，乃至冠、婚、射、御、喪、祭之禮，所用之
物，豈非盛德之象！故知「萬物之所自揚詡，條理不昧，極乎博大者，無非
至仁大義之所顯。」是以備其德者為用其物，其物必不可去。其以「少」為

〔註30〕《禮記章句》卷十，頁8。《船山全書》第四冊，頁586。
〔註31〕《禮記章句》卷十，頁13〜14。《船山全書》第四冊，頁591〜592。

貴者，如〈禮器〉所云：

> 有以少貴為者。天子無介，祭天特牲；天子適諸侯，諸侯膳以犢；諸侯相朝，灌用鬱鬯，無籩豆之薦；大夫聘，禮以脯醢；天子一食，諸侯再，大夫三，食力無數；大路繁纓一就，次路繁纓七就；圭璋特，琥璜爵；鬼神之祭單席；諸侯視朝，大夫特，士旅之，此以少貴也。

船山注云：

> 天子有天下，無適而為賓，故適諸侯國不用介。特牲，特牲，特牛，無羊豕。「膳」之為言善也，致善饌以養也。以犢，不備牢也。獻用鬱鬯曰「灌」。鬱鬯者，以鬱人所貢（百草之英二百葉以為鬱）香草（香草一千二百葉以為築），釀秬黍為酒也。諸侯相朝享畢，酌以禮賓，大夫聘享畢，則以醴禮之，有籩豆脯醢。食，猶飱也。一食、再食、二食，謂食畢加飯而告飽也。凡天子十五飯，諸侯十三飯，大夫十一飯，飯畢更侑之食為加飯。食力，食而勞力，謂農工也。無數，以飽為度也。大路，木路，殷祭天之車。「繁」與「鞶」同，馬大帶。纓，鞅也，在馬膺前，皆以采鵠厲唯。就，匝也，五色為一匝，一就者，其文疏，舊說以此為殷禮，周則祭天駕玉路，十有二就也。次路，殷之第三路，革路也。七就，文細鏤也。〈郊特牲〉言「五就」，此云「七就」，未知孰是。圭，聘圭。半圭曰「璋」，聘夫人者。特達，不以幣將之也。琥，刻玉為虎形。璜，如半環。爵，謂諸侯相饗以侑爵也。公、侯以「琥」，伯、子、男以「璜」，以玉侑爵，則必以幣將沘。單席，不重也。特，各揖之。旅，猶眾也。上士、中士、下士各以類而合揖之。〔註32〕

禮亦有以少貴之例。譬諸侯出門有七個傳話的副官，天子為天下共主，出門則不用副官。社稷之祭用三牲，最大的郊祭只用一牛。天子饗諸侯亦有三牲，諸侯宴請天子吃飯，亦只用一條小牛。天子祭天不用鬱鬯，諸侯相朝聘，彼此互敬亦用此酒，並不設脯醢等物，但大夫相聘問，則有脯醢之設。又如：天子飯食，一飯告飽；諸侯兩餐二飯，大夫、士皆三飯；至於勞動者，則可儘量地吃。又如：駕駛祭車的車，只有一圈馬纓為飾，其他用車，皆以五圈至七圈的馬為飾。又如：晉見尊者所獻的貴重玉器，如圭如璋，皆單獨

〔註32〕《禮記章句》卷十，頁9～11。《船山全書》第四冊，頁587～588。

捧出；至次等者，如琥、璜，則以爵為配。又如：天子之席五重，諸侯三重，而祭祀之神則僅用一席。又如：諸侯臨朝聽政，若大夫可單獨出席，士人則須隨眾進退。諸如此類，均見禮文之以少貴。此「物」之以少貴，若內心之「德」者，則：

> 禮之以少貴者，以其內心者也。德產之致也精微，觀天下之物無可以稱其德者，如此則得不以少貴乎？是故君子慎其獨也。

船山注云：

> 內心，謂潛心內觀，以體德之所自凝與物之所自生也。產，生之始也。慎，謹持之也。獨者，人所不得而見聞而心自喻者也。天下之生莫非德之所產，而德之產物自無而有，有用之密緻精粹希微不可以形象求，故德之至者，天下之物已成乎形者皆不足以象之。誠內其心以觀其所藏，則固不待物以增美，反其始以居其約，不可得而豐也。君子獨知之地，自喻夫洗心藏密之妙，慎以持之，而不逐於形器之粗矣。〔註33〕

要之，以少為貴者，則是屬於內心的敬意。乃以天生萬物，父祖生己身，故天下萬物及己身所完成的功業，沒有一件能配得上祖先大德。像這樣，對崇高偉大者之致誠，又如何不以少貴！此亦船山所謂：「德之至者，天下之物已成乎形皆不足以象之。」則祖先之德，蓋已成乎形，而皆不足以象之。是由天子而下，祭饗祖先之禮，皆出於敬祖之意。以其敬祖，故對祖先神的虔誠，乃即「潛心內觀，以體德之自凝與物之所自生。」故反其始以居其約，不待夫豐而在乎誠，以是君子者，於獨知之地，慎以持之，當不必逐於形器得精粗，此謂「以少為貴」。

（2）以「大小」為例者，此〈禮器〉所云：

> 有以大為貴者。宮室之量，器皿之度，棺槨之厚，丘封之大；此以大為貴也。有以小為貴者。宗廟之祭，貴者獻以爵，賤者獻以散；尊者舉觶，卑者舉角，五獻之尊，門外缶，門內壺，君尊瓦甒，此以小為貴也。

船山注云：

> 謂天子、諸侯、大夫、士之差也。量者，廣狹之制。器，尊彝之屬。皿，盤盂之屬。棺槨之厚者。天子之棺四重，其外棺與槨必大矣，

〔註33〕《禮記章句》卷十，頁14。《船山全書》第四冊，頁592。

棺椁大則坎廣輪大，其上邱封亦必大矣。獻尸為貴，獻賓長兄弟祝
佐食為賤。舉，舉酬也。尊者，賓長兄弟。卑，眾有司。爵，一升，
散，五升，觶，三升，角，四升。五獻，子、男相饗之禮，舉子、
男以上統公、侯也。壺，容一石。瓦甒，容五斗。缶，未聞，當倍
壺，容二石也。君尊，兩君所酌之尊，門內，酌諸臣之尊，門外，
酌士旅食者。

　　禮文有以大為貴者，如宮室的規模，器皿的尺寸，棺椁的厚度，墳墓的
範圍等，皆愈貴者愈大。亦有以小為貴者，如：宗廟的祭祀，主人獻尸則以
小杯，僕隸獻尸則以大杯。尸入，舉奠觶，亦是小杯；尸酢主人，則用角，
角為大杯。至於子男飲宴，最大的酒缶置於門外，較大的酒壺則置於門內，
而主客互酬仍用最小的酒壺，此謂「以小為貴」。然則以「大」為貴或以「小」
為貴，所用之物，皆內心之德所顯。

（3）以「高下」為例者，此〈禮器〉所云：

有以高為貴者。天子之堂九尺，諸侯七尺，大夫五尺，士三尺，天
子諸侯臺門，此以高為貴也。有以下為貴者。至敬不壇，掃地而祭；
天子、諸侯之尊廢禁，大夫、士棜禁，此以下為貴也。

船山注云：

「堂」，屋下基也。門，大門。士夫、士不臺門。門與庭齊，就地立
之，升降不以階。至敬，謂郊祭。築土曰壇。掃，除也。廢，去也。
禁，承尊架也。人君之尊，或用舟，或用豐，皆如盤就地措之，不用
禁。禁之為言戒也。君尊，不敢施戒焉。棜，斯禁也。長四尺，廣二
尺四寸，深五寸，中鑿孔以受尊。禁則更加以三寸之足焉。〔註34〕

　　王夢鷗以為「天子諸侯臺門」之「臺門」，壹似無高低之分。此處於「天
子」之下或脫「兩觀」二字。「兩觀」高於臺門。天子設「兩觀」，諸侯只有
「臺門」。故《公羊傳・昭公二十五年》載魯昭公設「兩觀」，其臣子家駒以
為非禮〔註35〕，若此。禮文有以高為貴者。如：天子堂高九尺，諸侯七尺，
大夫五尺，士人則為三尺。又如：天子宮門外有兩觀，或稱雙闕；諸侯門前
則僅較低的門樓，德之象所顯，即越高越尊貴。又有以低為貴者。如祭天燔
柴，卻於壇下掃地而祭，是非禮。又如：天子諸侯的酒樽不用托盤，大夫、

〔註34〕《禮記章句》卷十，頁 11～12。《船山全書》第四冊，頁 589～590。
〔註35〕王夢鷗《禮記今註今譯》頁 318。

－369－

士卻用無足的托盤，上位者所行之禮低於下位者，此即以低為貴。則其德之象是為不顯。有此比較，則德之顯與不顯，與合禮非禮關係甚大。

（4）以「文素」為例者，此〈禮器〉所云：

> 禮有以文為貴者。天子龍袞，諸侯黼，大夫黻，士玄衣纁裳；天子之冕朱綠藻，十有二旒，諸侯九，上大夫七，下大夫五，士三；此以文為貴也。有以素為貴者。至敬無文，父黨無容，大圭不琢，大羹不和，大路素而越席，犧尊疏布冪（音ㄇㄧˋ，鼎蓋。）。樿杓，此以素為貴也。

船山注云：

> 此記服冕之制與《周禮》不同，舊說以為夏、殷之制也。龍袞九章，黼二章，黻一章。冕及爵弁服皆上玄下纁，獨於士言「玄衣纁裳」者，弁服無繡繪。但著其色也。「藻」與「繅」同，以采絲為繩，垂於冕延之下，以貫玉也。凡玉之數如繅，十二旒用玉二百八十八，九旒用玉百六十二，五旒用玉五十，三旒用玉唯一十八耳。至敬，謂事父也，問安視膳，歇心而止，不為文也。父黨，諸父行也。無容者，授受進退唯命之從，不為謙抑也。大圭，天子所搢圭。琢，與「篆」同，刻為文也。大羹，肉汁。和，加鹽梅也。大路，殷路。素，不用金玉之飾。越席，蒲席，覆車笭者。犧尊，飾以翡翠，象鳳羽婆娑然，天子禘祭，朝踐以盛醴酌者。疏布，布若大功服。冪，覆尊巾也。樿，木名，今謂之黃揚。杓，斟酒以酌者，以白理之木為杓，不加飾也。〔註36〕

　　禮文有以文采為貴者。如：天子之禮服為綵繡的龍袍，諸侯則為黼衣，大夫則為黻衣，而士人只上玄下纁不加文繡的衣裳。又如：天子之冠，有朱綠五彩的組帶，垂旒十二，諸侯只九旒，上大夫七旒，下大夫五旒，為士者僅三旒，此即文飾愈多者愈貴。又有以素為貴者。如：祭天的禮服用大裘而無文飾。又如：在父居之處，不宜任性隨便，裝飾虛假之容。又如：最大的圭不加雕琢；大祭的羹湯不須調味；祭車雖無雕刻仍須鋪以草席；犧尊以粗布覆蓋，飲食的勺子則用本色之木，此是愈素愈貴。是「文素」也者，亦為德之象所顯現的特徵。

　　以上所言，但如孔子結語所云：「禮不可不省也，禮不同，不豐不殺。此

〔註36〕《禮記章句》卷十，頁12～13。《船山全書》第四冊，頁590～591。

之謂也，蓋言稱也。」船山注云：「省，察也，謂察其同異之所以然也。不豐，言以約爲貴者不可得而豐。不殺，言以備爲貴者不可得而殺也。記者引夫子之言，以證上文多寡、大小、高下、文素之各有尙，非故爲豐殺，皆求其稱而已也。〔註37〕」孔子以爲禮之作，要深長思考。禮文之作，有加有減，最後皆在求其「合稱」。此「稱」者，即禮文得主體，是以適其所適，才是禮之要。故船山云：「不豐」者，在以約爲貴者，不可增；「不殺」者，在以備爲貴者，不可減。所增所減，皆有所尙，如「多寡」、「大小」、「高下」、「文素」，皆依所尙爲之，則「禮」之象因之顯，禮之德因之盛，即所謂之「稱」。此「稱」者，毋寧即爲「禮」價值之意涵。

二、敬天祀祖而通乎鬼神

禮之價值，在發於象而盛其德，故必有所「稱」，始能多寡、大小、高下、文素，皆合其宜，亦得其尙。若其尙者，即所謂「天道」，「人道」的相合。以人道言，則「朝覲」、「聘問」、「喪祭」、「鄉飲酒」、「昏姻」之禮，蓋已括之；而「君臣之義」、「諸侯之敬」、「長幼之序」、「男女之別」，是謂得其「稱」者。

而「天道」也者，禮之能「尙且稱」，則在行「敬天祭祖」之心，以心之誠而敬天祭祖，進之通乎鬼神，使人與過往之時互爲契接，使念慮由人事而上達天德，此又爲「禮」價值之另一所顯。有如《禮記・祭法》所云：

> 大凡生於天地之間者皆曰命，其萬物死皆曰折，人死鬼，此五代之變也。

船山注云：

> 人之與物皆受天地之命以生，天地無心而物各自得，命無異也。乃自人之生而人道立，則以人道紹天道，而異於艸木之無知，禽蟲之無恒，故唯人能自立命，而神之存於精氣者，獨立於天地之間與天通理。是故萬物之死，氣上升，精下降，折絕而失其合體，不能自成以有歸。唯人之死，則魂升魄降，而神未頓失其故，依於陰陽之良能以爲歸，斯謂之「鬼」。「鬼」之言「歸」也。形氣雖亡而神有所歸，則可以孝子慈孫誠敬惻怛之心合漠而致之，是以尊祖祀先之禮行焉，五代聖人所不能變也。〔註38〕

〔註37〕《禮記章句》卷十，頁13。《船山全書》第四冊，頁591。
〔註38〕《禮記章句》卷二十三，頁5～6。《船山全書》第四冊，頁1091～1092。

　　總括地說，即凡生存於天地之間者，皆稱爲「命」。命者，即涵所有有生命之物。而辭意之別，在萬物之死稱爲「折」，人之死則稱爲「鬼」，如此而已。而人也者，其所謂之「鬼」，乃「歸」之意。亦即「形氣雖亡而神有歸」，是「鬼」之與「神」其實爲一，只是「神」者，爲精之於上；鬼者，歸之於地。然皆形氣之亡，有以致之。而在「人」者，其爲由人情以通鬼神，故乃以「孝子孝孫誠敬惻怛之心」合漠統攝，是以而有尊祖祀先之禮行焉，此是人性之本然，亦禮教之基本，如無其本然，則人之與禽獸又何奚擇！然如僅存誠敬惻怛之心，必爲由禮之儀節而表現於孝親之思，蓋無其禮，則無其節，孝親之念即淡漠茫昧，心之誠亦昏暗索然而無從表露；且而以人情通於鬼神而復歸於命者，必爲對生命價值所呈現之德性，亦必由禮之儀而敬天祀神通乎鬼神。故就船山論禮之義所言，其歸結者，乃爲：（一）由孝親之道而顯禮之本原。（二）由禘祭之禮而明鬼神之道。分述如下：

（一）由孝親之道而顯禮之本原

　　船山禮學，爲以仁顯禮，仁體禮用，互爲輔依。無仁心，禮不得其行；無禮思，則仁心當爲虛飾。而仁禮之行，始終所涵，即在倫類之孝親慈愛，此孝親慈愛，發而爲行，即爲對天地鬼神的尊重，亦即對生命傳承始終之敬意。故本書各章所引船山諸多論禮節文，云其歸結乃在「孝親」之道，蓋必由生前之盡孝，才能順死後之終祭；對親人之愛、逝者之敬，亦才能始終流露，故推循船山《禮記章句》之源，亦莫非孝親祭祖之意。若本小節所論，則就孝親之道以顯禮之本；禘祭敬祖之義則歸下一小節。

今則論孝親之道，則必如《禮記·曲禮》所云：

> 凡爲人子之禮，冬溫而夏清，昏定而晨省。在醜夷不爭。夫爲人子者，三賜不及車馬。故州閭鄉黨稱其孝也，兄弟親戚稱其慈也，僚友稱其弟也，執友稱其仁也，交游稱其信也。見父之執，不謂之進不敢進，不謂之退不敢退，不問不敢對。此孝子之行也。

船山注云：

> 「溫」，謂篝火加纊之類。清，謂奉箑進浴之類。定者，安置其枕簟。省者，候問向夕之安否。醜夷，等類也。謂兄弟與己同事父母，溫清定省，人各自致，不可爭先取悅，貽兄弟之忌，以傷父母之心。仕者一命受爵，再命受車馬，受車馬而尊備矣。父在，雖年逾五十，爵爲大夫，不敢受車馬之賜，嫌於以貴臨親也。二十五家爲閭，四

閭爲族，五族爲黨，五黨爲州，五州爲鄉。親，謂同姓之疏者。戚，姻亞也。慈，猶和也。同官爲僚，同業爲執。交游，所相往來者。信，謂純厚可依任也。人唯倨傲之情不能自抑，則無以順親，而動與物忤；能以退讓之道事其親，而人皆宜之矣。故：孝，順德也。執，執友。不問而言「不對」者，謂或問他人，己雖知不敢對也。〔註39〕

　　孝親之行，發自內心，但爲簡易。如爲兒女者，基本之禮，在使父母冬天溫暖，夏天清涼；夜晚替父母鋪床安枕，清晨向父母問候請安。在平輩之中，和睦相處，絕無爭執。又以爲人子弟，送人禮物，最多亦不至於送車馬。儉而能約，再以時刻晨溫定省，凡事如此，州閭鄉黨遠近之人皆稱讚其孝順；兄弟及內親外戚皆稱讚其善良；居官之同仁稱讚其仁愛；同事們稱讚其能服事長輩；與其交往者亦稱讚其誠實可靠。再者，遇父親同志之人，若不叫其進前，即不敢擅自進前；不叫其後退，亦不敢擅自後退。長輩若不問，不敢隨便開口。以此尊敬父執長輩，亦是孝子應有的行爲。此等行爲雖云平常，其實即孝弟之始，亦孝弟之本。蓋以「孝弟」者，其行在「實」，誠懇以行，無矯飾，無僞詐，壹皆出自心之不容已，是爲合於天理之節文，即禮道充分之顯現。

　　然則孝之所以爲大，亦即人之所以得爲人，其源實得自父母。故〈祭義〉引曾子之言謂：「孝有三：大孝尊親，其次弗辱，其下能養。」船山即注云：「尊親者，人生於父母，受形而性即具焉，所謂性之得全，而天佑人助以有其尊榮，則亦全親生我之理而已。弗辱者，富貴不可以強致，而道盡於己，不媿於天，不怍於人，使吾之生理常伸，要以不忝於所生也。能養者，所生之德，仁愛爲至情之所通，甘苦憂樂，在親者皆我所喻而不容已於養也。三者理之當然，皆情之必然，而情之必然即理之固然。反求諸人子之心，咸其所不得不盡，則三者一而已矣。〔註40〕」「所性之德全，而天佑人助以有其尊榮」，此爲一者；「道盡於己，不媿於天，不怍於人」，此爲二者；「仁愛爲至情之所通，在親者皆我所喻而不容已於養也」，則爲三者。三者爲理之當然，亦情之必然；情之必然，即理之固然；而理之固然，是以反求諸人子之心，乃爲所不得不盡。是「情、理、禮」三者，又爲一者，即爲人子者乃爲始終

〔註39〕《禮記章句》卷一，頁12～14。《船山全書》第四冊，頁22～24。
〔註40〕《禮記章句》卷二十四，頁26～27。《船山全書》第四冊，頁1127～1128。

之盡孝。

至於「始終之盡孝」，必爲父母「全之」，子「全」而歸之。故〈祭義〉又引樂正子春言：

> 吾聞諸曾子，曾子聞諸夫子曰：『天之所生，地之所養，無人爲大。父母全而生之，子全而歸之。』可謂孝矣。」

船山注云：

> 得天之氣以生，故生屬天；食地之味以長，故養屬地。無人爲大者，言無有如人之大也。萬物莫不生養於天地，而天地無心而成化，遍育萬物而無所擇。吾之所以得爲人者，父母也，故乾坤者人物之父母，而父母者人之乾坤也。人之所以異於禽獸者，禽獸有其體性而不全，人則戴髮列眉而盡其文，手持足行而盡其用，耳聰目明而盡其才，性含仁義而盡其理，健順五常之實全矣。全故大於萬物而與天地參，則父母生我之德昊天罔極，而忍自虧辱以使父母所生之身體廢而不全，以同於禽獸乎？人子能體此而不忘，孝之實也。〔註41〕

孝之實，即禮之實。此人之所以異於禽獸者，爲禽獸有其體而無其全，人則戴髮列眉，受持足行，耳聰目明，性含仁義，而「盡其文」、「盡其用」、「盡其才」，終則「盡其理」而爲健順五常之實。再以萬物皆生養於天地，天地無心而自化，是以遍育萬物無所擇。而人之所從來，來自父母，無父母當亦無我，是父母生我之德昊天罔極，爲子女者，如何而可虧辱其身以使父母所生之體廢而不全！故知父母全而生我，我當全而保之。對父母之身前身後，都要本之以孝，誠之以心，發之以禮，人子苟若體此不忘，則盡孝之實，亦盡禮之實。然則孝親爲人倫之始，而其所行，端在實踐；實踐之道，在乎持敬，而此敬意，亦莫非爲禮，是則孝親之義，當爲禮之本歟！

（二）由禘祭之禮而明鬼神之道

孝之義既明，必行之以禮。欲行禮必須知禮，知禮必講明宗法，隆修祭祀，以寓愼終追遠之意。是以《禮記》自〈曲禮〉至〈喪服四制〉等四十九篇，〈大學〉、〈中庸〉而外，所舉或深或淺，皆以喪祭爲要，此爲船山《禮記章句》之主軸，亦本書行文之主體。所以如此，蓋以喪禘之祭，乃爲報本原始，以敬事天命，而顯人道之貴。今以禮之祭言，則如〈禮運〉所云：

〔註41〕《禮記章句》卷二十四，頁 32～33。《船山全書》第四冊，頁 1133～1134。

先王患禮之不達於下也，故祭帝於郊，所以定天位也，祀社於國，所以列地利也；祖廟所以本仁也，山川所以儐鬼神也；五祀所以本事也。故宗祝在廟，三公在學，王前巫而後史，卜、筮，瞽、侑皆在左右，王中，心無爲也，以守至正。

船山注云：

定天位者，天不可以方所求之，就郊而遠之，以尊之也。於國者，社在公宮之右也。列地利者，地生財以養人而各有封守，故因而分祀之也。山川爲地之所竅以交於天，鬼神之所自屈伸，故專以鬼神屬之。本，謂仁與事之原。孝爲仁之本，五祀各有所司，分職任事之本也。巫、史，皆有事於祭者。卜、筮，卜人、筮人，以諏日及尸。瞽，樂工。侑，佐食。中，居其間。心無爲者，肅雍不言而存之於心也。至正者，端莊誠敬之至也。承上文〔註42〕而言人神之制皆先王所以本天治人之事，而精意所存，不能偏喻於愚賤，故躬行於上者特以祭爲禮之尤重，加之意焉。祀典既定，上下咸秩，而當祭之日，任宗祝於廟中，與三公之在朝、三老之學均其隆重，巫史瞽侑交相天子，肅穆端莊以通神明，所謂「廟中者天下之象」也。以此作則於上，庶幾民感於上之所敬修者，潛移默喻，以習知制度官禮之各有本原而非以強天下，則不待告戒而禮自達焉。是人情之所自治，必本於天地陰陽之精理，亦愈可見矣。〔註43〕

禮之原，必先世王者之制禮，禮才有所傳。而先世王者之制禮蓋憂禮之不能普及於天下，是以祭祀上帝於南郊，明定天之陽位。陽爲生命之源，定此陽位，使人理解禮之本在持續既有的生命。其次，祭地於國，使有土者皆有是祭，亦使人理解持續生命所需物質的來源。其次，祖廟之祭祀所憑藉乃親親尊尊之理，意在使人理解人倫關係所根據的事實。再其次，祭祀山川以接待鬼神，意在使人理解冥冥中實有監察者在。再其次，祭祀門戶并行於中霤，意在使人理解生活項目及其制度。以上所云，皆以禮行之。是以宗祝在廟，三公在朝，三老在學，彼此分工合作；而王者之前則有掌理神事的「巫」

〔註42〕即「先王秉蓍龜，列祭祀，瘞繒，宣祝嘏辭說，設制度，故國有禮，官有御，事有職，禮有序。」意謂先世王者秉卜筮用的蓍龜，安排鬼神的祭祀，埋贈禮品，宣揚祝嘏辭說，訂立制度，於是國有禮俗，官有執掌；事有範圍，禮有秩序。

〔註43〕《禮記章句》卷九，頁33～34。《船山全書》第四冊，頁567～568。

者，之後則有記載人事的「史」者，以及分立左右的樂師和諫官。王者居中央，不因感情用事，所保持者，在由純正態度而爲萬民的模範。綜上之言，則必如船山所言：「以此作則於上，庶幾民感於上之所敬修者。」民感於上，且由上之敬修而感於敬修，則潛移默化，不待告戒而禮自達之。又者，禘祭之禮所行，乃爲：

> 禮行於郊而百神受職焉，禮行於社而百貨可極焉，禮行於祖廟而孝慈服焉，禮行於五祀而正法則焉。故自郊、社、祖廟、山川、五祀，義之修而禮之藏也。

船山注云：

> 禮行，謂典修官備而敬以行之。百神受職，風雨寒暑不愆其節也。極，至也。百貨極者，物順成也。服，事也。謂人皆以孝慈爲當然而盡其事也。不言禮行於山川者，略文。法則，謂以神有專司，知人有恒守也。藏，函也。祭祀之義修，而制度官禮之良法美意皆函於此也。〔註44〕

　　禮有所行，行有所履，踐履之道，在於持正誠敬。如此，心乃能游萬物而與天地鬼神互爲通達。故禮之行於郊，則所有地上物資皆得供獻其可用的效能；禮行於祖廟，則親親尊尊關係皆得竭其相愛的情誼；禮行於五祀，則一切項目皆得其正而合標準。是以自郊，自社，自祖廟，自山川，自五祀，皆要明曉祭之儀式所隱括的內涵。若此者禮之義即寄托於其間。由此亦知，先王制禮，既承天道，亦順人情，其由郊社至山川五祀之祭，皆合天道人情相契之理；易言之，即人之有情，率原於天道之自然。故而王者行禘祭之禮，亦必通乎其理而治乎人情；人情得其所治，遵其所順，則禮之所設，必合於普遍之則而爲生人之所求。

　　至於禘祭之義，乃由尊而卑，必爲由天子而及於士。〈禮運〉載之，即〈曲禮下〉、〈王制〉、〈祭法〉、〈月令〉亦言之。以〈曲禮下〉及〈王制〉爲例，〈曲禮下〉云：「天子祭天地，祭鬼神，祭山川，祭五祀，歲遍。諸侯方祀，祭山川，祭五祀，歲遍。大夫祭五祀，歲遍，士祭其先。」〈王制〉亦云：「天子祭天地，諸侯祭社稷，大夫祭五祀。天子祭天下名山大川，五嶽視三公，四瀆視諸侯。諸侯名山大川之在其地者。」

　　船山注云：「祭天，郊也，祭地，社也。變社言地者，因天而類言之耳。

〔註44〕《禮記章句》卷九，頁34～35。《船山全書》第四冊，頁568～569。

尊者統下，卑者不得踰上。天子兼祭社稷、五祀；諸侯兼祭五祀，舉其重者
以殊之也。五祀：戶、竈、中霤、門、行。〈祭法〉『大夫祭三祀』，又有七祀、
五祀，與此篇及〈月令〉異，似當以此爲正。天地，天下之祀也。社稷，一
國之祀也。五祀，一家之祀也。爲之主者斯祀之。名山，嶽也。大川，瀆也。
五嶽，前章四嶽及登封縣之嵩山也。四瀆，江、淮、河、濟。瀆之爲言獨也，
謂不因餘水而自達於海也。……。視者，牢鼎灌獻饗公侯之禮。視諸侯者，
視執信圭之侯也。在，謂發源及經過之地封內也。〔註45〕」此謂天子祭天地，
諸侯祭社稷，大夫祭五祀。天子祭名山大川：祭五嶽，可比照三公宴饗行九
獻；祭四瀆可比照諸侯宴饗行七獻。諸侯可以祭祀在其境內的名山大川。

　　此祭看似「平常」，船山所注卻是「非常」，所重乃在「爲之主者斯祀之」。
「爲之主者」，但云郊天之祭，亦唯天子當之，蓋以天子乃可代表萬民之謂。
同理，諸侯主祭社稷、山川，則以諸侯爲代表一方之人；大夫主祭五祀，則
以大夫代表一地之人；士主祭其先，則代表一家之人。若主祭者非其人，且
不足以爲代表者，則所祭即爲非禮。再以此中主祭者雖爲一人，然與祭者則
爲多人；又其他之人雖不爲與祭者，其心中亦未嘗不同時知此天地社稷祖廟
中之神皆當祭。蓋只須人知有祭祀之禮之舉行而一念及之，人即一念而有其
祭祀的精神，由是而上達於天地社稷、亦達於祖廟之神。是故此一祭祀的精
神，既上達於天地社稷與祖廟之神，即可使其心怵然，而向此至高至大之神
靈世界，以伸展充達，而順於道，此順道蓋即福澤之謂〔註46〕；是此福澤，
固非必爲由祈禱鬼神而得，乃爲由鬼神所降下之全福。由是知《禮記》言禘
祭之義，雖云爲祈禱，然要在以祭表示對天地鬼神抱本反始的意識或精神，
鬼神才能降其全福。至於人之祭祀祖宗父母，抱本之義更爲深刻，此又於禮
爲得之。故〈祭義〉云：

　　　　天下之禮，致反始也，致鬼神也，致和用也，致義也，致讓也。
船山注云：

　　　　天下之禮，言禮之行於天下也。致者，推而行之也。人固有之德藏
　　　　於中，而推行之斯爲禮也。反始，謂萬物生於天，人生於祖，反而
　　　　報之也。鬼者，因於人物以屈信往來，莫之見聞，而心自信其必有。
　　　　因承事之也。和用，謂物得和以生而成乎用，如穀無蕃害，牲無疾

〔註45〕《禮記章句》卷五，頁29～30。《船山全書》第四冊，頁327～328。
〔註46〕參見唐君毅《中國哲學原論・原道篇二》，頁106～107。

蠡，則仁人孝子不忘所自而用以薦其馨香也。義者，分之所得爲不
敢廢，所不得爲不敢黷也。讓者，歸德於尊親而推福以逮下也。五
者五禮之大綱，而唯祭爲備之。〔註47〕

　　此謂天下之禮，具五種意義：（一）使人不致忘本。（二）可以通乎鬼神。
（三）可以開發資源。（四）可以建立倫理。（五）可以發揚謙讓。即以「反
始」言，爲禮者，必不忘本，則必如船山所言「人生於祖，反而報之也」。又
以「鬼神」言，則必爲「因於人物以屈信往來，莫之見聞，而心自信其必有，
因承事之也。」然則由禘祭之禮，祭祖宗父母，乃至於敬乎鬼神，亦皆純亦
不已之禮德所致，人而如此，則其生命之價值當始終洋溢而行之無窮。

〔註47〕　《禮記章句》卷二十四，頁16～17。《船山全書》第四冊，頁1117～1118。

全書結語

綜上所論，姑不論篇章要旨，禮節儀則，喪祭通則，名物通則，乃至人禽、夷夏之辨，反本復始之原，等等，所顯皆在《禮記》的精神價值。船山《章句》所示，亦在此精神價值之完美與恒久，其念茲在茲者，亦必在於斯。

蓋以人之生命由始及終，所存者即此禮讓尊敬之精神，所圍繞者亦此精神生命的輝耀光采，無此精神，人之行於天地之間與走獸非禽即無殊異。此故船山於《禮記章句序》開宗明義即言：「禽狄之微明，小人之夜氣，仁未嘗不存焉；唯其無禮也，故雖有存焉而不能顯，雖有顯焉而無所藏。」一語即道盡禮的本義。以是「禮」者，不僅爲禮，亦爲與仁義互藏之禮。所謂「緣仁制禮，則仁體也，禮用也；仁以禮行，則禮體也，仁用也。」體用互行，蓋即禮之極致。

再以禮必有其儀節，有其儀節，禮在天地人中之德乃能表現，蓋以無禮之典，則雖有精神生命，價值意涵亦顯現不出，是以雖冠昏喪祭之節或爲繁瑣，然繁瑣之儀節卻正足映現高明廣大之禮義，是爲禮者能以鄭重之心，明識禮儀之原，則人莊嚴神聖之情即能充分流露。此即船山《行述》所載：「年七十三，久病喘嗽，而吟誦不輟。次年元旦，尙衣冠謁家廟。二日清晨，起坐不懌。指先祖行狀、墓銘咐長孫若曰：『汝愼藏之。』謂敔曰：『勿爲吾立私諡也。』良久，命整衾，時方辰，遂就簀，正衾甫畢而逝，享壽七十有四。〔註1〕」有《行述》之載，知船山所思所爲皆依禮而實踐躬行，其爲禮之精微

〔註 1〕《船山全書》第十六冊〈傳記之部〉，頁 84。

意蘊，固當如唐君毅先生所贊：「合天命與天地、鬼神與萬物，人心之性情及人德與人文，以言人道之思想也」。謹以此作結。

徵引書目

一、專著：

1. 王船山《禮記章句》49 卷、《續四庫全書・禮經》第 98 冊。上海：古籍出版社，2007，華東師範大學景版。

2. 王船山《禮記章句》49 卷。台北：廣文書局，1967.7。

3. 王船山《禮記章句》49 卷。《船山全書》第 4 冊。湖南：嶽麓書社，1998.11。

4. 王夫之《船山全書》第 16 冊。湖南：嶽麓書社，1998.11。

5. 王夫之《船山思問錄》。上海：古籍出版社，2000.12。

6. 王夫之《張子正蒙注》。上海：古籍出版社，2000.12。

7. 王孝魚編《船山學譜》・《中國哲學思想要籍叢編》。台北：廣文書局，1975.4。

8. 徐世昌等《清儒學案・船山學案》。台北：世界書局，1965.4。

9. 《船山學案》、《清代十大名家學案・中》。台北：廣文書局，1976.8。

10. 劉建春《王夫之學行系年》。河南：新華出版社，1989.4。

二、經學類：

《十三經注疏》（阮元重勘宋本文選樓藏本）附校勘記

1. 《易經・尚書》。台北：藝文出版社，1997.6。

2. 《詩經》。台北：藝文出版社，1997.6。

3. 《周禮》。台北：藝文出版社，1997.6。

4. 《儀禮》。台北：藝文出版社，1997.6。

5. 《禮記》。台北：藝文出版社，1997.6。

6. 《左傳》。台北：藝文出版社，1997.6。

7. 《公羊傳・穀梁傳》。台北：藝文出版社，1997.6。

8. 《論語·孝經·爾雅·孟子》。台北：藝文出版社，1997.6。

《十三經注疏》

9. 李學勤主編《周易正義》。北京：北京大學出版社，1999.12。

10. 李學勤主編《毛詩正義》。北京：北京大學出版社，1999.12。

11. 李學勤主編《尚書正義》。北京：北京大學出版社，1999.12。

12. 李學勤主編《周禮注疏》。北京：北京大學出版社，1999.12。

13. 李學勤主編《儀禮注疏》。北京：北京大學出版社，1999.12。

14. 李學勤主編《禮記正義》。北京：北京大學出版社，1999.12。

15. 李學勤主編《左傳正義》。北京：北京大學出版社，1999.12。

16. 李學勤主編《公羊傳注疏》。北京：北京大學出版社，1999.12。

17. 李學勤主編《穀梁傳注疏》。北京：北京大學出版社，1999.12。

18. 李學勤主編《論語注疏》。北京：北京大學出版社，1999.12。

19. 李學勤主編《孟子注疏》。北京：北京大學出版社，1999.12。

20. 李學勤主編《爾雅注疏》。北京：北京大學出版社，1999.12。

21. 李學勤主編《孝經注疏》。北京：北京大學出版社，1999.12。

22. 《周禮正義》86卷。四部備要本，台北：藝文出版社，1977.6。

23. 《儀禮正義》40卷。皇清經解續編，台北：藝文出版社，1977.6。

24. 《禮記注疏》附釋音63卷。校勘記63卷。江西：南昌府學本。

25. 《禮記·鄭注》20卷。南宋余仁仲刻本：來青閣影印。

26. 《禮記殘卷》1卷。鳴沙石室：古籍殘本。

27. 唐·杜佑《通典》。南京：江蘇古籍出版社，1990.8。

28. 宋·衛湜《禮記集說》160卷。四庫全書·經部·禮類三。

29. 宋·朱熹《家禮》5卷。四庫全書·經部·禮類四。

30. 宋·朱熹《儀禮經傳通解》37卷。四庫全書·經部·禮類三。

31. 宋·朱熹《朱子語類·蜀刊本》140卷。北京：中華書局，1985.6。

32. 元·吳澄《禮記纂言》36卷。四庫全書·經部·禮類三。

33. 元·陳澔《禮記集說》30卷。台北：世界書局，1976.3。

34. 明·郝敬《禮記通解》22卷，《續四庫全書》第97冊。上海：古籍出版社，2000.7，華東師範大學景版。

35. 明·楊慎《檀弓叢訓》2卷。四庫全書·經部·禮類存目。

36. 明·徐駿《五服集證》6卷。四庫全書·經部·禮類存目。

37. 清·萬斯大《學禮質疑》2卷。四庫全書·經部·禮類四。

38. 清‧程瑤田《考工創物小記》4卷、《皇清經解三禮類彙編（一）》台北：藝文出版社，1977.8。

39. 清‧孫希旦《禮記集解》61卷。台北：文史哲出版社，1972.10。

40. 清‧納喇性德《陳氏禮記集說補正》38卷。四庫全書‧經部‧禮類三。

41. 清‧曹元弼《禮經校釋》22卷、《續四庫全書》第94冊。上海：古籍出版社，2000.7，華東師範大學景版。

42. 清‧任啓運《禮記章句》10卷、《續四庫全書》第99冊。上海：古籍出版社，2000.7，華東師範大學景版。

43. 清‧任啓運《宮室考》13卷。四庫全書‧經部‧禮類二。

44. 清‧汪紱《禮記章句》10卷、《續四庫全書》第100冊。上海：古籍出版社，2000.7，華東師範大學景版。

45. 清‧汪紱《參讀禮志疑》2卷。四庫全書‧經部‧禮類四。

46. 清‧朱彬《禮記訓纂》49卷、《續四庫全書》第105冊。上海：古籍出版社，2000.7，華東師範大學景版。

47. 清‧郭嵩燾《禮記質疑》49卷、《續四庫全書》第106冊。上海：古籍出社，2000.7，華東師範大學景版。

48. 清‧黃以周《禮學通故》100卷。台北：華世出版社，1976.12。

49. 清‧江永《禮學綱目》85卷。台北：台聯國風出版社、據嘉慶15年婺源俞氏鏤恩堂刊本影印，1974.10。

50. 清‧江永《深衣考誤》1卷。四庫全書‧經部‧禮類三。

51. 清‧陸瓏其《讀禮志疑》6卷。四庫全書‧經部‧禮類四。

52. 清‧秦蕙田《五禮通考》262卷。光緒6年9月江蘇書局重刊。

53. 清‧毛奇齡《郊社禘祫問》1卷。四庫全書‧經部‧禮類四。

54. 清‧毛奇齡《辨定祭禮通俗譜》5卷。四庫全書‧經部‧禮類四。

55. 清‧毛奇齡《昏禮辨正》1卷。四庫全書‧經部‧禮類存目三。

56. 清‧毛奇齡《廟制折衷》3卷。四庫全書‧經部‧禮類存目三。

57. 清‧毛奇齡《大小宗通釋》1卷。四庫全書‧經部‧禮類存目三。

58. 清‧毛奇齡《明堂問》1卷。四庫全書‧經部‧禮類存目三。

59. 清‧曹庭棟《昏禮通考》24卷。四庫全書‧經部‧禮類存目三。

60. 清‧顧炎武《日知錄》黃汝成集釋。湖南：岳麓書社，1996.2。

61. 清‧阮元《揅經室集》3冊。台北：世界書局，1982.3。

62. 清‧凌廷堪《校禮堂文集》。北京：中華書局，1982.2。

63. 清‧劉寶楠《論語正義》。台北：文史哲出版社，1990.11。

64. 清‧焦循《孟子正義》。台北：世界書局，1962.4。

65. 清‧段玉裁《說文解字注》。台北：天工書局，1987.9。

66. 清‧錢大昕《錢大昕全集》。南京：江蘇古籍出版社，1997.12。

67. 清‧王引之《經義述聞》。南京：江蘇古籍出版社，2000.9。

68. 清‧俞樾《筆記五種‧上》。台北：世界書局，1984.2。

69. 王國維《觀堂集林》。台北：世界書局，1970.3。

70. 王夢鷗《禮記校證》。台北：藝文出版社，1976.12。

71. 王夢鷗《禮記今註今譯》。台北：台灣商務印書館，1977.5。

72. 王鍔《禮記成書考》。南京：南京大學出版社，2007.3。

73. 鄭良樹《儀禮宮室考》。台北：中華書局，1986.9。

74. 章景明《先秦喪服制度考》。台北：中華書局，1986.9。

75. 謝德瑩《儀禮聘禮儀節研究》。台北：文史哲出版社，1983.7。

76. 張亨《詩經今注》。台北：里仁書局，1981.10。

77. 馬持盈《詩經今註今譯》。台北：台灣商務印書館，1994.12。

78. 屈萬里《詩經詮釋》。台北：聯經出版公司，1996.7。

79. 林尹《周禮今註今譯》。台北：台灣商務印書館，1992.11。

80. 高明《大戴禮今註今譯》。台北：台灣商務印書館，1992.11。

81. 李宗侗《春秋左傳今註今譯》。台北：台灣商務印書館，1995.3。

82. 王靜芝《經學通論》。台北：國立編譯館，1977.4。

83. 范文瀾《群經概論》。台北：學海出版社，1976.2。

84. 錢玄《三禮通論》。南京：南京師範大學出版社，1996.10。

85. 陳克明《群經要義》。北京：東方出版社，1996.12。

86. 劉夢溪主編《黃侃‧劉師培卷》。河北：教育出版社，1996.8。

87. 容希白《商周彝器通考》。台北：文史哲出版社，1985.1。

88. 宗福邦、陳世鐃、蕭海波主編《故訓編纂》。北京：商務印書館，2003.7。

三、思想類：

1. 《韓非子集解》。台北：藝文出版社，1974.4。

2. 《管子纂詁》。台北：河洛出版社，1976.3。

3. 《張載集》。北京：中華書局，2006.12。

4. 《二程集》。北京：中華書局，2006.12。

5. 王陽明《傳習錄》。台北：正中書局，1976.2。

6. 《船山學術研究集》。台北：自由出版社，1973.5。

7. 曾昭旭《王船山哲學》。台北：遠景出版社，1983.2。

8. 方克《王船山辯證法思想研究》。湖南：湖南人民出版社，1984.11。

9. 林安梧《王船山人性史哲學》。台北：三民書局，1987.3。

10. 林安梧《宋論》導讀。台北：金楓出版社，1988.3。

11. 嵇文甫《船山學術論叢》。台北：谷風出版社，1987.4。

12. 胡登貴《王夫之與中國文化》。貴州：貴州人民出版社，2002.9。

13. 季蒙《主思的理學・王夫之的四書學思想》。廣東：高等教育出版社，2005.12。

14. 陳力祥《王船山禮學思想研究》。四川，巴蜀書社，2008.12。

15. 韓振華《王船山美學基礎》。四川，巴蜀書社，2008.12。

16. 傅斯年《性命古訓辨正》。桂林：廣西師範大學出版社，2006.10。

17. 胡適《戴東原的哲學》。台北：台灣商務印書館，1996.2。

18. 唐君毅《中國哲學原論・原道篇貳》。台北：學生書局，1993.2。

19. 唐君毅《中國哲學原論・原教篇》。台北：學生書局，1984.2。

20. 錢穆《中國學術思想史論叢・五》。台北：聯經出版公司，1996.6。

21. 余英時《中國思想傳統的現代詮釋》。台北：學生書局，1986.6。

22. 余英時等《中國哲學思想論集・清代篇》。台北：水牛出版社，1992.11。

23. 羅光《中國哲學史・清代篇》。台北：學生書局，1980.11。

24. 勞思光《新編中國哲學史》。台北：三民書局，1977.2。

四、學術史類：

1. 清・永瑢等《四庫全書總目》2冊。北京：中華書局，1965.6。

2. 楊家駱主編《四庫全書簡明目錄》2冊。台北，世界書局，1975.11。

3. 清・周中孚《鄭堂讀書記》2冊。台北，世界書局，1965.4。

4. 清・李慈銘《越縵堂讀書記》6冊。由雲龍輯 虞雲國整理。遼寧：遼寧出版社，2001.2。

5. 清・錢大昕《錢大昕全集》10冊之《潛研堂文集》。陳文和主編。南京：江蘇古籍出版社，1997.12。

6. 清・陳康祺《郎潛紀聞四筆》。北京：中華書局，1990.3。

7. 嚴文郁《清儒傳略》。台北：台灣商務印書館，1990.6。

8. 姜亮夫《歷代名人年里碑傳總表》。台北：台灣商務印書館，1993.6。

9. 徐復觀《中國人性論史・先秦篇》。台北：台灣商務印書館，1969.2。

10. 徐復觀《中國思想史論集續篇》。台北：時報文化出版公司，1982.4。

11. 梁啓超《中國近三百年學術史》。台北：里仁書局，1995.2。

12. 梁啓超《清代學術概論》。台北：里仁書局，1995.2。

13. 錢穆《中國近三百年學術史》2 冊。台北：台灣商務印書館，1976.4。

14. 姜廣輝等《中國經學思想史》2 冊。北京：中國社會出版社，2003.9。

15. 王俊義《清代學術探研》。北京：中國社會出版社，2002.8。

五、學術論述類：

1. 向小明《學人游幕與清代學術》。北京：社會科學文獻出版社，1999.10。

2. 黃彰健《經今古人學問題新論》。台北：中央研究院歷史語言研究所專刊之 79，1992.9。

3. 黃彰健《周公孔子研究》。台北：中央研究院歷史語言研究所專刊之 98，1997.4。

4. 林慶彰主編《中國經學史論文選集》。台北：文史哲出版社，1993.3。

5. 林慶彰主編《經學研究論集·一》。桃園：聖環圖書，1994.6。

6. 林慶彰主編《經學研究論集·二》。桃園：聖環圖書，1995.6。

7. 林慶彰主編《經學研究論集·三》。桃園：聖環圖書，1995.6。

8. 林慶彰主編《經學研究論集·四》。桃園：聖環圖書，1997.6。

9. 劉興均《周禮名物詞研究》。成都，巴蜀書社，2001.5。

10. 黃俊傑《儒學與現代台灣》。北京：中國社會科學出版社，2001.7。

11. 湯志鈞《近代經學與政治》。北京：中華書局，2000.8。

12. 楊錦富《夏炘學記》，台北：花木蘭出版社，2009.9。

13. 楊錦富《阮元經學之研究》。台北：花木蘭出版社，2010.3。

六、參考期刊：

1. 馮友蘭〈王夫之的唯物主義哲學和辯證法思想〉。北京：《北京大學學報·人文科學報》第 3 期，1961.8。

2. 陳忠成〈王船山論習與性〉。台北：《孔孟學報》第 32 期，1979.9。

3. 曾昭旭〈王船山之人文化成──性之凝成與客觀事業之成就〉。高雄：《高雄師院學報》第 6 期，1977.8。

4. 曾昭旭〈王船山兩端──致論衍義〉。台北：輔仁大學──王船山學術研討會，1993.6。

5. 曾昭旭〈論儒家工夫論的轉向──從陽明學到船山學〉。台北：輔仁大學──王船山學術研討會，1993.10。

6. 李德明〈王夫之矛盾觀述評〉。四川：《天府新論》第二期，1996.7。

7. 楊錦富〈王船山性論釋義〉。高雄：《高應科大人文學報》第 5 期，2008.7。